日本の大企業成長10の法則

10 Principles for Growth of Large Japanese Companies

失われなかった30年の経営

綱島邦夫 Kunio Tsunashima

日本経済新聞出版

序章

つらい仕事を愚直に続ける勇気

手本を見誤っていないか

私はコロナ禍の2年間、日本の伝統ある大企業の成長力の復活という、もはや解がないようにも見えるテーマについて多くの企業人と対話を重ねてきました。高度経済成長期以降に生まれたリクルートやファーストリテイリング、日本電産、ソフトバンクグループ、キーエンス、東京エレクトロン、ニトリホールディングスやアイリスオーヤマ、セブン‐イレブン、オリックスや楽天グループのようにカリスマ的な起業家に率いられ、白いカンバスに自由自在に絵を描いてきた新しい企業でなく、普通のサラリーマン経営者に率いられ、古い伝統やしがらみを持つ大企業に成長への活路はあるのか、そんなことを考えてきました。

多くの企業人は悲観的です。「失われた30年」という言葉は私たちの脳裏に深く刻み込まれ、個々の企業の自助努力ではとても吹き飛ばすことができない日本全体を覆う鉛色の雲のようになっています。

SDGs（持続可能な開発目標）、DE&I（ダイバーシティ、エイクティ、インクルージョン）、そしてDX（デジタルトランスフォーメーション）という海外発のスローガン、両利きの経営、パーパス経営、ミッション経営という概念やＯＫＲ（Objective and Key Results の略。創業期のヒューレット・パッカード〔ＨＰ〕で生まれ、ドラッカー博士が熱烈に賛同し、インテルのアンディ・グローブ元ＣＥＯが１９８０年代に活用し、その後、米国のベンチャーキャピタリストがグーグルなどに紹介した野心的な自主的目標管理手法）のような手法が話題になりますが、社員が共感し、共鳴しているとは言い難い状況です。

パーパスやミッションを発表する企業が増えていますが、多くの場合、本社スタッフがドラフトした乾いた宣言になっています。社員の生活実感、心の叫びから生まれ、人々を感動させる熱量を持つものにはなっていません。こうすべきだ、こうしなければならない、という切迫感、強制感に押されて人々は動いているようにも見えます。

２０２０年1月に日本経済団体連合会（経団連）が提起したジョブ型雇用への転換も、雇用形態の変更や職務記述書の作成、評価・報酬制度の改定という骨格づくりで止まり、多くの企業が立ち往生しています。臓器や神経、筋肉をつくるという取り組みは停滞しています。

一方、経済産業省は、20年ほど前に米国で始まった「人的資本経営」というフレームワークを導入し、コーポレートガバナンスの一環として人的資本の充実度を開示させる指導を始めています。人材育成への投資、社員エンゲージメント調査の結果、働き方改革や女性管理職の比率の向上などが統合報告書（法律で定められた財務情報に加え、知的財産や人材・組織開発など非財務情報を加えた報告書）に記載されますが、それが自社のイノベーションや成長に本当につながっているのか、自信を持てないまま形式的な作文を書くことに汲々とする企業が多いようです。

「アマゾンに学べ」に代表されるＧＡＦＡＭ的企業の礼賛は今も続きます。学ぶべきことはあり、私も賛成です。しかし、古いレガシーを壊さなければならない企業がそのまま参考にできるものではありません。また、ソフトウエア事業とハードウエア事業の違いをきちんと認識する必要があります。前者は天才的な頭脳を持つ少数のエリートの存在が不可欠になる戦い、後者は経験の積み重ねを通じて知恵を蓄積し、協力して改善と改革、イノベーションを量産していく集団の戦いです。

私はＧＡＦＡＭだけでなく、世界の鉄鋼業界の雄となった米国のニューコア（この30年間で４０００億円から４兆円企業に躍進した１００年の歴史を持つ伝統企業）や半世紀を超えて成長を止めず、増収増益を続ける格付けトリプルＡの超一流企業であるジョンソン＆ジョンソン（１６５の小事業部からなる中小企業の集団。昔の松下電器産業〔現パナソニック〕に似る）や３Ｍ、２００年近い歴史を生き残り、今も繁栄するＰ＆Ｇのようなモノづくりの会社から学べることが多いと感じています。欧州の長寿企業、ネスレやＡＢＢ（アセア・ブラウン・ボベリ。中央集権でなく分権経営で評判）も参考になります。

「失われた30年」の成長大企業を求めて

そうしたなかで私はいま一度、「失われた30年」の時代に成長を実現した日本の伝統企業、少なくとも70年以上の歴史（その前身の会社を含めて）を持つ大規模な企業を探すことを始めました。２０００年以降に大きな成長を遂げた企業、あるいは大きな質的転換を成し遂げた企業はどこか、その成長や革新はなぜ実現したのか、原点に戻って古い資料を引っ張りだし、改めて企業にインタビューを行い、調査をしました。

以下の15社を研究してみました。もちろん、それ以外にも興味深い会社は調査しました。その結果、「失われた30年」でなく「失われなかった30年」を経験した日本の伝統的な大企業は確かに存在することがわかり、嬉しく、勇気づけられる気持ちになりました。

・トヨタ自動車（三河のトヨタから世界のトヨタへ、売り上げは8兆円から30兆円へ）
・ソニー（傍流にいた非エレキ事業が8兆円規模に成長）
・ダイキン工業（ダメキン工業と揶揄された会社が空調世界ナンバーワン企業へ）
・大和ハウス工業（新築一戸建てが縮小するなかで4兆円企業に成長）
・コマツ（1990年代の停滞を克服し、事業規模を3倍に）
・村田製作所（スマートフォン時代を先読みし、売り上げ2兆円のグローバル企業へ）
・テルモ（ドメスティックな体温計の会社が7000億円のグローバル医療機器企業へ）
・中外製薬（栄養ドリンク剤グロンサンの会社が超優良バイオ製薬会社へ）
・信越化学工業（売り上げ2兆円、営業利益7000億円というお化けのようなグローバル企業）
・ヒューリック（旧日本橋興業。みずほグループの小さな設備資産管理会社が不動産開発の先進企業となり、わずか十数年で5000億円の事業を創造）
・りそな銀行（3兆円の公的資金を完済し、日本のリテールバンキングナンバーワン企業へ）
・みずほ証券（小さな債券専門証券会社から大規模な総合証券会社へ）
・野村総合研究所（ITソリューションカンパニーに変身し、2・5兆円の時価総額へ）
・良品計画（倒産の危機から個性あるコンセプト、ユーザーにとっての意味を売るグローバルリテーラーへ）
・伊藤忠商事（大阪ベースの繊維商社から業界トップの投資企業へ）

これらの企業の歴史をつぶさに研究した結果、企業成長への10の黄金法則が浮かび上がってきました。

1 社員全員参加の経営（エリートを育てるのでなく、地位や役割に関係なく、すべての社員がルーティンの作業に加えて問題を見つけ、解決するための仕事をする）
2 中間管理職でなく中核管理職（社長の意見を無視する課長）
3 悪いヒエラルキーがない（社長と新人がコミュニケートする）
4 トップダウンの戦略経営（ポートフォリオマネジメント）をしない
5 精密な中期経営計画をつくらない（計画は現場がつくる）
6 実行の仕組みとプロセスを執念深く磨く
7 顧客に憑りつき、顧客の周りを徘徊し、何かを感じる（顧客志向という言葉がない会社はないが、実行する会社はほとんど存在しないことを深く理解している）
8 縦割りでなく横割りプロジェクトが組織を横断する
9 ＣＥＯが研修講師になる（教え、教えられる関係がある）
10 ハイカラでなく愚直（Stay Hungry, Stay Foolish）。あまり目立たないＣＥＯ

そしてこれらの企業に共通の特徴は「経営者が主導するトップダウンの戦略経営」でなく、「社員が参加する変革・創造経営」を推進したことです。経営者と社員が車の両輪になって会社を守り、発展させる経営の形が存在します。数年前、*Lead and Disrupt: How to Solve the Innovator's Dilemma* という本が出版され、『両利きの経営』（東洋経済新報社）という書名で翻訳されました。中核事業を深耕しながら同時にイノベーションを探索する経営ということですが、今回、調査した企業を概観すると「両利きの経営」ではなく

「両輪の経営」という表現が浮かび上がってきました。

経営者は経営理念の確立、あるいは再確立とガバナンス、インフラの開発に責任を持ち、社員は顧客満足やオペレーションの向上、イノベーションを目指すという縦の分業が推進されているという状態です。一人一人の素晴らしいリーダーが主役になるのでなく、経営者と社員が協創するという姿です。また、どの企業を見てもいわゆるプロ経営者が活躍した会社はありません。社長も役員も皆、サラリーマンです。

私は今、日本の伝統ある大企業の未来に希望を感じています。昭和の時代にたくさんのイノベーションを生み出し、成長を実現した遺伝子、清冽な地下水脈はまだ枯れてはいない、そのように思います。

本書の構成

本書は三つの部で構成されています。

第Ⅰ部「失われた30年を振り返る」では、30年をひとくくりにするのでなく、１９９０年代、２０００年代、２０１０年代の三つに分けて観察しました。

私は１９９０年代を世界の企業が苦しみ、葛藤した混乱の時代、２０００年代を新しい企業と新しい市場の誕生の時代、２０１０年代をデジタルとプロ投資家支配の時代と区分します。そして多くの日本企業が時代の潮流に先んじることができず、低迷を続けた背景を理解したいと思います。

第Ⅱ部「失われなかった30年を経験した伝統大企業の10の黄金法則」では、15の会社がどのような成功を成し遂げたのか、改革と苦闘の歴史を振り返ります。

彼らは尋常でない成果を上げています。彼らに共通の特徴はＭ＆Ａによる拡大ではなく、自力による成長、

Organic Growthが中心だということです。M&Aだけで成長した会社は皆無です。これらの企業が何を考え、何を実行したのか、たくさんの興味深い教訓を紹介します。

これらの会社の共通の特徴は、2000年代の10年間に短期の財務的なV字回復でなく、人材や組織基盤を中心とした長期的な企業変革に挑んだこと、そして「戦略二流、実行力一流」という実行重視の考え方と人間の持つポテンシャルへの信頼、「優しいが冷たい」でなく「厳しいが温かい」という社員への姿勢です。

トップダウンの戦略経営（1980年代の米国企業衰退の原因）、選択と集中のためのポートフォリオマネジメント（半世紀前の1970年代にボストン・コンサルティング・グループが提唱した経営資源配分のフレームワーク）、利己的な投資ファンド（短期の投資成果を金科玉条にする資本主義の仇花）の圧力を押し返し、社員と顧客に向き合ったことも共通の特徴です。

5つの基本

第Ⅲ部「会社をつくり直す」では、SDGs、DE&I、DXという流行を無暗に追う前にすべての大企業が取り組むべき基本を提案します。

第一の基本は、日本の高度経済成長を牽引した課長力の復活です。すべての社員に企業の成長をドライブする課長の新しい形を伝え、彼らの自発的な訓練を支援することです。練習なくして舞台で美しい演技をすることは不可能です。

自立・自律という言葉には非常に懸念を感じます。自由放任になり社員は勝手に考え行動することになるからです。歌舞伎の世界に「形なし」という言葉があります。基本の形がなく、台なしになるという意味です。一方、「型破り」という言葉もあります。形をしっかりと学んだうえで、新たな形を創造する、という意味です。

自立・自律というスローガンの発信で思考停止し、あとは社員任せにするのでは「形なし社員」を量産し、企業の力をますます弱めていくと思います。

第一線の管理者が上司と部下の間で板挟みになる中間管理職となり、本社スタッフがまとめた経営の意向を、ヒエラルキーのなかの歯車として、上意下達でメンバーに伝える形になった会社には、未来はありません。彼らが経営者の意図を受け止めながらも、自らの意志で味つけし、縦とでなく、横と連携し、作業でなく仕事をするか否かが、成長と衰退の分水嶺になります。

作業とはやり方が決まったルーティンワークです。仕事とは問題を見つけ、解決し、価値を創造する活動です。「働き方」改革でなく「働きがい」改革という視点も重要です。そのためには、課長への登用の仕組みや彼らの貢献に報いる報酬政策の根本的な改革が必要です。いわゆるデジタル人材に高い報酬を払うのでなく課長の報酬を倍増することを提案します。

第二の基本は、経営の体制とプロセスの改革です。多くの企業の経営の体制とプロセスは既存のオペレーションを回すためには有効ですが、イノベーションと成長を駆動するためには無効です。プロセスは組織図とは違って目に見えないものです。この見えないプロセスを可視化し、毎日磨き上げていくことの大切さを説明します。今、働き方改革がブームになっていますが、良いプロセスがあれば良い働き方が生まれると考えるべきです。

第三の基本は、すべての社員が顧客（ユーザー）起点で考え、行動する組織環境の開発です。**顧客第一というスローガンがない企業を探すのは難しいですが、それを本当に実践している企業を探すのはもっと難しい**

のです。ユーザー起点はイノベーションの出発点です。イノベーションは新しい技術の開発（インベンション）ではなく、既成の理論と技術を結合して顧客や社会にとっての新しい価値を創造することだからです。

第四の基本は、経営者の力量の改革です。古い戦略経営の時代の経営者像を無意識に踏襲する企業が多いと思います。取締役会や指名委員会も自らの眼力を反省する必要があります。ロジカルな構想力、分析力よりも直感力が重要です。決断力よりも実行力が重要です。

それはM&Aやリストラを実行する力量でなく、人と組織を通じて顧客や社会に価値を提供する組織ケイパビリティを開発する力量です。そのためには、議論する力でなく対話する力が必要です。これからは競争でなく共創が求められます。そのためには、社内でなく社外に向けてネットワークを開発し、コミュニティをつくる力量が重要になります。このような人材を見極める眼力を持つ企業の取締役は少なく、結果として不適切な選択をしているケースが少なくありません。

端的に言えばＩＱが先行する頭の良い経営者を選ぶ時代は終わりました。１９９０年代後半に米国の心理学者、ダニエル・ゴールマンが提唱したＥＱ（Emotional Intelligence、こころの知能指数）を併せ持つことが絶対条件です。人と組織に淡泊な経営者は、短期的なＶ字回復に成功しても企業の長期的な衰退を招きます。社員は経営者に威圧感を感じます。企業のなかの圧倒的な成功者であり、絶大な権限を持っているからです。社員は経営者の前では沈黙を守ります。そのことをよく理解したうえで社員に接することができる経営者が、社員の心を開く姿勢、行動、話術を示すことも大切です。経営の正解はすべて社員が知っている、というのは、古今東西、企業の共通の真実です。それを活かすことができるかは、経営者の姿勢次第です。

さらに次の10年を見据えると、企業のリーダーの役割を果たすことはますます困難になっていくと思います。健全な経営をする優れた経営者であることに加え、事業を創造する実業家の側面が大きくなっていくからです。しかも、ビジネスを創ることが最終の目的ではなく、地球、社会という新しいステークホルダーに貢献する公益実業家のような存在になることが求められる、そんな時代になっていくと思います。

第五の基本は、人事部のあり方の改革です。日本企業の人事部は、高度経済成長期に生まれた新卒一括採用と終身雇用を基軸に時代の変化とともに必要な修正を加えた人事制度を構築してきました。組織の秩序と安定を保つため、日本企業の人事部は人事制度を設計するだけでなくその運用に深く関わってきました。採用、配置、育成、評価、処遇、キャリア開発という人材マネジメントにトータルな責任を持ち、そのための権限を有しています。

海外の企業では人事部は制度の設計はしますが、その運用はラインに任せますので、日本企業の人事は世界に例のない独特な特徴を持っています。ラインは、人の問題は人事に任せるという意識があります。人材マネジメントをするという責任意識は希薄で、そのための知識やスキルは持っていません。

しかし、時代の流れは大きく変わっていきます。大規模な会社であれば終身雇用の維持は難しく、社員が自己責任でキャリアを開く時代に入っていきます。そうなれば、人事マネジメントは個々の社員が主体的に行い、ラインの管理者はそれを支援する形になります。人事部はこれまでは当然に果たしていた人材マネジメントの責任をラインに移管し、これからはラインを支援する人に関する高度な専門職になっていく必要があります。

以上、申し上げたことを実行することは、いずれも容易ではありません。しかし、急がば回れ、英語ではMake Haste Slowlyを肝に銘じる必要があります。

つらい仕事になると思います。なぜなら成果はすぐに生まれないからです。一部のマスコミやプロ投資家からは早く結果を出せと責められると思います。経営者としての任期中は、メディアに取り上げられても褒められることはないと思います。そして退任後、しばらく時間が経過したとき、突然に称賛され社員から感謝されることになると思います。しかし、そのつらい仕事を愚直に続ければ横棒が一つ加わり、3本でなく4本になり「幸」が訪れることを信じて邁進してほしいと思います。

本書の作成にあたっては日本の伝統企業の数多くの経営者、人事責任者から様々なご意見、アイデアをいただきました。多忙な時間を割いて長時間のインタビューを受けていただいたこともあります。その内容はインタビューノートとして末尾に掲載しました。本来であれば末尾でなく、巻頭に飾るべき素晴らしい示唆に富む記事ですが、失礼をご容赦ください。

『日本の大企業　成長10の法則』目次

第Ⅱ部 失われなかった30年を経験した伝統大企業の10の黄金法則

第1章 個を活かす経営 89

第2章 戦略よりも実行

第3章　イノベーションに仕組みで取り組む　172

終章　日本企業の未来を切り拓く　336

インタビューノート

装丁・竹内雄二

PART I

第Ⅰ部

失われた30年を振り返る

「失われた30年」は日本のビジネス社会に定着した言葉なので私もそのまま使っていますが、30年をひとくくりにして総括しても問題の本質は見えてきません。私は、1990年代の10年間と21世紀に入ってからのミレニアムの10年間、2010年以降の10年間の三つのステージに分けて考えるのが有効だと考えています。1990年代に企業が何を考え、どのような行動をしたのかによって、その企業が2000年代に低迷するか、繁栄するかが決まったように見えます。

結論を先に言えば、20世紀型の経営、すなわち経営者主導の戦略経営、選択と集中、M&Aとリストラの繰り返し、もぐら叩きの経営を無意識に踏襲してしまった企業には、長期の低迷が待っていました。一方、21世紀型の経営、すなわち第一線の社員が主体的に考え、行動し、イノベーションと成長をドライブする経営の形を模索し、その実現のために必死に試行錯誤を繰り返した企業には繁栄の世紀が待っていたと言えます。

第1章 1990年代——学ぶことを忘れた10年

1990年をまたぐ5~6年の間に世界中で衝撃的な出来事が多発し、企業社会に大きな混乱をもたらします。そしてその混乱のなかで企業人は苦闘し、反省し、学び、そして21世紀に向けての新しいビジョンを構想していきます。企業人だけでなく、米国を中心としたアカデミアの人々も新しい経営の形を考え、アイデアやコンセプト、フレームワークやツールを開発し、企業人を支援していきます。

米国人を覚醒させたニューヨーク証券取引所のブラックマンデー

1987年10月19日の月曜日、ニューヨーク証券取引所は壊滅的な暴落を経験します。ダウ工業株30種平均株価は前週末の2245ドルから1738ドルに下落します。22・6%の下落です。1929年10月24日は暗黒の木曜日と呼ばれ、世界恐慌の引き金になった大暴落でも一日の下げ幅は12・8%でしたので、1987年のブラックマンデーは本当に衝撃的な一日でした。

人々は右往左往していました。ただ、背景には1980年代に続いた米国企業の競争力減退、その結果としての貿易赤字と財政赤字という双子の赤字、外国為替市場におけるドル安、インフレの進行という実体経済の持続的な悪化がありましたので、株式市場の暴落も当然の帰結という冷めた目で見る企業人も少なくなかったと記憶しています。

一方、米国企業の衰退の原因を徹底的に分析し、隆盛を誇る日本の企業を研究するといった前向きの努力も始まっていました。ジャック・ウェルチ氏に率いられたゼネラル・エレクトリック（GE）は米国や海外の優良企業に学ぼうというベストプラクティス調査運動を大々的に行い、日本企業ではトヨタ自動車や東芝をGEの社員が訪問し、日本企業の強さの源泉を勉強していました。また、日本に品質管理の哲学を教えたエドワーズ・デミング博士（当時は80代の高齢になっていました）を講師に招いてのセミナーも、全米各地で行われていました。

私はそのセミナーの一つに聴衆として参加したことがあるのですが、一つ記憶している印象的な場面があります。デミング博士の講演が終わり質疑応答のセッションに入ったとき、聴衆のなかの一人が質問します。「日本企業の品質管理は小手先の技術ではなく、総合的な組織の能力のように見える。だとすれば米国企業が日本に追いつくことは不可能なのではないか」

これに対してデミング氏は答えます。「容易ではない。でも、日本企業の人たちはもう地味な品質管理活動などに興味を失っているかもしれない。私は80歳の高齢になって初めて本を出版し、この本は世界の多くの国で翻訳されている。しかし、なぜか日本だけはどの出版社も手を挙げてくれないんです。私の名前をつけたデミング賞という表彰制度があり、私は有名人です。日本の人たちは品質管理のような地味な仕事に飽きたのかもしれません。そうだとすれば彼らに追いつくチャンスはゼロではない」。会場は笑いに包まれましたが、私は何か嫌な気分になりました。その頃の日本では株式と不動産の価格が暴騰し、一億総投機家のようになっていたからです。

デミング氏が80代の高齢になって初めて書き下ろした本の題名は*Out of the Crisis*（邦訳『危機からの脱出』日経ＢＰ）でした。米国人であったデミング氏が祖国の再生を願って書いた思いが偲ばれるものです。私はいずれどこかの出版社が翻訳するだろうと思っていましたが、結局、この名著の日本語版は長く存在しませんでした。

もう一つ、思い起こされることがあります。赤茶けた大地が広がるシリコンバレーのサンノゼという街でベンチャー企業の創業者たちが集まり、「日本企業から学ぶ」という趣旨のセミナーがありました。私はパネラーの一人として招かれていました。日本企業の製造品質の高さ、それをつくり込む社員力には多くの参加者の共感が得られました。そのときセミナーのなかで、司会者が想定外の質問をしました。それは「日本企業の弱さ」は何か、という質問でした。誰も明確な返答をできず、少し、沈黙の時間が流れました。

そのときは答えられなかったのですが、欧米企業、特に米国の企業と比較しての日本企業の弱さは、経営におけるマーケティングという概念の不在です。パネラーであった米国人の友人が夕食の機会で述べた言葉が忘れられません。「日本企業の経営者と話していて一つ不可解なことがある。マーケティングを語る経営者がいないのだよ。セールスや販売促進は熱心に語るのだが、マーケティングの意味を理解していないように思う」

日本企業にマーケティングの体質がないことは、いわゆるＤＸが進まない最大の理由になっていますが、このことは後で述べます。

プロ投資家の時代を開いたブラックロックの創業

ブラックロックは今や世界最大規模の機関投資家です。2021年末の運用資産は約1100兆円に達しています。このブラックロックが創業されたのはブラックマンデーの翌年、1988年でした。ファーストボストンという投資銀行で債券の敏腕トレーダーとして活躍していたローレンス・フィンク氏をリーダーとする8人の仲間が創業メンバーです。コンセプトは、低コストでリスクの小さい運用成果を提供するというものでした。ブラックマンデーで多くの損失を被った年金基金の悩みに応えるものです。

ブラックロックに代表されるプロの機関投資家（これからはプロ投資家と呼びます）の台頭は、企業のガバナンスに影響を与え始めます。それまで個人株主や、企業年金・大学や財団の基金を運営する機関投資家は、その権利を企業の経営者に行使する意思とスキルを持っていませんでした。しかし、ブラックロックのようなプロ投資家は保有株式の規模の大きさに加え、企業を様々な角度から詳細に分析したうえでロジカルな主張を展開する提案力を持ち、企業の経営者も無視できない存在になっていきます。そして2010年代に入ると彼らの力は強大なものになります。その内容は第3章で説明します。

中国経済の大発展につながった天安門事件

1989年6月4日、北京市の天安門広場で民主化を求める学生を中心にしたデモ隊に対し鄧小平は戒厳令を布告し、軍隊による銃撃で弾圧しました。この天安門事件は、世界の人々の記憶に残る出来事になりました。中国政府の公表する犠牲者は319人、実際は数万人を超えるという説もあります。

鄧小平は相次ぐ政争を生き抜き、1978年に中国の最高指導者になります。鄧小平は改革開放政策を掲げ、中国をリードしてきました。改革とは党運営の民主化、開放とは市場の開放でした。しかし、党運営の民主化は社会主義を否定し、民主主義に乗り換えるようなエネルギーを持ち始めました。ソ連邦が崩壊に向けて動揺しているのと同じようなことが中国でも起きるのではないかと、深刻な不安と葛藤し、鄧小平は社会主義を守る決断をしたのです。

天安門事件は激しい批判を浴びます。外国の勢力だけでなく、中国の民衆の心も鄧小平から離れていきます。鄧小平はもう一つの決断をします。それは市場開放政策の加速です。民衆の不満を解消する方法は民衆を豊かにするしかない、そのように考えたのです。

広東省の深圳、福建省の厦門などの経済特区のさらなる開放と同時に、世界の企業を中国に誘致する政策を強力に展開します。外国の企業を招き、彼らの成功が中国への技術移転を促進し、中国人と中国の企業を育てるという好循環の連鎖のシステムをつくりあげるのです。こうした努力の結果、2000年代に入ると中国は爆速の成長を実現し、2010年に一気に日本を抜き去り、米国に次ぐ世界2位の経済大国の地位を築くことになります。

こうした中国市場の発展をいち早く洞察した企業は多くはありませんでした。日本企業の多くは中国を市場として見るのではなく、賃金が安い生産の拠点という狭い見方をしていました。

中国の発展はアジア諸国の発展につながっていきます。マレーシア、タイ、インドネシア、そしてインドといった新しい市場の誕生を自社の成長に活かした日本企業は、多くはありません。

多国籍企業運営の時代からグローバル企業運営の時代へ――転換を導いたベルリンの壁の崩壊

天安門事件からほぼ6カ月後の１９８９年11月9日、東ドイツ政府が東ドイツ国民の旅行、移住の大幅な規制緩和を発表したことがきっかけとなり、ベルリンの壁に市民が殺到、国境検問所が解放されます。冷戦を象徴した東西ベルリン分断の歴史が終結しました。

ベルリンの壁崩壊は、政治的にはソ連邦の崩壊、共産党国家の解体という混乱を生み出しましたが、欧米の大規模な企業にとっては企業運営の大きな変革をもたらすものでした。それは多国籍企業運営の終焉とグローバル企業運営の始まりを意味するものだったのです。

冷戦期は、同じ西側陣営であってもそれぞれの国が輸出入を厳しく管理し、高い関税をかけ合う時代でした。１９８０年代には日米の間でも自動車や半導体の分野で関税をめぐる激しい交渉が行われていました。しかし、冷戦の終結は、国ごとに孤立するのではなく連携して大きな市場を共有する動きを加速していきます。欧州では１９９３年にＥＵ（欧州連合）が設立されます。

国ごとに孤立した分断の時代では、企業は進出した国のインサイダーになり、製造、販売を併せ持つ多国籍企業運営を追求します。これに対し、多くの国が連携する大きな経済圏ができれば、企業は共通の製品、サービスを共通の方法で提供する効率のよいアプローチをとることが可能になります。このアプローチをグローバル企業運営と呼びます。企業にとっては規模の経済が格段に増し、トップ企業は最大の効率を得ることができるようになります。

このことにいち早く気づいたのはＧＥのジャック・ウェルチ氏でした。彼は世界のナンバーワンもしくはナンバー2のシェアを獲得するように事業責任者に強い指示を出していきます。このことに早い段階で気づいた日本企業はほとんどありませんでした。

崩壊の淵から必死に這い上がる米国の伝統大企業

１９９０年代の前半は、米国の伝統ある大企業が消滅の危機に瀕していた時代です。製造業の王者と言われ、その10年前には自動車販売市場の約50%を占有していたゼネラルモーターズ（ＧＭ）はシェアを33%に落とし、10万人の社員をレイオフしていました。流通業の星と言われたシアーズ・ローバックは3兆円の赤字を計上し、シカゴにあるシアーズタワーと呼ばれた本社ビルを売却していました。世界最高の金融機関と呼ばれたバンク・オブ・アメリカは中西部の地域銀行に身を落とし、その後、南部のノースカロライナに移転しています。世界の翼と言われ、ニューヨーク市のマンハッタンのパークアベニューにそびえ立つ本社を持っていたパンアメリカン航空は消滅しました。

コンピュータ業界ではコントロールデータ、バローズやＤＥＣが消滅し、業界の巨人であったＩＢＭも１９９３年に4兆円という巨額の赤字を計上し、40万人いた社員を22万人に半減させ、倒産の淵に追い詰められていました。そしてＩＢＭの取締役会は歴史上、初めて最高経営責任者（ＣＥＯ）を外部から採用するという驚くべき決断をします。招聘されたのはルイス・ガースナー氏でした。

彼はマッキンゼーのコンサルタントを経てアメリカン・エキスプレスのＣＥＯ、ＲＪＲナビスコという食品会社のＣＥＯを経験した優秀な経営者でしたが、ＩＢＭに入社したときの評判は散々でした。「彼はポテトチップのことはわかってもコンピュータのチップのことは何も知らない」などの罵詈雑言を浴びていました。彼の前職であったナビスコの主力商品の一つがポテトチップだったからです。

ガースナー氏はその後、ＩＢＭを技術と設備を売る会社からグローバルなＩＴソリューションカンパニーに進化させ、見事に再生させるのですが、最初は誰も彼の成功を信じてはいませんでした。

苦しんでいたのはＩＢＭだけではありません。シリコンバレーをつくった会社と言われたＨＰは往年の輝きを失い、社長が相次いで交代する混乱を経験します。アップルはスティーブ・ジョブズを解雇し、彼がペプシコから招聘したジョン・スカリー氏をＣＥＯにしますが、業績悪化のなかで相次いで社長が入れ替わる惨状でした。招かれた経営者は皆、20世紀型の古い戦略経営をする人たちでした。

破壊的な改革に挑む米国企業

１９９０年代後半になると米国企業は破壊的な改革への挑戦を始めます。ＩＢＭの、技術と設備を売る会社からグローバルなＩＴソリューションカンパニーへの改革は、米国の大規模な伝統企業としては初めての企業体質を根本的に変えるトランスフォーメーションでした。その内容は、ルイス・ガースナー氏が退任後に著した*Who Says Elephants Can't Dance?*（邦訳『巨象も踊る』日本経済新聞社）に詳しく語られています。多国籍企業運営からグローバル企業運営への転換、マトリクス組織の導入、そして第一線の管理者の姿勢と行動の変容のためのプログラムの活用が語られています。

多国籍企業時代の企業運営は、国ごとの個別最適を追求するものです。ＩＢＭは自治権を持つ国ごとのＩＢＭの集合体、国際連合のような存在でした。日本ＩＢＭは日本の会社、だから英語は不要と宣言することができた時代でした。

そのＩＢＭが別人になります。国ごとの社長の権限はほとんどなくなり、長屋の大家さんのような立場になります。事業や機能、製品ごとに本社に責任者が定められ、彼らは世界全体の運営に責任を持ちます。そのうえで、世界の最大公約数的な顧客のニーズに対して標準化した政策と手法を、世界共通の基準で適用していきます。その結果、生産性と効率が圧倒的に上がります。

二つ目の改革は、マトリクス組織の導入です。通常の組織では上司は一人というのが当たり前です。マトリクス組織では上司は2人以上の複数になります。事業や機能、製品ごとにグローバルなヘッドが存在し、地域で働く社員は3人の上司にレポートする形になります。運営は非常に難しいですが、顧客の近くにいる担当者が何をすべきかを判断し、3人の上司はその支援をするという究極の権限委譲が進みます。

ソリューションサービス事業では顧客の近くにいる担当者が責任と権限を持つことが重要であり、マトリクス組織はそれを実現するための組織運営の形です。しかし、マトリクス組織を使いこなすことは非常に難しく、ＩＢＭも相当に苦労していました。『巨象も踊る』には、マトリクス組織をめぐってガースナー氏が社内で発信したメールが掲載されていますので、興味のある読者はご覧ください。

三つ目の改革は、第一線の管理者の姿勢、行動の変容です。上長としての権限を使った指示命令でなく、部下の自発性や挑戦意識を高めるリーダーシップのスタイルの習得、サービス・ソリューションカンパニーとしての規範や行動様式の遂行を徹底して要請していきます。ＩＢＭのサービス事業は、１９９６年の約２０００億円から２００４年には4兆円の規模に成長します。

２００年の歴史を持つ伝統企業であるＰ＆Ｇも歴史的な改革に挑みます。オープンイノベーションへの取り組みです。Ｐ＆Ｇは日本企業と同様、自前主義を貫いてきました。大学を卒業した社員を採用し、社内で育成し、幹部、経営者に登用していきます。外部からの人材採用は原則として行いません。多くの社員はＰ

&Gでキャリアを始め、キャリアを終える、まさに日本企業と同様のキャリアパスが敷かれています。

米国にはP&Gのように生えぬきの社員を時間をかけて長期的に育てる会社が存在します。投資銀行業界の雄、ゴールドマン・サックス、生命保険業界の老舗企業であるプルデンシャル生命、製造業ではジョンソン&ジョンソン、3M、エクソンモービルなどがその代表的な例です。

人材の自前主義は、企業活動のすべての面での自前主義につながります。P&Gは素晴らしい成功を収めてきた会社ですが、1990年代には低迷します。収益力が悪化し、時価総額が半減します。IBMのように倒産の危機に瀕したという状況ではありませんでしたが、2000年代の繁栄には黄色信号が点灯する状況でした。

こうしたなかでP&Gは、オープンイノベーションに活路を見出します。特に重視したのは研究開発部門でした。R&D部門という名称をやめC&D部門に変更します。C&DとはConnect & Developの意味です。社内だけでなく、世界のRにコネクトし、そして良い商品を早く開発しようという考え方です。

今日、オープンイノベーションは、普通に使われる言葉になり、日本企業も外部の企業との連携に積極的に取り組んでいます。しかし、多くの場合、その取り組みは場当たり的です。**P&Gの取り組みの特徴は、オープンイノベーションを実現する組織ケイパビリティを体系的に開発したことにあります。**組織ケイパビリティは、人材とプロセス、そして組織文化の三つの要素で構成されます。

人材については、C&D部門の約4000人の技術者に150の企業や技術者とのネットワークを開発するよう求めます。技術者は学会などにも参加し、皆、それなりの個人的な人脈を持っているのですが、それを私的なものでなく公的なものにし、会社のデータベースに共有する取り組みを始めます。

オープンイノベーションは掛け声だけではうまくいかず、それを推進するプロセスの開発が重要です。技術者が思い思いにバラバラに動くのではなく、協業する企業や人材の探索、関係の構築、契約の締結、プロジェクトのマネジメント、知的財産の管理などをどのような順番で進めるのか、どのタイミングでどのような意思決定をするのか、様々な経験から学び、体系化していきます。

オープンイノベーションに社員に本気で取り組んでもらうため、２０１０年には新商品の30％はオープンイノベーションから実現するという目標も定めます。そうすることで、自前主義でなく協力主義はよいことなのだ、という技術者のマインドセットの変更、すなわち組織文化の改革を実現していきます。P＆Gは２０１０年には50％の商品がオープンイノベーションから生まれるという状態になり、今も若々しい企業として活動しています。

アウトソーシングという新しい事業を切り拓いたアクセンチュアも興味深いケースです。この会社の前身はアンダーセン・コンサルティングで、アーサー・アンダーセンという世界的な会計事務所の一部門でした。アーサー・アンダーセンは、監査業務の対象顧客であったエンロンの粉飾決算に加担したという理由で解散の憂き目にあいます。アンダーセン・コンサルティングという名称であったコンサルティング部門は、アクセンチュアという名前で再生の道を探ります。Accent for the futureにちなんだ名前でした。再生の中核になったのは、顧客の業務プロセスの一部を請け負うアウトソーシングという新しい事業でした。アクセンチュアは、現在では売上高約５００億ドル、営業利益約76億ドル、60万人を超える従業員を擁する巨大なコンサルティング会社になっています。

21世紀の経営を探求する米国のアカデミア

1990年代は米国のアカデミアで新しい発想とアイデアが生まれた時代でもありました。

マサチューセッツ工科大学（MIT）の教授であったピーター・センゲ教授によるラーニング・オーガニゼーション（学習する組織）というコンセプトは、世界的に注目されます。「時代は混乱し、複雑化し、予測不可能になった。もはや一人の偉大な経営者が企業をリードすることは不可能になった。これから繁栄する企業は第一線の社員が変化を察知し、自発的に対応し、チームとして協力し、企業をリードする組織を創り上げた企業になる」という主張でした。多くの企業人の熱烈な支持を受け、この考え方を実現する方法論が多くの企業で試されました。21世紀になって日本ではVUCAという言葉やティール組織が話題になりますが、このようなことは30年前に語られていたのです。

ジェームス・カプラン教授が提唱した「バランスト・スコアカード」の考えも大きな影響力を持ちました。2000年代の企業の成功の条件は無形資産にある。人材の価値、組織文化を蓄積することが重要になる。とすれば、経営者の業績は財務的な成果だけでなく、顧客基盤の拡大、優れた業務プロセスの設計、それを支える人と企業文化の開発にあるという提言でした。現在では、この考え方は、欧米の大企業では当たり前のものになっています。

バランストという意味は、財務成果に過度にこだわらないということです。今日、コーポレートガバナンス・コードにも組み込まれ、統合報告書という形で企業が開示する人的資本経営の考え方の嚆矢になったものですが、日本では実務的にはあまり話題にならず、取り組む企業は数社しかなかったのが実際です。

クリストファー・バートレットとスマントラ・ゴシャールの*The Individualized Corporation*（邦訳『個を活かす企業』ダイヤモンド社）も重要な本です。経営者が判断し、本社スタッフがヒエラルキーを通じて上意下達で指示を下し、現場スタッフはその指示に従うという中央集権的な企業運営は機能しない。現場に責任と権限を委譲し、現場を支える個々人が主役になって企業を牽引する方向に転換する必要がある、という主張です。

アカデミアではありませんが、マッキンゼーが１９９８年に出した『ウォー・フォー・タレント』（邦訳は翔泳社、２００２年）も有名です。21世紀の企業の成功は戦略でなく人材力が決めるという主張です。

マッキンゼーの日本支社長を長く勤め、１９８０年代の日本企業に戦略的経営を広めた大前研一氏は『DIAMOND ハーバード・ビジネス・レビュー』で次のように語っています。

「競争優位の戦略、商品市場戦略、アライアンス戦略、そしてバリューチェーンやコア・コンピタンスといった、競争のエッセンスとなるフレームワークは20世紀後半、安定成長が見込まれる工業化社会の末期に生み出されたものである。それらを一部の企業エリートが学び、戦略なるものを立案し、数千あるいは数万の現場従業員達を指揮しながら粛々と実践することで成長できる時代は終わった」（「見えない大陸：覇者の条件」『DIAMOND ハーバード・ビジネス・レビュー』２００１年5月号から抜粋）

穏やかに成長していた日本企業

一方、日本では、平成元年である１９８９年12月29日、東京証券取引所の大納会での日経平均株価が３万８９１５円の最高値を打ちます。１９９０年は5万円、数年で10万円といった強気の見通しが市場を覆っていましたが、年明けから相場は崩れ、90年1月だけで株価は１７２７円も下落します。株価の後を追うように不動産価格が暴落します。

不動産や建設、金融の業界で名を知られたいくつかの企業が破綻しました。北海道拓殖銀行や山一證券が消滅しました。しかし、米国のように業界に君臨するトップ企業が壊滅するという状態ではありませんでした。財テクに距離を置いていた製造業の多くは、持ちこたえていました。

「失われた10年」という言葉はこの時代を捉えたものですが、多くの企業は緩やかに成長していました。企業活動のマクロ的集計値であるＧＤＰも１９８８年の３９４兆円から１９９８年には５２８兆円に増加していたのです。１９９８年の中国のＧＤＰは１２９兆円で日本の4分の１にも及ばない水準でした。韓国のサムスン（三星）電子は、韓国をベースとするローカル企業でした。

１９９０年代はその後、大きく発展する新興企業が胎動を始めた時代でもありました。山口県に本社を持つファーストリテイリングは１９９２年から98年の6年間で売り上げを２００億円から８００億円に4倍増し、東京への進出を狙っていました。京都の日本電産が小型モーター市場で活躍を始めています。売り上げは、東京のマブチモーターと並んで約１０００億円の水準でした。ソフトバンクは１９９４年に日本証券業協会に店頭登録し、２００億円を調達します。１９９６年にはインターネット元年と称し、ヤフー（現Ｚホールディングス）を設立します。日本興業銀行の社員であった三木谷浩史氏は１９９７年に楽天を創業します。楽天だけでなくＤｅＮＡやサイバーエージェントも活動を始めます。

当時、米国人の友人が語っていた言葉が思い起こされます。「日本は大変だというが米国の企業は日本の企業の10倍苦しんでいる……」「日本の株価が下落しているといっても米国の１９８７年10月のブラックマンデー（暗黒の月曜日）では２２４５ドルのダウ平均が１日で１７３８ドルに下がったんだぞ」。そのときはあまり意識しなかったのですが、その後、時間が経過するなかで日本の多くの企業は１９９０年代にもっと苦しみ、米国の企業のように捨て身の改革に挑んでいれば、今の景色は違ったものになったと思うのです。

バブル崩壊からの学びはなかった

１９９０年代は「失われた10年」と言われますが、**私は「学ぶことを忘れた10年」と呼ぶのがよいと思います。**多くの日本企業のビジネスパーソンは日本にこもり、しばらくはバブル経済の余韻にひたっていました。しかし、バブルの崩壊は、財テクに励み、本業を忘れた企業、それを支えた金融機関のバランスシートに打撃を与えました。90年代後半になると不良資産の深刻さが明らかになり、多くの企業や金融機関は経費の削減とリストラに邁進し、21世紀に向けての新しい企業運営のあり方を考えることを怠りました。

皆、歌を忘れたカナリアになってしまったのです。西條八十の名曲を記憶されている年輩の方もおられると思います。昔、炭鉱の労働者が毒性ガスの充満を知る手段として坑内にカナリアを入れた箱を置き、カナリアが死んでその声が聞こえなくなるとガス充満の兆候であるとしていたのです。

企業人にとって忘れてはいけない歌は「学ぶ」ことです。１９６０～70年代の日本企業はデミング博士を招聘し、品質管理の哲学を学びました。渥美俊一氏が主催したペガサスクラブにはダイエーの中内㓛氏、イトーヨーカ堂の伊藤雅俊氏、ジャスコ（現イオン）の岡田卓也氏など流通・小売業界の重鎮となった経営者が参加し、チェーンストアの理論を学びました。多くの企業は海外留学生を欧米のビジネススクールに派遣していました。ボストン・コンサルティング・グループやマッキンゼーが主催するいわゆる戦略手法を学ぶセミナーには、一流企業の経営者が数多く出席していました。

企業も自分自身の学びを深める努力をしていました。松下電器は「物をつくる前に人をつくる」（Making people before products）という松下幸之助氏の熱い思いのもとに大阪の枚方市に大規模な人材開発センターをつくりました。日立製作所は「明日の経営者を育成することが何よりも肝要である」という認識のもと、千葉県の我孫子市に日立経営研修所（現日立アカデミー）を設立しました。

なぜ日本企業は「学ぶ」ことを忘れたのか。不良資産問題の解決、という目前の緊急テーマを優先したということでしょうか。あるいはチェーンストア理論や戦略的思考という米国が先行するわかりやすいテーマがなくなったということでしょうか。1980年代までの成功があまりに鮮やかであったがゆえの慢心でしょうか。成功の復讐を受けたということなのでしょうか。中国の『易経』（紀元前2700年頃に書かれたとされる世界最古の書物）が説く陽（明るい時代）と陰（暗い時代）は夏と冬というように繰り返すということでしょうか。

これらの理由はいずれも何らかの形で当てはまると思いますが、私はもう一つの重要な理由があると思います。それは20世紀の工業化社会が終わりを告げ、情報化社会に移行するという時代の変化を、私たち、多くの日本のビジネスパーソンが理解しなかったことにあると思います。工業化社会の主役は大きな設備、工場であり、目に見える製品でした。一方、情報化社会の主役はサービスであり、目に見えないソフトウエアであり、それらを担う主体となるのは設備や機械でなく人間です。

日本人は欧米人に比べ、目に見える具体的なものを好む傾向があると言われます。一方、目に見えない抽象的な概念をイメージするのは、得意ではありません。人間の心理、モチベーション、人間の集団がつくる組織の振る舞い、組織文化、企業のミッションやビジョンという概念は捉えどころのないものとして、深く学ぼうというインセンティブが働かなかったのだと思います。

日本の大学ではビジネス心理学や組織開発論を教える講座はほとんどありませんでした。今でも非常に少ないと思います。哲学はすべての学問の出発点であり、文学を超えるものですが、なぜか文学部のなかに哲学科として入っています。１９９０年代のビジネスパーソンは学ぶ意志や意欲がなかったのではなく、２０００年代に向けて何を学んだらよいのかがわからなかった。だから目の前の問題処理にエネルギーを傾注したのだと思います。

『団塊の世代』（文藝春秋）や『油断！』（日本経済新聞社）という著作で一世を風靡し、小渕政権と森政権で経済企画庁長官になった堺屋太一氏に『知価革命』（ＰＨＰ研究所）という本があります。１９８５年に出版された本です。21世紀の情報化社会で繁栄する企業の特徴は何か、示唆が得られる本です。改めて読み返してみると第Ⅱ部で語る成長企業の法則に重なる部分があり、この本がもっと理解されればよかった、という気持ちになります。

第2章 2000年代――官僚化する社員

1990年代に米国の伝統企業が経験したのと同様の機会と脅威を、日本の伝統大企業は2000年代に経験します。1980年代、米国企業は急成長する日本市場を目のあたりにしました。同時に米国市場に参入し、急速にシェアを獲得する日本企業や米国内で勃興するアップルやデル、サン・マイクロシステムズなどの新興ハイテク企業やウォルマートなどの流通・小売企業からの脅威に遭遇していました。日本企業が2000年代に遭遇した機会は、中国市場の急速な拡大でした。そして日本企業が遭遇した脅威は、韓国や中国、台湾のエレクトロニクスメーカーのデビューでした。

中国の消費者市場の爆発的な成長

1999年、アリババが創業されます。アリババは1997年に創業された楽天、95年に創業されたアマゾンと同様、EC（Electronic Commerce）を開拓した会社ですが、中国のビジネス環境には米国や日本と比べて大きな違いがありました。米国や日本には成熟した消費者市場が存在していました。しかし、中国にはそのような消費者市場は存在していませんでした。アリババの創業は日本では話題にならず、多くの日本企業は中国を消費者市場としては見ていませんでした。中国は人件費の安い製造拠点というのが、大方の見方でした。

孫正義氏だけが中国市場の爆発的な成長を予見していました。ソフトバンクはアリババに20億円を投資します。その投資はソフトバンクに8兆円の含み資産をもたらすことになります。孫正義氏の予見は正しいものでした。ECは中国の地方に住む十数億人の人々にモノを買う機会を一気に提供したのです。消費と製造の拡大が良循環を形成し、GDPを押し上げていきます。1989年に23兆円であった中国のGDPは2009年に500兆円を超え、10年には日本のGDPを抜き去ります。

多くの日本企業が中国を製造の場所と考えていたのに対して、欧米企業は市場として捉えていました。彼らにとって中国は地理的に遠く、製造拠点としての意味はなかったからです。自動車業界では米国のGMやドイツのフォルクスワーゲンが先行し、市場を占有していきます。日本企業では、日産自動車がカルロス・ゴーン氏のリーダーシップで早期に進出します。トヨタ自動車は米国市場での基盤強化を優先し、中国市場への進出は遅れていました。

鄧小平が井戸を最初に掘った会社と呼び、来日の折には大阪に行って本社や工場を訪問し、感謝を表したパナソニックは中国に100近い拠点を持っていましたが、皆、製造拠点であり、関係する事業部がばらばらに進出し、中国という国、市場をパナソニックトータルで考える体制はありませんでした。

中国人起業家の勃興

2000年の前後、中国のGDPはまだ日本の3分の1でした。しかし、デジタル技術がもたらすチャンスは、住んでいる国や地域に関係なく好奇心と挑戦心を持つ若者に平等に与えられました。アマゾンに対するアリババ、グーグルに対するバイドゥ、フェイスブックに対するテンセント。彼らはほぼ同時期に事業を始めます。

アリババの創業者は馬雲という人物です。1964年に生まれ、小さい頃から英語に興味を持ち、中国に来訪する外国人との交流を深めていきます。一時は大学進学も諦め三輪自動車の運転手などをしていたと言われます。紆余曲折があり、最終的には大学の英語科に進み、英語教師としてキャリアを始めます。その英語教師が1995年、米国で出合ったインターネットに興味を持ち、中国版のイエローページ（企業広告）を開発し、99年に本格的なEC市場の事業化に取り組みます。目的は、中国の中小企業者が世界の市場で顧客を見つけられるようにするということでした。17人の共同創業者がいました。アリババは誕生したときから、米国や日本に大きく遅れた中国という国の課題に取り組むというミッションを持っていたと言えます。

バイドゥを創業したのは李彦宏です。中国最大の検索エンジンを提供する会社で2000年1月に北京で創業されています。全世界の検索エンジン市場でグーグルに次いで2位になっています。馬雲氏とは違い、李氏は学校を常に首席で卒業する頭脳明晰なエリートでした。中国ではこの二人がよく比較されるそうです。

テンセントは馬化騰によって1998年に深圳で創業され、ソーシャルネットワーキングやインスタントメッセージの事業を開拓していきます。現在では世界最大級のゲーム会社になっています。

テンセントも1998年に馬化騰をリーダーとする5人の若者によって創業されます。2000年代前半はそれほど目立った存在ではありませんでしたが、今日ではコングロマリットと呼ばれるほどにインターネットを通じた様々なサービスを提供し、中国デジタル革命のフロントランナーと言われるグローバル企業に発展しています。

１９８０年代に日本が世界を席巻した家電事業では１９８４年、張瑞敏によって青島で創業されたハイアールが成長への道を走り始めます。２０００年代になるとグローバルカンパニーへの挑戦を始め、パナソニックの創業者である松下幸之助氏の「物をつくる前に人をつくる」という理念に感銘を受け、「人の価値が第一」「すべての社員が顧客をつくる」のスローガンを掲げ、欧米の市場に進出していきます。今でいうユーザー・エクスペリエンス、顧客体験を重視するマーケティングを推進していきます。

２００１年末に中国がＷＴＯ（World Trade Organization）に加盟したことで多くの中国企業がＯＥＭ（Original Equipment Manufacturer、外国企業から生産を受託する会社）になる選択をするなかで、あえて中国初のグローバル企業になるという勇気ある挑戦を選択したのです。

サムスン電子の電撃的な発展

サムスングループは、イ・ビョンチョル氏によって１９３８年に創業されました。最初は韓国産の乾燥魚や野菜を中国に売る貿易商でした。グループは事業を多角化し、１９８７年に後を継いだ長男のイ・ゴンヒ氏の時代には、エレクトロニクス産業に投資を拡大していきます。イ・ビョンチョル氏、イ・ゴンヒ氏はともに日本の早稲田大学で学んでいます。その後も両氏は日本に学ぶことを徹底していきます。

１９８０年代のサムスンは、韓国のドメスティック企業にすぎませんでした。そのサムスンが世界で活躍するターニングポイントになったのは、フランクフルト宣言でした。ドイツのフランクフルトで開いた社内会議でイ・ゴンヒ氏は、次のようなメッセージを発信します。サムスンが世界を技術的にリードする製品を開発することはできない。だから、既に存在する技術を使って「誰よりも早く」「誰よりも安く」「誰よりも大量に生産する」ことで会社を発展させようということでした。

「誰よりも大量に生産する」とは、サムスン電子がグローバルカンパニーになるということです。韓国国内だけでは需要が小さいので、世界の市場を開拓して発展しようと明言しました。その実現のためにサムスン電子は、プロダクトアウトでなくマーケット・インのアプローチを採用します。

一つはその後、有名になった現地社員制度です。毎年、１００名程度の若手社員を世界各国に1年間遊学させるという取り組みです。サムスンのオフィスに行くことは認めない、地域と社会に溶け込み、学び、友人をつくるという制度です。以前、日本企業も若手社員をトレーニーという形で海外に派遣していましたが、皆、現地拠点に出社し、下働きをしていました。サムスンの制度は一味違います。現在では２０００人以上の現地社員経験者がいると言われています。

もう一つは、企業の組織能力の開発です。人事部員50日間の地獄の合宿という取り組みがありました。サムスンがグローバルカンパニーとして成功するのに必要な組織能力の中心になる人事システムとマネジメントプロセスの開発のために、まず人事部員が世界の企業や学識経験者から学ぶという活動でした。**ここで重要なポイントは、人事の役割は狭義の意味での人事でなく、サムスンのビジョンと戦略を実現するための組織ケイパビリティ全体の開発に及んでいたことです。**

一つの方針は、圧倒的な力量を持つ事業リーダーの確保です。一人の優秀なリーダーは10万人の社員を幸福にするというスローガンのもとに、経営人材の育成に投資をします。勤務時間は夕方4時に終了、そのあとは勉強に時間を使ってもらうという環境を整えます。サムスン電子はマーケティング能力の獲得にも努力します。世界トップクラスの人材を獲得するという サーチワークを数年間かけて行い、妥協することなく第一級の人材を確保します。トップクラスのブランド開発の人材を米国で採用し、スマートフォンにおけるGalaxy の開発に活用します。

さらに世界規模で有効なマーケティングを推進するためのデジタライゼーションに投資します。日本企業よりも圧倒的に早い段階でSAPのERPソフトウエア（Enterprise Resource Planning、経営資源の最適配分を支援するソフトウエア）を導入します。

ここで特筆すべきは、日本に学ぶことを重視してきたサムスンが、2000年代に入ると日本ではなく、米国の新しい潮流を学ぶことに方向を転換したということです。私は1990年代の中頃には頻繁にソウルに行き、日本企業の成功の秘訣などのテーマで、セミナーの講師をやっていたのですが、2000年代になるとまったくお呼びがかからなくなりました。

日本のエレクトロニクスメーカーは、サムスンの2000年代の動きを十分に認識していませんでした。企業は構造改革とリストラに邁進し、世界に目を向けた成長へのビジョンを描く企業はごくわずかでした。このごくわずかの企業については第Ⅱ部で紹介します。

ハイテクの工場になった台湾

2000年代に入って急速に加速した世界の潮流は、ビジネスプロセス・アウトソーシングです。ビジネスプロセスとは研究、開発、生産、販売、サービスといった、顧客に価値を創造する業務の流れを意味します。

第1章で述べたとおり、1990年代に欧米企業はグローバル企業運営を推進しました。それぞれのプロセスのコストを最小化することが、経営者の重要な関心事の一つになっていました。そのため、そのプロセスを運営するコストが最小の国、地域に移管するという活動が進みます。

米系企業の多くは事務プロセスをマレーシアやタイに移管します。そのうえで、プロセスのコストをさらに下げるため企業は規模の経済を追求します。どの会社にも存在する共通のプロセスは、個々の会社が別々に行うよりも専門の会社に集約し、大規模に行う方がよいと考えるものです。まず事務プロセスのアウトソーシングが始まり、ＩＢＭが先陣を切り、アクセンチュアなどの新興のコンサルティング会社が世界的な規模で展開していきます。

こうしたなかで台湾の陳水扁政権は２００１年、緑のシリコンアイランド構想を打ち出します。「緑の」とは環境に配慮するという意味です。今、日本で流行するＳＤＧｓを台湾は20年も前にイメージしていたのです。さらに２００２年にはＷＴＯに加盟します。

この政府の構想に呼応し、アウトソーシングの潮流が拡大するなかで製造プロセスの受託に焦点を当て、世界のハイテク工場になったのが、台湾のメーカーでした。ＥＭＳ（Electronics Manufacturing Services）というビジネスモデルの誕生です。多くの台湾メーカーがこのビジネスモデルに挑みます。

なかでもアップルの iPhone の製造の受託会社になった鴻海精密工業は、フォックスコンのブランド名とともに飛躍的に発展します。２０００年代に急成長し、２０１０年には売上高８兆円の規模の会社になっています。２０２１年の売上高は25兆円です。１９８７年に創業された台湾積体電路製造（ＴＳＭＣ）は世界最大の半導体製造受託会社に発展し、２０２１年の売上高は６兆６０００億円に達しています。

米国と中国のインターネット企業の大量発生

インターネットのルーツは1969年、米国内の大学の4台のコンピュータを電話回線でつないだARPANETだと言われています。その後、世界各国で研究機関や大学をつないだネットワークが拡大していきます。日本では1984年に東京大学、東京工業大学、慶応義塾大学を結ぶJANETが誕生します。

アカデミアや研究の世界で使用されていたインターネットが一般人でも使えるようになったのは1995年でした。Windowsや macOSが開発され、インターネットに接続するサービスを提供するISP（Internet Service Provider）が登場し、誰もがインターネットを使える時代になります。そして、インターネットが新たな事業の創造につながったのが2000年代でした。

この新たな大陸の発見と開拓に挑んだのは、ほとんど米国と中国の新興企業でした。第1章で述べたように、米国では1980年代の後半から90年代にかけて第一次新興企業ブームがあり、マイクロソフトやオラクル、アップル、サン・マイクロシステムズやデル、コンパック・コンピュータが活躍します。

第二次新興企業ブームと言える2000年代は、インターネット起業家が大量に発生します。そのなかにはGAFAと総称されることになるグーグル、フェイスブック、アマゾンなどの若き企業が含まれていました。中国では前述のとおりアリババ、バイドゥ、テンセントが活躍を始めます。

なぜインターネット企業が米国や中国を中心に発展したのか。それは、米国や中国が偉大な田舎であることが理由だと思います。ニューヨークやシカゴ、ロサンゼルスなどの大都会はありますが、米国人の大半は広大な国土の津々浦々で生活しています。そして地方に住む多くの人々の不便、例えば週末にスーパーで大量に買い物をしなければならない、会って話をしたくても長い自動車での移動に苦労する、そのような人々の「もっと便利に」という基本的な欲求にインターネットが応えることができたからです。

翻って日本は、東京や大阪などの大都市に人口が一極集中する国です。そうした意味でヤフーや楽天などの例外はありますが、米国や中国と比べると日本にはインターネット企業を育てる土壌が備わっていなかったと言えます。ちなみに欧州からも偉大なインターネット企業は生まれていません。

日本のGDPは10年間でマイナス成長、ついに中国に抜かれる

1990年代、日本経済は穏やかに成長していました。本当の意味での「失われた」という形容詞が当てはまるのは、ミレニアムと呼ばれる21世紀の最初の10年間でした。1998年のGDPは528兆円、10年後の2008年のGDPは520兆円です。10年間でマイナス成長という世界的にも前例のないマクロ経済の低迷が長期間続きます。図表1を参照してください。

同じ10年間で米国のGDPは1006兆円から1633兆円へ、中国のGDPは129兆円から483兆円へと大きく拡大していきます。韓国、マレーシア、インドネシア、タイ、そしてインドが成長を加速していきます。

なぜ、日本だけが成長を止めたのか。政治と行政が誤った施策を進めたのか。私はそうは思いません。民間の活力を活かすため、中曽根内閣による電電公社の民営化、国鉄の分割民営化、橋本内閣による金融自由化(1980年代に英国のサッチャー政権が実施した大規模な金融規制緩和、ビッグバンになぞらえて日本版ビッグバンと呼ばれました)、小泉内閣による郵政民営化など具体的な規制緩和への取り組みが行われました。

図表1｜日本、米国、中国の名目GDPの推移（1988～2018年）

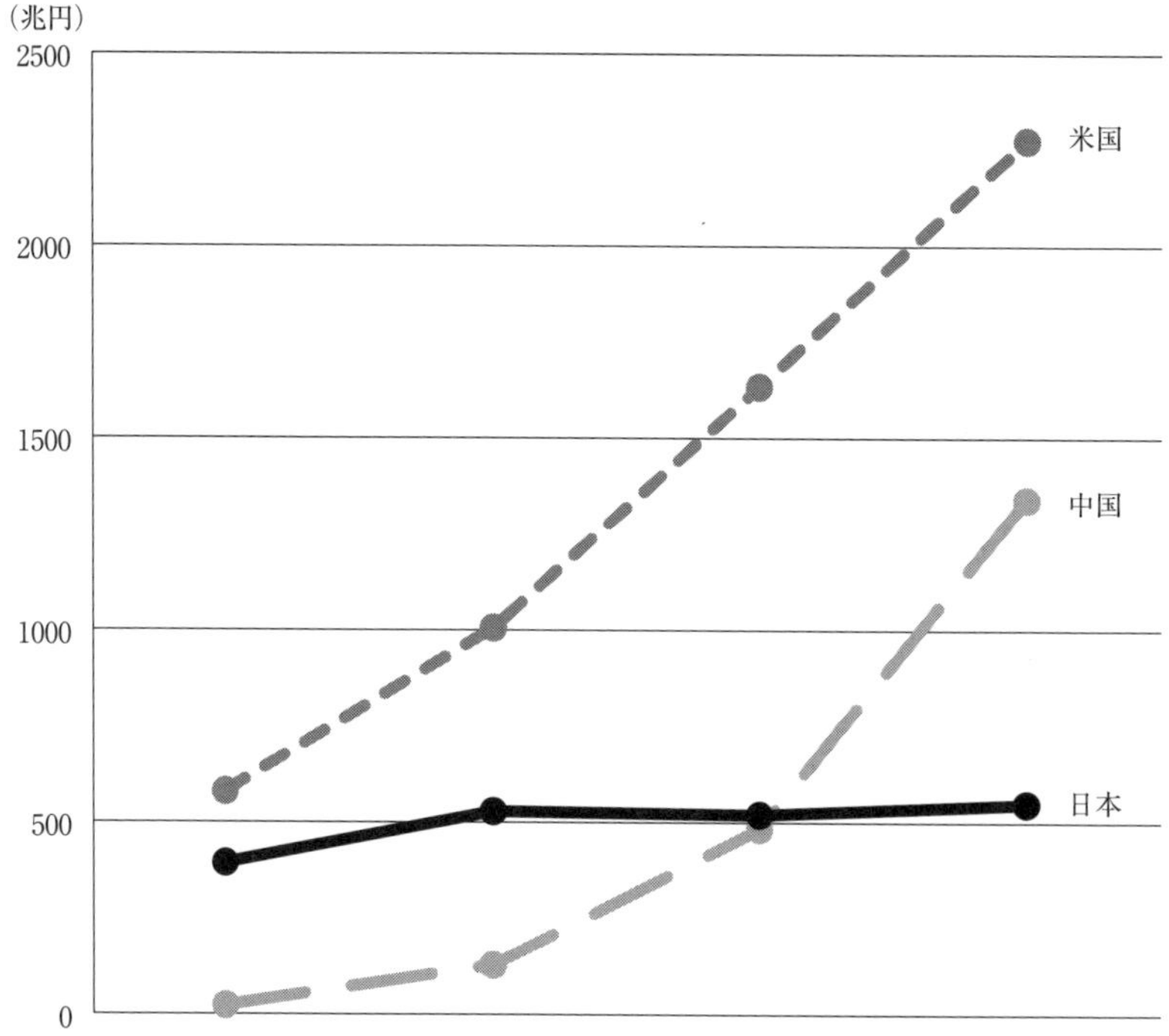

	1988年	1998年	2008年	2018年
米　国	5226 （10億ドル）	9062 （10億ドル）	1万4712 （10億ドル）	2万494 （10億ドル）
	580兆円	1006兆円	1633兆円	2274兆円
中　国	1533 （10億元）	8548 （10億元）	3万1993 （10億元）	8万8702 （10億元）
	23兆円	129兆円	483兆円	1339兆円
日　本	394兆円	528兆円	520兆円	548兆円

少子高齢化という日本の人口構成の変化が原因なのでしょうか。生産年齢人口（ＯＥＣＤの定義では15歳から64歳）は１９９０年代にピークを打ち、その後、低下しています。しかし、米国や欧州でも同様の傾向があり、このことだけで日本のＧＤＰの成長停止を説明することはできません。生産年齢人口が減ってもイノベーションを行い、生産性を上げれば成長を実現できるからです。

では、なぜイノベーションが生まれず、生産性が上がらなかったのか。規制緩和会議の議長を務めるなど民間活力の開発に関わってきたオリックスの宮内義彦氏は次のように述べています。

「日本は現状を維持しようとする力が非常に強い。日本を代表する大企業でさえ、官僚的な組織になってしまっているところもあります。行政と同じように、民間企業も官僚組織になってしまえば、日本全体が大きな変化を望まない組織になってしまう。そこからは改革や変革、イノベーションは生まれないのではないでしょうか」（「論客経営者10人が語る新時代への提言と警鐘」『Monthly BOSS』２０１９年6月号）

私は宮内氏の発言に共感します。もちろん、すべての企業がそうなったわけではありません。第Ⅱ部で述べるように社員の活力を最大限発揮させた企業も存在します。しかし、大半の企業では社員が決められたルーティン業務に集中し、好奇心と挑戦心を失い、自ら考えることをしなくなったように思います。

多くの日本企業の社員が官僚化した理由は何か。20世紀末に使命を終えたトップダウンの戦略経営を21世紀に継続した経営者が戦略の策定や実施に向けての社内調整のために社内官僚を必要としたことにあるのではないか、会社の目標を達成するため上意下達の目標管理（悪しきＭＢＯ）を導入したことにあるのではないか、私はそのように考えます。

第3章 2010年代——経営者も社員も短期志向

2010年代には、それまで日本のビジネス社会には生息していなかった二つの外来種が到来します。一つは、デジタルという小さすぎて目に見えない生き物です。もう一つは、株主至上主義の実現をミッションとするプロ投資家という生き物です。

プロ投資家には、昔の総会屋にも匹敵する物言う株主、アクティビストという獰猛な変種も生まれ、企業の経営に大きな影響力を持つようになります。

この二つの外来種に対して日本企業は免疫がなく、守勢に立っています。コーポレートガバナンスやSDGsという言葉がわずか数年の間に日本の大企業に浸透した背景には、海外のプロ投資家からの圧力があります。

日本語がないデジタルという言葉

デジタルという言葉に対応する日本語訳はありません。日本語がないから片仮名表現になっているのです。日本語がないということは、日本の歴史と文化のなかにデジタルという概念が存在しないということを意味します。デジタルの反対語はアナログです。アナログには日本語訳があります。類推という言葉です。類推とは、何かの現象に遭遇したとき、過去に経験した同様の事象やパターンから今起きていることの意味を想像する思考の方法です。しかし、アナログは何か古臭いもの、時代遅れのものというイメージが定着しています。

デジタルという言葉は、日本のビジネス界に浸透しました。しかし、その意味は話す人によって異なり、必ずしも同じではありません。改めて整理すると以下の三つの意味で使われているのが実態です。

・デジタル化：これまで人間が体を使って行っていた単純な作業を機械で行うこと。5年ほど前に流行したＲＰＡ（Robotic Process Automation）はデジタル化の代表例

・デジタライゼーション：様々な情報をコンピュータに蓄積し、解析し、経営や業務上の判断に利用すること。ドイツのＳＡＰや米国のセールスフォースが取り組んできた領域

・デジタルトランスフォーメーション：情報を蓄積し、解析する技術を使って顧客や社会に対してこれまで存在しなかった新たなソリューションを提供し、新たな需要を創造すること

２０１０年代に入って急速に進歩したのは、デジタルトランスフォーメーションです。ＤＸとも呼ばれます。ＤＸのＸはギリシャ数字の10ですが、意味するところは交差点です。これまでの道を歩くのでなく、向こう側に渡る、飛び越えるというイメージです。デジタル化は人の作業を楽にするもの、デジタライゼーションは経営者の判断を助けるもの、そしてＤＸは顧客や社会を喜ばせ、革命を起こすものであると言えます。

皆が無視したアマゾンWEBサービスが一気に世界を席巻

消費者にとってはアマゾンはＥＣの会社ですが、アマゾンがＥＣ事業だけをやっていたならば今の繁栄はないと言えます。アマゾンは取り扱い量の拡大が規模の経済を実現し、収益の向上につながるという成長モデルを描き、発展してきました。しかし、配送のコストは変動費ですし、販売量に応じて倉庫への投資も増大していきますので、ＥＣ事業の規模の経済には限界があり、収益性向上は頭打ちになります。

このジレンマを救ったのが、ＡＷＳと呼ばれるクラウドサービス事業でした。アマゾンの南アフリカの拠点で働く二人のエンジニアが提案したと言われる事業で、アマゾン保有のサーバーの空きスペースを自社でシステムを買うことができない多数の中小事業者に提供し、共同で利用してもらうというアイデアでした。

このアイデアは当初は世間の関心を集めるものではありませんでした。２００８年12月10日の『ニューズウィーク日本版』にオラクルのＣＥＯであったラリー・エリソン氏の発言が掲載されています。エリソン氏はクラウドを一時的なブームであるとしたうえで「皆が何について語っているのか見当もつかない。それはいったい何なのだ?」としています。ジェフ・ベゾス氏は米国のＴＶ番組に出演し、司会者からＡＷＳ成功の理由を聞かれたとき、「成功の理由は7年間競争企業が現れなかったこと」と言っています。

アマゾンは全国で活動する中小企業経営者の表現されないニーズ、コンピュータを使いたくても購入する資金がなく諦めている人々のニーズを想像し、ソリューションを提供したのです。潜在するニーズを捉え、需要を創造したという意味でＡＷＳは文字通りのＤＸでした。ＡＷＳはアマゾンの利益の大半を稼ぐ、大黒柱になっています。

歴史的に見て、一つの時代に大成功した会社が次の時代でも大成功するということはありません。例えば、人間の移動手段の変遷を見れば、古代ローマから１７００年代までの馬車、１８００年代の鉄道、１９００年代の車、覇者は時代によって異なります。石炭の時代の勝者で石油の時代も勝者になった会社はありません。

ビル・ゲイツ氏は、マイクロソフトはパソコンの時代の寵児であり、インターネットの時代での成功を続けることは難しいと発言しています。事実、２０００年代を通じてマイクロソフトの業績は低迷していました。

しかし、２０１４年にマイクロソフトのＣＥＯになったサティア・ナデラ氏は、パソコンソフトの会社から社会課題を解決する会社に転換します。その一環として、アマゾンには遅れましたが、アジュールというクラウドサービス事業を急速に成長させています。そしてＧＡＦＡでなくマイクロソフトのＭを加え、ＧＡＦＡＭと言われるようになっています。

マイクロソフトの２０２２年６月期の売上高は１９８３億ドル、営業利益は８３３億ドルです。２０１７年の売上高は８９９億ドルでしたので、５年間で2倍の規模に成長しています。マイクロソフトはインターネットの時代には少し出遅れましたが、社会課題の解決というこれからのステージでは時代の覇者になる可能性を秘めています。

600人いたトレーダーが二人になったゴールドマン・サックス

２０１０年代に生まれたもう一つの技術進歩は人工知能（ＡＩ）です。それまでのコンピュータはすべて人間が考え、書き込んだプログラムに忠実に従って動いていました。プログラムに書かれていない行動をすることは絶対にないのです。

ＡＩは、自らが得た情報で自らを動かすプログラムを書く存在です。２０１５年5月22日の『日経ビジネス』に興味深い記事が掲載されています。ウォール街の花形であった株式のトレーダーが消滅したという内容です。ゴールドマン・サックスでは２０００年には６００名もいた高給取りのトレーダーが二人になったという衝撃的な記事でした。トレーダーを消滅させたのは、株式の自動売買プログラムでした。

２０１０年代は、クラウドにＡＩを装備し、新たな顧客価値を創造し、ＤＸを実現する金融機関が、地球の様々な場所で活躍します。その一つがシンガポールにあるＤＢＳ（Development Bank of Singapore）です。シンガポール政府の後ろ盾を得て、長期の産業金融を行う銀行として設立されました。かつての日本開発銀行や日本興業銀行、日本長期信用銀行のような銀行でした。

このＤＢＳが２０１０年代になると突然変異を起こし、アジアで最も成功したフィンテック・バンクへの道を目指します。２００９年にシティバンクからスカウトされ、ＣＥＯになったピユシュ・グプタ氏がリーダーシップを発揮します。ＡＩとユーザーが直接会話し、顧客が求める商品とサービスをサイバー空間で提供していきます。

「もし、ジェフ・ベゾスが銀行をやるなら何をする」という大胆な問いのもとに自らを破壊し、世界有数のデジタルバンクに生まれ変わります。売上高は約1兆１０００億円、総資産が45兆円ですので事業規模では欧米や日本の大手金融機関に遠く及びませんが、売上高利益率、ＲＯＥ（Return on Equity、自己資本利益率）、ＰＢＲ（Price Book-value Ratio、株価純資産倍率）ではトップクラスの実績を上げています。

米国ではウェルズ・ファーゴがリテールバンキングの覇者になり、最盛期には時価総額40兆円を達成します。ウェルズ・ファーゴにはR&D本部があり、AIを駆使した商品やサービスの開発を行っています。R&Dという呼称は製造業で使われるもので、金融機関にはなじまないものでしたが、ウェルズ・ファーゴは時流に先んじたと言えます。他の大手銀行は一斉にDX化に大きく舵を切ります。JPモルガン・チェース銀行には1万人のプログラマーが働いていると言われています。

デジタルの重要性を認識した日本の大企業経営者は1.2%しかいなかった

2010年、野村総合研究所が興味深い調査を行いました。日本の主要企業の経営者に、後継者に求める経営技能を聞くアンケート調査（次世代経営人材に関するアンケート調査）です。結果は図表2のような内容でした。%は是と回答した人の割合です。

図表2を見ると、**最下位の13番目がITの戦略的活用力で、回答者のわずか1・2%が重要視していました**。これは驚愕すべき数字です。しかし、そもそも日本企業は情報技術に投資をしてこなかったという実績があります。総務省の「情報通信白書」では、1995年の投資額を100とした指数は2015年も100前後を推移しています。同じ期間、米国では約3倍に上昇しています。図表3を参照してください。

世界の先進的金融機関は三番目のDXのステージにいて、日本の金融機関は一番目のデジタル化のステージにいる。残念ながらそれが現実です。ただ、香港上海銀行やシティバンクが日本から撤退したように世界の金融機関は日本の市場に関心がなく、日本の金融機関はまだしばらくは延命することが可能かもしれません。

図表2 | 日本企業の経営者が10年前に考えた次世代経営者の条件

この調査は10年前のものですが、現在の経営者がこの基準で選ばれていたとすれば、世界の流れに遅れている可能性があります。日本企業でDXが進まない原因かもしれません

（%）

資質			経営技能		
1	決断力・度胸	54.7	1	ビジョン設定力	65.3
2	創造性	48.2	2	問題分析力	43.5
3	責任感・不退転の決意	36.5	3	変化察知力・観察力	34.7
4	情熱	28.8	4	PDCA マネジメント力	31.8
5	前向き・未来志向	23.5	5	論理的思考力	28.8
6	傾聴力・多様な意見の重要性	20.6	6	国際コミュニケーション能力	17.6
7	ダイナミックさ	10.0	7	組織調整力	16.5
8	謙虚さ	8.8	8	財務分析力	15.9
9	忍耐力・粘り強さ	6.5	9	危機管理能力	14.7
10	誠実さ	5.3	10	異文化対応力	12.4
11	明るさ	5.3	11	コーチング力	7.1
12	素直さ	4.1	12	パートナーシップ構築力	5.3
13	貪欲さ、ハングリー精神	4.1	13	IT の戦略的活用力	1.2

DX に必要な資質と技能

注：野村総合研究所が2010年に実施した当時の日本企業の経営者に対して行ったアンケート結果、%はその項目が重要と考えた回答者の割合

出典：『トップが語る次世代経営者育成法』（野村マネジメント・スクール／野村総合研究所編著、日本経済新聞出版社）

図表3｜日米のIT投資額の推移

日本企業のビジネス指標の多くは停滞しています。ITへの投資額も横ばいです。唯一、一貫して上昇しているのは内部留保です。財務省「法人企業統計」によると2000年代の前半は200兆円でしたが、今では500兆円の規模になっています。日本の国民は投資をせず、預金として資金を寝かせてきましたが、企業も投資をせず、資金を寝かせてきたと言えます

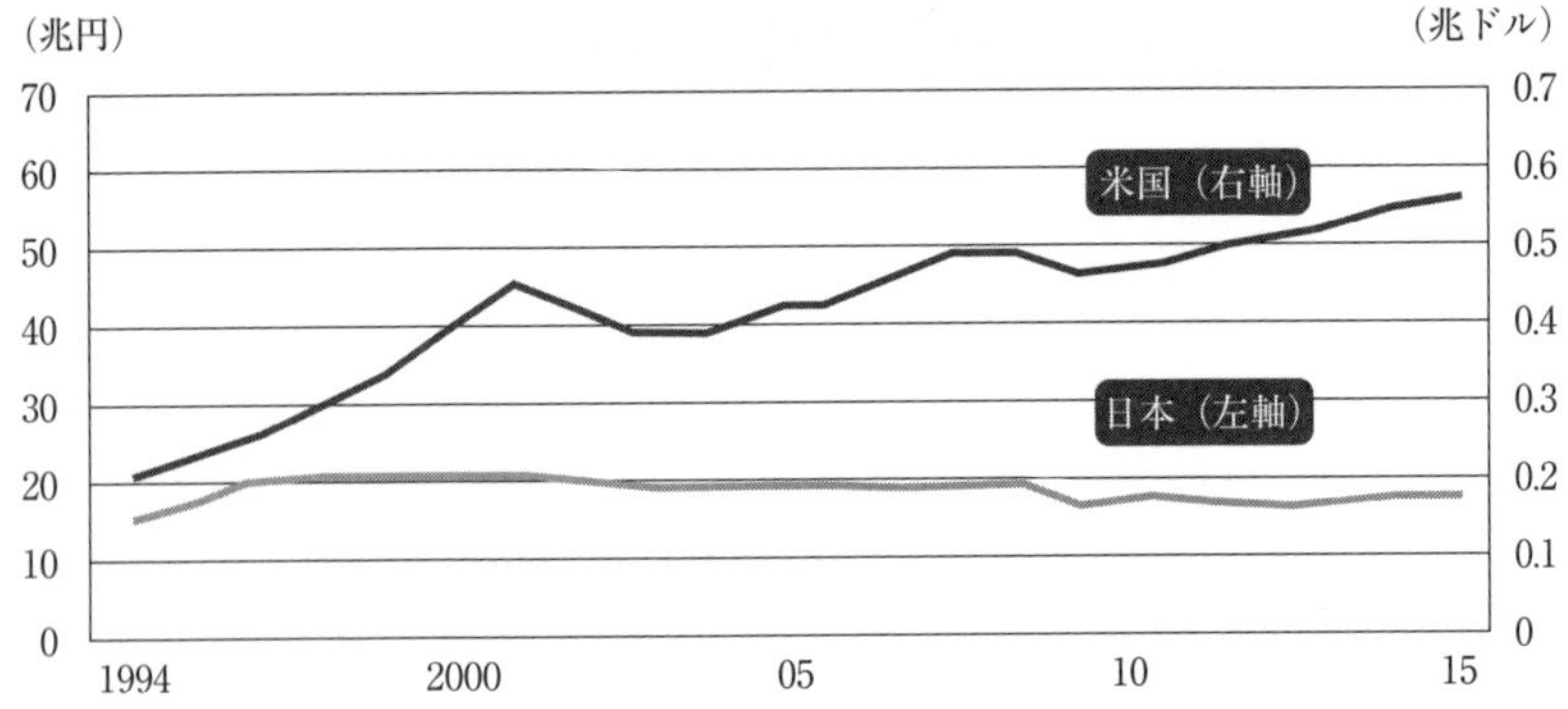

出典：OECD Stat

ブラックロックの巨大化、古き良き個人株主は絶滅危惧種に

２０１０年代を特徴づけるもう一つの潮流は、プロ投資家支配の時代ということです。第1章で述べたようにブラックロックは１９８８年に創業されます。２０１０年代、大規模に成長し、世界で１１００兆円の資産を運用するに至っています。今、ニューヨーク証券取引所に上場する企業の主要株主はプロ投資家です。ブラックロックの他、バンガード、ステート・ストリート、フィデリティなどが代表的な存在です。彼らが保有する株式は上場している企業の全株式の5割以上、高い場合は8割を占めています。上位の株主は彼らです。

古き良き個人株主は片隅に追いやられ、絶滅危惧種になりました。１７００年代に始まった大航海や新大陸到達という冒険家に資金を提供する仕組みとして生まれた株式会社制度は、プロ投資家が収益を上げる仕組みに変質してしまいました。

プロ投資家の拡大の背景には、世界共通の高齢化現象

があります。医療技術が進歩し人間の寿命が延びると、働かない高齢者の生活資金を提供する年金基金が収益を上げる必要に迫られます。年金基金は、プロ投資家に資金を預けます。

プロ投資家は顧客へのリターンを持続的に向上させることが使命ですので、企業経営者には配当と株価の上昇を期待します。企業の経営者が短期志向、財務成果中心の経営に傾斜せざるを得ないのは、プロ投資家の圧力が高まったことが理由です。自社株買い（企業が自社の株を買い戻す行為）も頻繁に行われます。「株式市場は資金調達の場ではなく企業が株主に資金を返還する場所になってしまった」。私の友人である投資銀行業界のベテランはそう語っていました。

ニューヨーク証券取引所やロンドン証券取引所に上場する欧米企業は四半期決算を義務づけられ、ウォールストリートやシティの証券アナリストやプロ投資家から厳しい注文をつけられます。マッキンゼー・グローバル・インスティテュートが2017年に行った調査では、多くの経営者は短期志向の経営を迫られ、そのプレッシャーから長期の視点を貫くことが難しいとの意見を表明しています。

経営者も人間です。自身の保身を考えればプロ投資家の意向に沿った方がよい、と考えることを責めることはできないと思います。プロ投資家を喜ばせれば、その意向を忖度する立場にある取締役会、報酬委員会からの評価を高め、高額の報酬を得ることもできます。米国の経営者の報酬は、株価に連動する報酬が90%を占めているからです。社会や顧客、社員に目を向けるのでなく、プロ投資家をあたかも顧客のように見る経営者も少なくありません。

特に日本の企業はＲＯＥを経営目標として重視し、投資家にコミットするなど、世界の企業と比較しても財務業績重視の経営が目立ちます。そして財務業績重視の経営は顧客と社員を軽視し、企業の長期的な発展を損なうことになります。**２０００年代に多くの伝統ある日本企業が低迷した理由の一つとして、プロ投資**

家現象が引き起こした負の効果、短期の財務業績至上主義の呪縛に陥ったことがあると私は考えています。

昔は総会屋、今は物言う株主が経営者を萎縮させる

昔、経営者にとって怖い存在は総会屋でした。今、経営者にとって怖い存在はプロ投資家です。プロ投資家は正論をロジカルに述べます。細部にわたる詳細な情報も求めます。プロ投資家も出資者である年金基金などに説明責任を果たさなければならないからです。四半期ごとの財務情報の報告は、２００６年証券取引法の改正により上場企業に義務づけられました。

そして２０１０年代に入ると、プロ投資家は結果としての財務情報だけでなく、企業活動のあり方にも注文をつけるようになります。中長期にわたって会社を観察し、意見を表明するプロ投資家も増えていきます。このような動きを受けて政府や行政、証券取引所も、プロ投資家の期待に沿う動きを始めます。株価が低迷する日本では、海外のプロ投資家からそっぽを向かれることは絶対に避けなくてはならないからです。

ガバナンスという言葉が日本のビジネス界に広まったのは、２０１４年6月24日に閣議決定された「『日本再興戦略』改訂２０１４―未来への挑戦―」で企業統治の強化が明示され、「持続的な成長に向けた企業の自律的な取り組みを促すため東京証券取引所が新たにコーポレートガバナンス・コードを策定する」とされたのがきっかけです。

持続的成長とは、企業が中長期でＲＯＥを向上させ、グローバル競争に打ち勝つ強い企業経営力を取り戻すことです。ここで示されたコーポレートガバナンス・コードには、５つの基本原則のカテゴリーとその細目として合計30の原則が示されました。少し長くなりますが、その内容を掲載します。

第一のカテゴリーは、株主の権利・平等性の確保に関する原則です。少数株主、外国人株主への配慮の重要性を述べています。

・株主の権利の確保
・株主総会における権利行使
・資本政策の基本的な方針
・政策保有株式
・いわゆる買収防衛策
・株主の利益を害する可能性のある資本政策
・関連当事者間の取引

第二のカテゴリーは、株主以外のステークホルダーとの適切な協働に関する原則です。こうした株主以外のステークホルダーを大切にする企業風土・文化の重要性を説き、取締役会はそのような風土・文化の存在を確認すべきとしています。特に多様性は企業の成長を確保する重要な条件であるとしています。

・中長期的な企業価値向上の基礎となる経営理念の策定
・会社の行動準則の策定・実践
・**社会・環境問題をはじめとするサステナビリティを巡る課題**
・**女性の活躍促進を含む社内の多様性の確保**
・内部通報

・企業年金のアセットオーナーとしての機能発揮

第三のカテゴリーは、適切な情報開示と透明性の確保に関する原則です。株主との建設的な会話を支える情報のわかりやすさが重要であることを強調しています。書かれていればよいということではありません。また、経営陣の選任、解任、報酬の決定の方針、手順の明確化を求めています。

・情報開示の充実
・外部会計監査人

第四のカテゴリーは、取締役会等の責務です。誤りや不適切な行動がないかという通常の監督だけでなく、経営陣による適切なリスクテイクを支える環境の整備を求めています。経営陣の報酬については、企業家精神の発揮を刺激する動機づけの力になることを求めています。社外取締役には、自らの知見にもとづき会社の成長と企業価値増大への助言を期待しています。取締役会のメンバーについては、性別、国籍の多様性を求めています。また、メンバーへのトレーニングの機会の提供や斡旋を求めています。日本企業の取締役メンバーの資質をいっそう高めていく必要を、コードの策定に関わる委員が認識しているのでしょう。

・取締役会の役割・責務(1)
・取締役会の役割・責務(2)
・取締役会の役割・責務(3)
・監査役及び監査役会の役割・責務
・取締役・監査役等の受託者責任

・経営の監督と執行
・独立社外取締役の役割・責務
・独立社外取締役の有効な活用
・独立社外取締役の独立性判断基準及び資質
・任意の仕組みの活用
・取締役会・監査役会の実効性確保のための前提条件
・取締役会における審議の活性化
・情報入手と支援体制
・取締役・監査役のトレーニング

第五のカテゴリーは、株主との対話に関するものです。株主総会の場以外での対話の向上を求めています。

・株主との建設的な対話に関する方針
・経営戦略や経営計画の策定・公表

コーポレートガバナンス・コードは２０２１年に一部、追加と改訂が行われていますが、会社の持続的な成長と中長期的な企業価値の向上を目的とするという基本的な考え方は変わっていません。また、「多様性」「企業家精神」「適切なリスクテイク」などの重要なキーワードにも変更はありません。

日本でのコーポレートガバナンス・コードの制定と並行して、海外ではもっと大きな取り組みが進んでいました。それはＳＤＧｓです。ＳＤＧｓはSustainable Development Goalsの頭文字をとった言葉で、「持続可能な開発目標」と訳されています。２０１５年9月の国連サミットで採択された「持続可能な開発のための２０３０アジェンダ」に記載された、30年までに持続可能でより良い世界を目指す国際目標のことです。17のゴールと１６９のターゲットから成り立っています。

1　貧困をなくそう
2　飢饉をゼロに
3　すべての人に健康と福祉を
4　質の高い教育をみんなに
5　ジェンダー平等を実現しよう
6　安全な水とトイレを世界中に
7　エネルギーをみんなに　そしてクリーンに
8　働きがいも経済成長も
9　産業と技術革新の基盤をつくろう
10　人や国の不平等をなくそう
11　住み続けられるまちづくりを
12　つくる責任　つかう責任
13　気候変動に具体的な対策を
14　海の豊かさを守ろう
15　陸の豊かさも守ろう
16　平和と公正をすべての人に

17　パートナーシップで目標を達成しよう

コーポレートガバナンス・コードやSDGsについて詳しく記述した理由は、この内容が企業で働く社員の心に響くものか、考えてみたいと思ったからです。書かれていることは正論です。反駁する余地はありません。しかし、書かれていないことは何か、探してみました。そして企業の繁栄にとっても重要な要件が抜け落ちていることに気づきました。

コーポレートガバナンス・コードには多様性の確保がうたわれていますが、生身の人間である社員の元気とやる気、モチベーションへの心配りを示す表現はありません。気をつけないと企業はプロ投資家にとっての優等生になることに神経を使い、社員に対しては劣等生になっていく危険を感じる次第です。

また、SDGsには「働きがいも経済成長も」というメッセージがありますが、中身のターゲットを見ると雇用の確保やフェアネスの実現という内容にとどまっていて、企業で働く多くの社員にとって元気がでる要素はあまり見受けられません。

無論、このような心配は私だけでなく、行政やアカデミア、一部の企業人の方々も感じられています。経済産業省は数年前から「人的資本経営」というスローガンを打ち出し、先行する欧米、アジアの企業の後を追うように人材への投資やその成果に関する開示を求めています。多くの企業が、財務情報を中心とする有価証券報告書に加え、人や組織に関するテーマを扱う統合報告書を発表しています。しかし、人的資本という言葉は完全に投資家目線の表現です。この無機質な言葉で元気をもらえる人はいないと思います。

低迷する日本企業の社員エンゲージメント

コーポレートガバナンス・コードが目指した日本企業の持続的成長は、ほとんどの企業で実現していません。エレクトロニクス業界、半導体業界、自動車業界の多くの企業では、第Ⅱ部で説明する一部の企業を例外として低迷が続いています。

企業が生産性を上げ、成長するためには、経営者の努力だけでなく、すべての社員の会社への積極的な帰属意識、貢献意識が必要です。指示された仕事をするのでなく、求められる以上の仕事をし、会社に貢献し、誇りを感じ、良い仕事をする環境が揃っていてやりがいを感じる状態が重要となります。このような状態のことを「エンゲージメントが高い」といいます。

エンゲージメントに関して、コーン・フェリー・ジャパンが日本を含む全世界の企業から受託している社員意識調査で興味深い結果が出ています。図表4と図表5を参照してください。日本企業全体の傾向は2010年代の後半から悪化し、世界平均を大きく下回っています。国別に見るとコーン・フェリーが調査を行っている23カ国のなかで最下位になっています。

会社への継続勤務の願望について、終身雇用や長期雇用を推進してきた日本企業の社員は欧米と比較して高い、というのが日本人の通念でした。しかし、明らかな変調が見えてきています。20代の社員に絞って継続勤務意向が2年未満の社員の割合を見ると30%という数字になります。図表6を参照してください。これは2016年の調査ですが、同じ時期の世界の企業の平均は27%、米国は26%、中国は25%でした。日本の30%は極端に言えば世界1位となります。2012年の調査では21%だったので、4年間で9%ポイント増

図表4｜社員エンゲージメント／社員を活かす環境の推移（世界平均と日本平均）

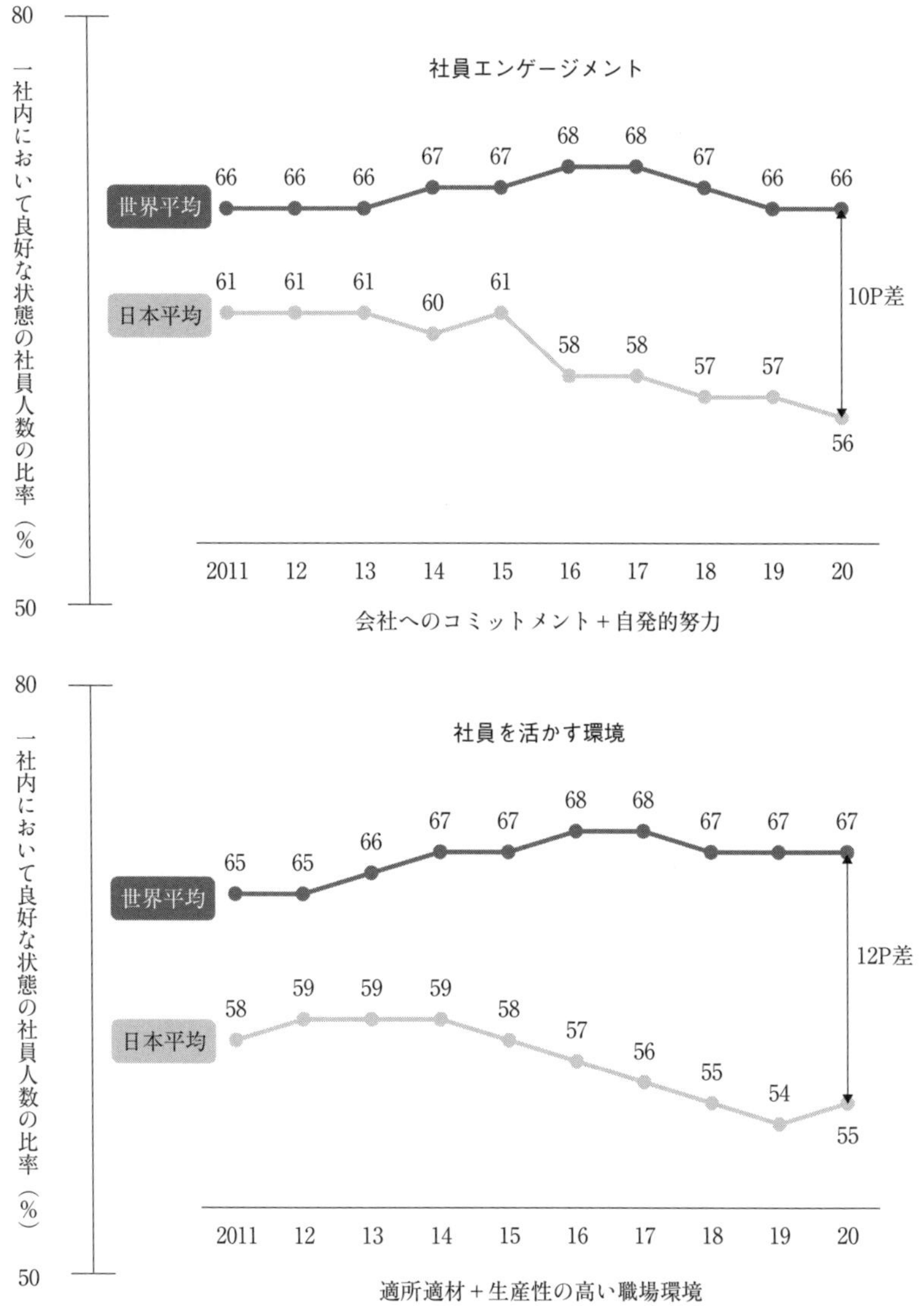

出典：コーン・フェリー　グローバルエンゲージメントサーベイ

図表5｜社員エンゲージメント／社員を活かす環境（国・地域別比較）

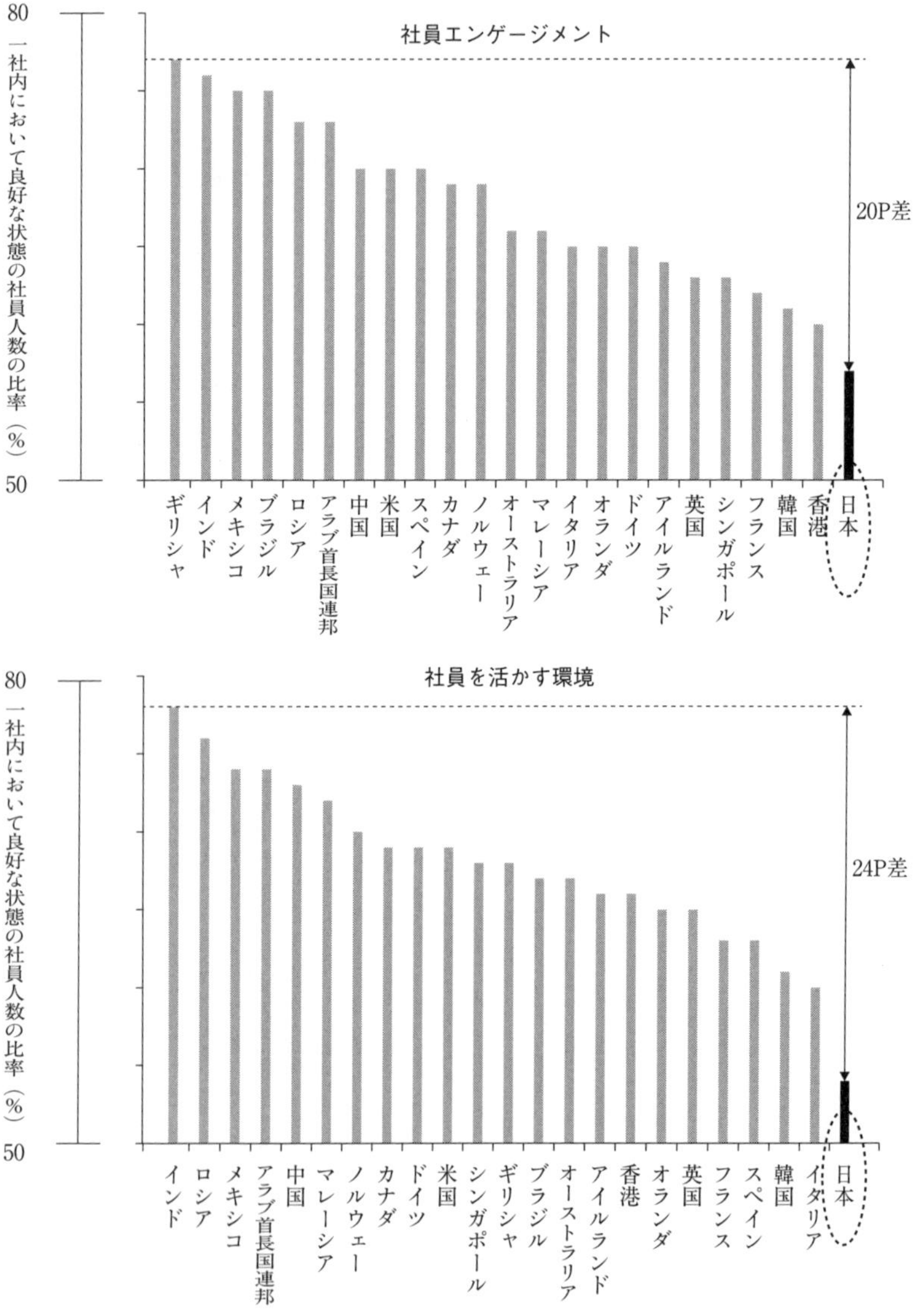

出所：コーン・フェリー　グローバルエンゲージメントサーベイ

図表6｜継続勤務意向2年未満の20代社員の割合(2011〜16年)

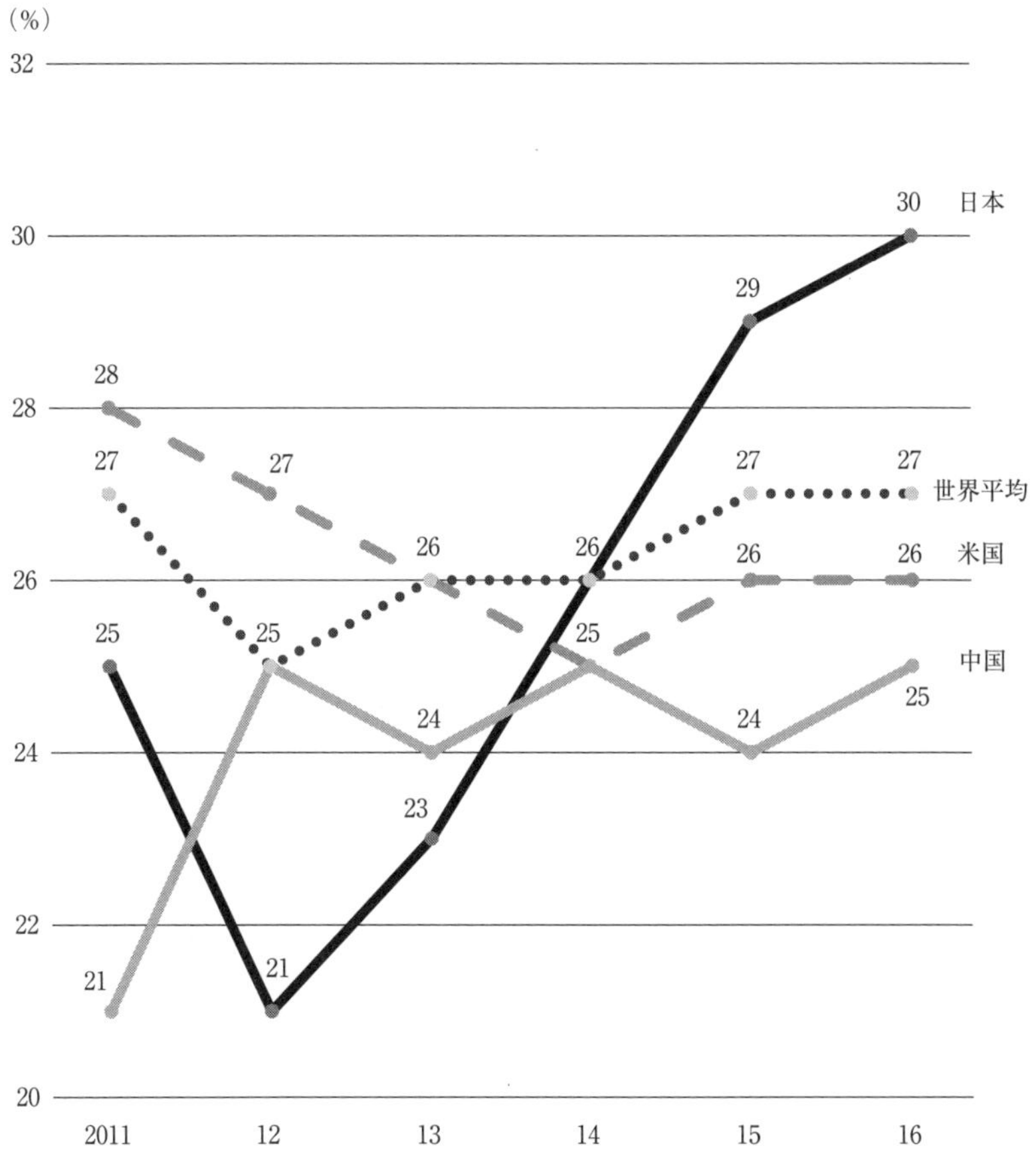

出典：コーン・フェリー　グローバルエンゲージメントサーベイ

加したことになります。経営者だけでなく、社員も短期志向になっているようです。

若手社員の多くは現場の第一線で働く人々です。このままでは日本企業が誇ってきた現場力が喪失されることになります。無為無策では日本企業が生産性を上げ、成長力を取り戻すことは難しいと言わざるを得ません。

短期志向が成長を妨げ、成長がないから構造改革をする悪魔のサイクルに陥る

英語にVirtuous cycle and Vicious cycleという言葉があります。Virtuous cycleは恩恵を生み出すサイクルであり、Vicious cycleは残忍で暴力的、性悪な結果を生み出すサイクルのことです。日本語では良循環と悪循環となるのですが、私は良循環を「天使のサイクル」、悪循環を「悪魔のサイクル」と呼んでいます。

日本企業は２０００年代からの20年間、悪魔のサイクルに陥っています。１９９０年代の資産不況と闘うなかで、経営者も社員も不良資産と経費の削減に邁進します。その結果、外を見ることができず、世界の潮流を読むことへの関心が薄まり、グローバル化、学習する組織、バランスト・スコアカードなど組織運営のモデルの大改革の動向をつかむことができなかったと言えます。

そして１９９０年代に学習しなかったつけを２０００年代以降に払うことになります。ＩＴや人材への投資の抑制が進み、生産性が低下します。低い生産性は成長の足を引っ張ります。そして、成長しなければ規模の経済を失います。その結果、稼ぐ力が停滞します。稼ぐ力が上がらなければ、未来への投資はできません。未来への投資ができなければ、成長は生まれません。

図表7 時価総額ランキング

（億ドル）

順位	1989年		2022年6月末	
	企業名	時価総額	企業名	時価総額
1	NTT	1,638	サウジアラムコ	22,700
2	日本興業銀行	715	アップル	22,100
3	住友銀行	695	マイクロソフト	19,200
4	富士銀行	670	アルファベット	14,400
5	第一勧業銀行	661	アマゾン	10,800
6	IBM	646	テスラ	6,977
7	三菱銀行	592	バークシャー・ハザウェイ	6,025
8	エクソン	549	ユナイテッドヘルス	4,819
9	東京電力	544	ジョンソン&ジョンソン	4,671
10	ロイヤル・ダッチ・シェル	543	テンセント	4,460
11	トヨタ自動車	541	メタ・プラットフォームズ	4,364
12	GE	493	台湾積体電路製造	4,239
13	三和銀行	492	ビザ	4,167
14	野村證券	444	貴州茅台酒	3,835
15	新日本製鐵	414	エヌビディア	3,778
16	AT&T	381	エクソンモービル	3,608
17	日立製作所	358	P&G	3,450
18	松下電器	357	ウォルマート	3,333
19	フィリップ・モリス	321	JPモルガン・チェース	3,307
20	東芝	309	ロシュ	3,284

成長しない日本企業に対して世界のプロ投資家は冷淡な目を向けています。図表7は、東京証券取引所の日経平均株価が年末の大納会で3万8915円に達した1989年と2022年の世界の企業の時価総額の上位20社のランキングを示したものです。1989年には首位のNTTを筆頭に14の日本企業がランクインしていました。今、日本企業の姿は見当たりません。上位100社をとっても39位にトヨタ自動車が入っているだけです。

ちなみに「悪魔のサイクル」という言葉は、大前研一氏が1973年に出版した第1作の著書のタイトルです。大前氏はその本で、日本人のよりかかり的なものの見方や考え方、その場の空気に影響を受け、自ら考え、行動し、結果に責任を持つことを避ける状況を描写し、日本の未来に警鐘を鳴らしたのです。

その危惧は1990年代以降に的中し、その結果が2000年代以降の苦境を生み出したと言えます。この本の警鐘が活かされていれば、今の日本は違った姿になっていたかもしれません。しかし、多くの日本企業は横に並び、他社の動きを参考に同じような政策を推進してしまいました。

PART II

第Ⅱ部

失われなかった30年を経験した伝統大企業の10の黄金法則

「失われた30年」ではなく「失われなかった30年」を経験した日本の伝統的な大企業はないのか、という問いのきっかけになったのは、ある有名な企業の副社長を務め、今年、退任された方からいただいたメールです。退任の挨拶は「本当に充実したキャリアでした」というメッセージで終わっています。その会社は100年の歴史を持つ老舗企業ですが、2000年以降、今日に至るまで素晴らしい成長を実現しています。明らかに「失われなかった30年」なのです。

そのような繁栄の30年を経験した伝統大企業はどんな会社なのか、社名を書き出してみました。

最初に書いたのは**トヨタ自動車**でした。三河のトヨタと言われ、国際化では日産自動車に大きく遅れをとっていた会社が1998年にグローバル企業になることを宣言し、世界のトヨタになりました。1998年の売り上げは8兆円、それが2006年には24兆円になり、現在の売上高は31兆円に達し、世界の自動車業界をリードする会社に成長しています。

トヨタの名前を書いたとき、同時に思い浮かんだのは**ソニー**でした。ソニーと言えばサード・ポイントなどのアクティビストの攻撃を受け、苦境を経験していた会社ですので、違和感を持つ読者もおられると思いますが、ソニーはこの30年間で巨大な新規事業の創造に成功しています。

1990年代までのソニーはエレキ（電機）の会社でしたが、その頃は小学生のような存在であったエンターテインメントやゲーム、それを支える半導体や金融などの新事業が総額8兆円の規模に達していることはあまり話題になりません。DeNAやエムスリー（製薬会社の医師への情報提供を支援するサイトを運営する会社。時価総額は最高時には6兆円に迫り、ソニーは34%を保有）を生んだベンチャー投資家としての側面もあまり語られません。「失われた30年」でこれだけの新事業を創造した会社はありません。

次は**ダイキン工業**です。創業は1924年です。かなり昔の話になりますが、私はある研究会での取材を目的にダイキン工業を訪ねたことがあります。最初は1時間のアポイントでしたが、2時間、3時間と延長され、最後は夕食をともにすることになり、こちらが取材するはずが、逆取材をされてしまったのです。社員の皆様も貪欲に知識やアイデアを求めていたのだと思います。これは優れた会社に共通の特徴であるため、私もさらに興味を深めていった次第です。

その会話のなかである社員の方が自分の名刺を出し、ミスタイプがあると言うのです。「ダイキン工業と書いてありますが、実際はダメキン工業といいます」と。「大阪は松下電器の城下町です。仰ぎ見る偉大な会社でダイキンなどは歯牙にもかからないちっぽけな会社です……」と。そのダイキン工業は今では、空調世界ナンバーワンとなり2022年3月の決算は売上高3兆1091億円、営業利益3163億円、時価総額6兆2154億円（2022年3月31日、以下同）となっています。2000年頃の売上高は5000億円くらいでしたので、事業規模は20年間で6倍に拡大しています。

1947年に創業された**大和ハウス工業**も、失われた30年間で大きく躍進した企業です。1990年の売り上げは約8000億円でしたが、2013年には2兆円に到達し、22年には4兆4395億円となり10年間で倍増しています。営業利益も3832億円で健全な業績を上げています。特筆すべきは、この飛躍を成長が止まった国内の市場で実現しているということです。単に家を建てるのでなく建てたあとのオーナーとの関係を広げ、深め、新しい需要を創造していくというマーケティングの神髄を極めている会社です。

ダイキン工業と大和ハウス工業は大阪の会社です。では京都の会社はどうか。京都に本社がある伝統的大企業で最も成長したのは、セラミックコンデンサーなどの電子部品の大手企業である**村田製作所**です。創業は約80年前の1944年です。

エレクトロニクス産業のイノベーションを先導する企業でありたいとの夢を掲げ、「社員満足」と「顧客満足」を両輪に今、流行するパーパス経営を数十年も前から実践しています。社員満足が高まれば顧客満足も高まり、業績が向上するという黄金法則、米国のシアーズ・ローバックが１９９０年代の苦境を乗り切るとき、標榜したスローガンです。日本企業でこの法則を本気で信じ、実現しようとした会社は多くはありません。

２０００年頃の売上高は約３０００億円でした。２０２２年3月期の売上高は1兆８１２５億円で6倍になっています。営業利益は４２４０億円で海外売上高の割合は91%となっています。

大阪から京都を越え、北陸地方に目を向けると１９２１年に石川県の小松市で創業された**コマツ**があります。１９９０年代のコマツは既に1兆円の企業になっていましたが、２０００年代に入るとトヨタ自動車と同様にさらなる成長のためにグローバル化に活路を見出します。そしてトヨタ自動車と同様、グローバル化の本質は業務の標準化であることを見抜いていました。

コマツはドイツのＳＡＰのＥＲＰソフトを早期に導入した日本企業として有名です。またコムトラックスという衛星通信を使った建設機械の稼働状況を探知する情報システムを１９９８年に開発し、ＩｏＴ（モノのインターネット）の先駆者としても有名です。コマツはこうしたデジタル技術を先取りし、中国、アジアでの市場を開拓していきます。

中国については、ダイキン工業と同様に製造の拠点ではなく市場として捉えていました。**当時、社長を務めていた坂根正弘氏は「中国の市場はオリンピックである。世界の強豪との戦いになる。そして、その競争のなかからイノベーションが生まれる」と述べています。**コマツの２０２２年の業績は売上高が2兆８０２３億円、営業利益３１７０億円で時価総額は2兆５７１５億円となっています。

20年間で事業規模が村田製作所のように6倍になった東京の会社はないか、調べてみました。**テルモ**がそうです。1921年、第一次世界大戦の影響で輸入が途絶えた体温計を国産化するために北里柴三郎博士をはじめとする医師らが発起人になり設立された会社です。

テルモは1990年代には業績が低迷し、財テク失敗の負の遺産のため、倒産の危機も噂される苦境に直面していました。旧富士銀行の取締役をされていた和地孝氏がテルモに入社、人と組織を活性化する文字通りのトータル・トランスフォーメーションを実行します。1990年頃の売上高は1000億円、それが2022年3月期には売上高7033億円、営業利益1159億円の精密医療機器のグローバル優良企業に成長しています。

同じヘルスケアの業界では、**中外製薬**も素晴らしい繁栄を築いた会社です。創業は1925年です。中外製薬は、1990年代までは栄養ドリンク剤であるグロンサンで有名な会社でした。その会社が極めて難度が高いバイオ医薬品の分野に切り込み、ロシュというスイスの巨大メーカーに買収されることを提案し、それを実現します。そして創薬に集中し、世界の販売はロシュに任せるという形をつくります。

買収されることを提案する、という発想を空想の世界で語ることはあっても、実際にそのようなことを行った伝統企業はありません。しかし、中外製薬は実行します。2022年12月期の業績は売上高1兆2300億円、営業利益は5100億円を見込んでいます。時価総額は6兆3804億円で業界最高の水準です。

1926年に創業された**信越化学工業**も「失われた30年」と無縁の会社です。塩化ビニール樹脂と半導体のシリコンウエハーで世界一の企業です。2022年3月期は売上高2兆744億円、営業利益6763億円、時価総額7兆3624億円というお化けのような業績です。2000年頃の売上高は4000億円の水準でしたので、規模は5倍に成長しています。

流通・小売業界で2000年以後、質的転換を果たした企業はあるでしょうか。私は無印良品をブランドとする**良品計画**が良い例だと思います。良品計画はセゾングループの一角をなす西友というスーパーから生まれた会社ですが、1990年代の後半、業績が低迷し、倒産の危機も語られていました（社名は良品計画ですが、無印良品というブランド名が一般的に知られていますので、本書では今後、無印良品と呼びます）。

この危機を救い会社を再生させたのは、西友の人事課長から良品計画に異動していた松井忠三氏です。松井氏は社員全員が自分のミッションを考え、自発的にマニュアルをつくり、自ら考え行動する仕組みを構築します。このMUJIGRAMというマニュアルは日本だけでなく、中国や欧州に展開され、無印良品のグローバル化を牽引します。2022年8月期の業績は売上高4961億円、営業利益327億円です。

ここまでは70年以上の歴史を持ち、2000年以降、事業規模を大幅に拡大した会社という基準で会社を選んできました。次に事業規模の成長ではなく、企業の質的転換を成し遂げた会社を探してみました。それに該当するのが**りそな銀行**です。かつての埼玉銀行、大和銀行、協和銀行などを母体とする銀行です。りそな銀行は2003年に経営難に陥り、2兆円（総額3兆円）の公的資金の導入を受け、JR東日本の幹部であった細谷英二氏が会長に就任します。りそな銀行は海外から撤退し、国内の中堅・中小企業と個人を対象とするリテールバンクになることを再生への活路にします。そして、そのビジョンを愚直に実行します。メガバンクでも国内リテール事業では以前のサラリーマン金融（現消費者金融）事業を除くと収益が上がっていないのが現状ですが、りそな銀行は奮闘します。3兆円の公的資金を2015年に完済し、その後も健全な経営を続け、2022年3月期には経常収益8447億円、経常利益1587億円という実績を上げています。

規模のスケールは少し、小ぶりになりますが、金融業界で3メガバンクの一角を占める伝統企業であるみずほフィナンシャルグループの傘下にあった日本橋興業（銀行の店舗などの資産を管理する社員90名くらいの会社で1

931年に設立）が社名を変え、わずか十数年で都心の中規模オフィスビルのデベロッパーに変身し、急成長したヒューリックも興味深い会社です。2021年12月期は売上高4470億円、営業利益1145億円という驚くべき実績です。10年前はコストセンターであり、収益を生む事業会社としての実態がない会社だったからです。

上場企業でないのであまり目立たないのですが、みずほフィナンシャルグループの一翼を担うみずほ証券もこの20年で大きく飛躍した会社です。みずほ証券は、みずほフィナンシャルグループの母体になった三行の傘下にあった複数の証券会社が母体になって生まれた会社です。源流になる会社の設立は1917年ですので、100年を超える歴史を持っています。

当初は債券の発行とトレーディングが主たる業務でした。そのみずほ証券が、現在ではホールセールとリテール、およびマーケットに事業を広げ、債券、株式、投資銀行、キャピタルマーケットの全方位に展開する従業員約8000人のグローバルな総合証券会社に飛躍し、業界トップの野村證券を追走しています。その背景には、ソニーにも似る「個を活かす企業」の遺伝子があるように思います。

今、みずほ証券が野村證券を追走していると述べましたが、野村證券はまだ相当に先を走っています。野村證券もまたソニーと同様、新たな事業を開発しています。ITソリューション事業の野村総合研究所、プラウドという高級マンションシリーズを開発した野村不動産が大きく成長しています。特に野村総合研究所の時価総額は2・5兆円に達し、繁栄の30年を実現しています。

これまで自動車、エレクトロニクス、ヘルスケア、金融、流通・小売りの業界から14の会社を選びました。15番目のケースとして総合商社から伊藤忠商事を選びました。2000年頃の伊藤忠商事は関西に基盤を持つ繊維商社で、三菱商事や三井物産の後塵を拝する存在でした。

図表8｜調査対象の15社

70年以上の歴史を持ち、過去30年で大きな成長または企業革新を成し遂げた会社。高度成長期以降に創業された会社は除く

企業名	30年の歴史
トヨタ自動車	・三河のトヨタから世界のトヨタへ ・1998年から2006年の間に20兆円の海外事業を創造
ソニーグループ	・スティーブ・ジョブズが憧れた会社 ・８兆円の非エレキ事業を創造
ダイキン工業	・大阪のドメスティック企業が空調世界ナンバーワン企業へ躍進
大和ハウス工業	・日本の新築一戸建て市場が半減するなかで成長。売上高４兆円の巨人へ
コマツ	・日本でキャタピラーを跳ね返し、世界でキャタピラーを追走
村田製作所	・スマートフォン時代で輝くグローバル電子部品メーカーへ
テルモ	・体温計の会社からグローバル精密医療機器メーカーへ飛躍
中外製薬	・大衆薬グロンサンの会社からバイオ医薬品のグローバル企業へ飛躍
信越化学工業	・超・高収益のグローバル化学メーカーへ
ヒューリック	・みずほグループの小さな会社が5000億円の不動産デベロッパーに躍進
りそな銀行	・３兆円の公的資金が投入された危機を克服 ・日本のリテールバンクナンバーワンへ
みずほ証券	・小規模な債券専門会社から野村證券を追走する総合証券会社に飛躍
野村総合研究所	・野村グループの調査機関から日本屈指のITソリューションカンパニーへ躍進
良品計画	・経営危機を克服し、グローバルなリテイラーに飛躍
伊藤忠商事	・大阪の繊維商社から商社業界ナンバーワンに飛躍

図表9｜15社の特徴

一、社員全員参加の経営
二、中間管理職でなく中核管理職
三、悪いヒエラルキーがない
四、トップダウンの戦略経営をしない
五、精密な中期経営計画をつくらない
六、実行の仕組みとプロセスを執念深く磨く
七、顧客に憑りつき、顧客の周りを徘徊し、何かを感じる
八、縦割りでなく横割りプロジェクトが組織を横断する
九、CEOが研修講師になる
十、ハイカラでなく愚直。あまり目立たないCEO

伊藤忠商事には三菱商事、三井物産が持つ資源の権益がありません。そこで、多様な新しい分野で投資を始めます。一つは中国です。当時、社長であった丹羽宇一郎氏は民主党政権の時代に中国大使になったくらいです。ユーグレナに投資した最初の企業としても有名です。ユーグレナは499の会社に断られ、500社目の伊藤忠が初めて投資を承諾してくれました。このことはあとで話題になりました。

現在、伊藤忠は総合商社のリーディング・カンパニーで、2022年3月期の売上高は12兆2933億円、営業利益は7864億円、時価総額は5兆9322億円に達しています。

この章で列挙した15の企業を図表8にまとめましたので参照してください。

これらの企業から成長の10の黄金法則が浮かび上がってきます。この10の法則は次の4つのカテゴリーに整理できます。

1　個を活かす経営
2　戦略よりも実行
3　イノベーションに仕組みで取り組む
4　威圧的でないCEO

以下の章で説明する10の法則を図表9に表としてまとめましたので参照してください。

第1章
個を活かす経営

個を活かす経営とは、市場に近く、オペレーションの中心にいる社員が持つ意欲、知恵とノウハウ、直感の価値を信じ、それを徹底的に活かそうとする経営のスタイルです。経営者が判断し、本社スタッフが計画をつくり、現場には定められた目標の必達を迫り、進捗を詳細に管理する中央集権スタイルの対極にあるものです。単に尖った人、変わった人、異才や変人を活かすということではありません。

私の手元に一冊の本があります。『個を活かす企業』というタイトルでマッキンゼーのコンサルタントをしていたクリストファー・A・バートレットとロンドン・ビジネススクールの教授をしていたスマントラ・ゴシャールが1997年に著した本です。日本ではグロービス・マネジメント・インスティテュートが訳者になって1999年にダイヤモンド社から刊行されています。グロービスはその数年前、堀義人氏が創業した日本版ビジネススクールですが、この本を翻訳するという慧眼に感心した記憶があります。

多くの日本企業はこの頃、構造改革に励み、社員のリストラに奔走していたので、この本はあまり話題にならなかったのですが、これから紹介する失われた30年に繁栄した企業は新しい時代の変化を見抜いていたように思います。

法則1――社員全員参加の経営

エドワーズ・デミングが説いた社員全員経営

第Ⅰ部第1章でエドワーズ・デミングが書いた*Out of The Crisis*について述べました。日本に品質管理の哲学を伝えたデミング氏が82歳の高齢で出版した本ですが、当時日本からは翻訳の打診がなかったと述べました。デミング氏の哲学は、第一線のすべての社員の創意と工夫、リーダーシップが品質管理の基本であるというものでした。そのエッセンスは原著の23ページに書かれており、次のような内容です（私が意訳しました）。昨今、パーパス経営や心理的安全性という言葉が流行していますが、デミング氏は1950年代にそのことを若き日本企業の経営者に伝えていたのです。

1　**仕事をするパーパスを意識せよ**
2　リーダーシップとパーパスの思想を大事にせよ
3　品質の検査でなく、検査の必要がない品質をつくり込め
4　表面的な価格でなく、良い品質と悪い品質のトータルコストを考えよ
5　製品とサービスの改善を継続せよ
6　部下の指導は仕事の一部であると考えよ

7　すべての社員がリーダーシップを発揮せよ
8　**恐怖心を取りのぞけ。**すべての社員が良い仕事をするように支援せよ
9　部署間の壁を壊せ
10　スローガンや激励、ノルマは無益
11　数値による上からの目標管理はやめよ。リーダーシップで人を動かせ
12　無駄な仕事をするな。工場の現場でもオフィスでも
13　確固とした教育と自己啓発のプログラムを導入せよ
14　**働く社員全員が改革に貢献するように導け**

本書の原稿を書いているそのさなか、吉報が届きました。デミング氏の本が40年を経てついに日本語に翻訳され、出版されたのです。『危機からの脱出』という英語の書名を直訳したタイトルで1部、2部を合計して974ページの大書です。私は、この本が日本語に翻訳されなかった1980年代の日本の空気が90年代以降の失われた30年をもたらしたという認識を持っていました。**人に焦点を当てる経営こそが企業の繁栄の絶対条件であり、この原則を踏み外した経営者に率いられ、プロ投資家に目を向ける取締役会がガバナンスする不幸な企業には未来はない、**ということを改めて訴えていきたいと思います。

トヨタ自動車：トヨタウェイで世界の社員を一体化、20兆円の海外事業を創る

社員に焦点を当て失われた30年にならなかった日本の伝統的企業が存在します。まずはトヨタ自動車です。

トヨタ自動車といえば、豊田章男社長の強力なリーダーシップが連想されますが、その基礎になる巨大な海外事業を創造したのは、奥田碩と張富士夫という二人のサラリーマン経営者に率いられた多くの社員です。トヨタ自動車は、前術した東西冷戦の終焉がもたらした「多国籍企業運営」から「グローバル企業運営」への時代の変化をいち早く捉え時流に先んじた日本企業です。

1998年、トヨタ自動車の売上高は約8兆円、国内が4兆円、海外が4兆円でした。海外といっても輸出の割合が大きく、当時のトヨタ自動車は日本の最大の自動車会社でしたが、日産自動車と較べると世界化が遅れたドメスティックカンパニーでした。三河のトヨタと揶揄されていました。

そのトヨタ自動車を率いていた奥田碩氏は、骨太のビジョンを描きます。「国内市場の成長は期待できない。とすればトヨタが成長するには海外で成長するしかない。海外事業を抜本的に拡大し、グローバル企業になる」というものでした。

ここで重要なことは、グローバル企業とはどのような会社なのかを、正しく理解していたことです。「正しく」などと私が言うのは僭越ですが、あえて「正しく」と書きます。第I部で述べたように、IBMに代表される欧米の伝統企業は、1980年代までの多国籍企業運営（国ごとの部分最適の追求）からグローバル企業運営（地球規模で考え、最大公約数になるニーズに対して標準化した商品とサービスを提供し、市場を一気に席巻する）に舵を切ります。

1990年代の後半にこのことを認識していた日本企業は、トヨタ自動車以外にはダイキン工業、コマツなどごくわずかでした。他の多くの企業は国際化（輸出中心）、多国籍化、グローバル化の違いを認識せず、同じような意味で使っていました。このことが、エレクトロニクス業界で日本の多くの伝統企業がサムスン電子に追い抜かれ、圧倒的な差をつけられた理由ですが、今となっては手遅れです。

トヨタ自動車は１９９８年にグローバル人事室をつくります。日本企業で人事部あるいは人事室の前にグローバルという呼称をつけたのは、トヨタ自動車が初めてでした。スタッフは室長以下４名という小さなチームでした。そのとき、メンバーの方からいただいた名刺には、グローバルの前にＢＲと印字されていました。ＢＲとはBusiness Reformという意味で、会社にインパクトを持つ組織横断的な活動を意味するとのことでした。

ＢＲグローバル人事室は二つの課題に取り組みます。一つはグローバル・グレーディングです。世界のすべての拠点のポジションの価値を一定の手法で測定し、格付けするというものです。そのことによりフェアな処遇を行い、拠点間の人材異動をスムーズにすることが狙いでした。例えば米国の社員が欧州に異動する場合、新しいポジションのグレードが同じであれば同一の報酬ポリシーが適用されるということになります。

もう一つの取り組みは、トヨタウェイの策定です。世界中のすべての社員の意識、行動の指針を良い意味で標準化し、世界中のどこでもすべての社員が高い水準の仕事ができるようにするというものでした。その後、欧米ではトヨタ自動車の発展の背景にトヨタウェイがあったことが知られ、研究者の研究対象になり、多くの本が出版されています。

私の手元にジェフリー・Ｋ・ライカーというミシガン大学教授が書いた『ザ・トヨタウェイ』（２００４年、日経ＢＰ）があります。本編と実践編の上下巻で、全体で厚さは10センチ、１２００ページの大作です。これ以外にも多数の本やリサーチペーパーが存在します。これだけ世界中の人々の調査・研究の対象になった日本の会社はトヨタ自動車以外にありません。ウェイという言葉を流行らせた企業でもあります。

いずれの取り組みも大がかりな活動で、最初は4人でスタートしたグローバル人事室が３年間で１００名の所帯になります。そして２００６年に解散します。１９９８年に4兆円であったトヨタ自動車の海外売り上げは、8年間で20兆円に拡大します。日本の産業史に記録されるべき出来事だと思います。グローバル人事室の解散はまさにMission Completedということであったのだと思います。

トヨタウェイの冊子は２００１年に作成されています。薄い緑の表紙の非常に地味なもので、社員手づくりのものです。したがって、日本語的な英語、あまりスマートでない表現も散見されましたが、そんなことはどうでもいい、中身が重要だということでした。

社外に公開されているものではないので中身を詳細に記述はできませんが、「Continuous Improvement（改善と改良）」と「Respect for People（人間性の尊重）」という二つの大黒柱で成り立っています。トヨタ自動車はその浸透に尋常ならざる努力を長期間にわたって傾注します。私は２０１５年にトヨタ自動車のインドの工場を訪ねたとき、このトヨタウェイの研修が行われていたのを見て継続は力なり、を強く感じた次第です。

トヨタウェイの冊子のタイトルは「The Toyota Way 2001」となっています。あくまで２０００年代のトヨタ自動車の海外事業の創造という目的のためにつくられたものであり、時代が変われば新しいトヨタウェイが生まれる可能性がある、だからあえて２００１とつけたということでした。トヨタ自動車には、１９３５年につくられた未来永劫変わらない「豊田綱領」があります。そのなかに「常に時流に先んずべし」という言葉があります。時流に先んずるためにトヨタウェイも変わっていくのだと思います。

最後にトヨタ自動車について思うことがあります。それはエドワーズ・デミングの思想を最も深く理解し、共感し、それを実践した日本企業であるということです。旧トヨタ本社には、創業者の豊田喜一郎氏と並んでデミング氏の写真が飾られているそうです。

ダイキン工業：人を基軸にする経営で空調世界ナンバーワン企業へ

ダイキン工業は、１９２４年に大阪金属工業所として大阪で創業された約１００年の歴史を持つ企業です。その１９９０年代は業績の低迷に苦しみ、94年に社長になった井上礼之氏は抜本的な企業改革に挑みます。その内容は財務主導のリストラ経営でなく、人を基軸にする経営でした。すべての社員のポテンシャルを信じ、成長の機会を与え、社員の成長が事業の成長を生み出すという連鎖を信じ、行動しています。井上氏は人事部長を経験していますが、そのときには毎年、社員と書簡を交換し、メンバーの悩みを聞き、今でいうメンタリングを行っていたそうです。

「戦略二流、実行力一流」という言葉も、ダイキン工業では共有されています。美しいビジョンや戦略は何の役にも立たない。実行されなければ意味がない。当然のことですが、「実行」ということがないがしろにされたことが多くの日本企業が衰退した共通の理由になっていますので、特筆すべきことだと思います。

ダイキン工業の戦略経営計画は、ＦＵＳＩＯＮ（フュージョン）と呼ばれます。日本語に訳すと融合ですが、その意味はすぐにはイメージできません。ダイキン工業でのＦＵＳＩＯＮの意味は、「計画」と「実行」の融合ということです。

ダイキン工業はトヨタ自動車と同様にグローバル化の意味を正しく捉え、グローバル化に舵を切った数少ない日本企業です。そして、後述するコマツや伊藤忠商事と同様、中国市場の将来性を早期に直感した企業でもあります。「中国は世界の強豪が同じ条件で戦う厳しい市場、日本のような同質な市場でなく、多様な人々が存在する市場」という認識を固め、この中国市場で勝てばグローバル企業への道が開かれると考え、ビジョンの実現に乾坤一擲の勝負を挑んでいきます。

今やダイキン工業は、空調世界ナンバーワンの会社に発展しています。2022年3月期の業績は、前述したように売上高3兆1091億円、営業利益3163億円、時価総額6兆2154億円です。ダイキン工業の社員が以前、「ダメキン」という自虐的な表現を使って仰ぎ見ていたパナソニックの時価総額は2兆9201億円ですので、ダイキンはパナソニックの2倍の価値がある会社になったのです。

中国では、ダイキンは日本の会社でなく中国の会社であると思っている人も少なくないようです。世界ではダイキンは盆踊り大会で有名です。毎年、夏に盆踊りを開催し、地元の人に感謝するそうです。オランダにはダイキン通りという通りがあるそうです。

もう一つ、面白い話を聞きました。女子プロゴルフの年初を飾り、沖縄で開催されるダイキンオーキッドレディスゴルフトーナメントという大会があります。これには社員全員が地位や立場に関係なくボランティアで運営に参加し、大会を盛り上げるそうです。もともとは沖縄の観光を支援することが目的であったと聞きます。部長さんが空港で招待したお客様のかばん持ちをするという話です。

このようなトーナメントの運営は外注するのが普通ですが、ダイキン工業では社員参加のお祭りになっているようです。何かほのぼのとした気持ちにさせられます。財務主導の冷徹な戦略経営とは対極にある会社、それがダイキン工業です。

村田製作所：10年かけて顧客起点、社員起点の経営理念を浸透、1・8兆円の電子部品企業に発展

1990年代の後半、米国でES・CS・プロフィットチェーンという言葉が流行りました。消滅の淵に

あったシアーズ・ローバックが戦略経営でなく、社員の満足という素朴な原点に戻った経営を行った結果、顧客の満足が向上し、業績が向上したという話を統計的に立証し、ハーバード・ビジネススクールに論文が発表されて大変な話題になりました。

村田製作所は「社員の幸せ」＞「顧客の幸せ」＞「会社の幸せ」の連鎖を愚直に実践している会社です。村田製作所の経営理念と大切にする価値観を見ると、ＥＳとＣＳがその柱として掲載されています。そしてこの価値観をもとにエレクトロニクス産業のイノベーターとなることを目指しています。イノベーションを目指す企業は数多くありますが、そのベースにＥＳとＣＳという価値観を据える会社は少ないと思います。

多くの企業がイノベーション本部や新規事業本部をつくり、外部人材を採用し、精鋭を集めるというやり方をしています。相当に古い話になりますが、１９７０年代の後半、オイルショックによる不況のなかで新規事業部をつくることが日本で流行りました。鐘紡（現クラシエホールディングス）はペンタゴン経営と称し、トップダウンでの多角化を目指し、帝人は未来事業部をつくります。帝人の場合、医薬などのヘルスケア事業の開発という結果につながりました。しかし、日本企業全体としては大きな成果は生まれませんでした。

村田製作所は、イノベーションは草の根から生まれる、経営者が命令しても決して実現するものではない、元気でやる気に満ちた社員の存在が大前提になるという素朴な真実をしっかりと捉えているのだと思います。

多くの日本企業が社員意識調査を実施しています。しかし、調査をするだけで、問題の解決に経営者が本気で取り組むケースは少ないのが実際です。そのような企業からはイノベーションが生まれないことは、歴史が証明しています。

村田製作所は２０００年代前半にＩＴバブル崩壊の影響を受け、業績の悪化に苦しみます。しかし、そのときに行ったのは、社員全員が経営理念に共感し、実践する、社員が経営計画の策定に参加するという人に焦点を当てた経営でした。今、流行りのパーパス経営を20年も前に実践していたのです。

村田製作所は２０１０年代のスマートフォン（スマートフォンは和製英語で海外ではほとんど通用しません。セルフォーンといいます）の時代を先読みし、この10年間で爆発的に成長しています。２０００年頃の売上高は約３０００億円、２０２２年3月期の売上高は１兆８１２５億円で6倍になっています。営業利益は４２４０億円で、海外売上高の割合は中国を中心に91％となっています。

コマツ：グローバル化の鍵は社員のグローバルマインドの開発

コマツについては記憶に残る体験があります。１９９６年頃のことです。韓国のサムスン電子から世界の優秀企業の調査をしているのだが、その一環として日本の二つの企業を調査してほしいという依頼がきたのです。三菱重工業とコマツでした。

三菱重工業については、全製品が黒字化する高収益体制の中身は何かという問いでした。コマツについては、なぜ世界の巨人であるキャタピラーの日本への進出を撃退できたのか、ということでした。そのときの答えは、デミング賞の受賞を目指した全社的な品質管理運動への徹底的な取り組みが功を奏したというものでした。しかし、製造品質の向上だけでは成長が止まった国内市場での成長は難しく、１９９０年代は1兆円の売上高は維持していましたが、成長の勢いは失われていました。

コマツはトヨタ自動車、ダイキン工業と同様にグローバル化に活路を見出します。そしてダイキン工業と同様、中国の市場性を直感します。当時の社長であった坂根正弘氏は前述したように「中国の市場はオリンピックである。世界の強豪との戦いになる。そして、その競争のなかからイノベーションが生まれる」と直感します。

　コマツは日本企業として最も早くＩＴへの先進的な取り組みを進めた会社です。トラクターなどの建設機械にとりつけたセンサーと本社の情報センターを衛星回線で結び、機械の使用状況を分析し、問題や課題を見出し、迅速に部品の交換や修理を提案するコムトラックスと呼ばれる仕組みを構築しました。

　２０１０年代にＧＥのＣＥＯであったジェフ・イメルト氏がＩｏＴというキャッチコピーで世界に広め、ドイツのシーメンスなどが大々的に取り組んだ活動を、コマツは10年以上先行して実施していたと言えます。

　コマツは、ドイツのＳＡＰが開発したＥＲＰソフトを日本企業として早期に導入した会社としても有名です。ＥＲＰの導入には、業務プロセスや作業の手順をグローバルな標準に統一することが求められます。個々の職場が思い思いに独自に仕事の仕方を決める慣習が強く、情報システムの標準パッケージの活用に抵抗する社員が多い日本企業では、難しいテーマです。

　エレクトロニクス業界では韓国のサムスン電子がいち早く導入しますが、日本の企業は導入が遅れました。商品の売れ行きなどの情報を世界規模で瞬時につかめるサムスン電子と数週間かかる日本企業では、市場での俊敏性に大きな差が生まれました。グローバル化は世界での標準的な仕事の仕方を求めますが、コマツはグローバル化の本質を理解していました。

　情報システムの問題とは別に、グローバル化は社員の意識と行動の標準化を求めます。コマツはトヨタ自動車から数年、遅れますが、トヨタウェイと同様にコマツウェイを策定し、強いコミットメントを持って展開します。コマツウェイをグローバルな共通語として、世界中の社員が同じ価値観や考え方、行動様式を共有するための教育を展開します。コマツの２０２２年3月期の業績は売上高が２兆８０２３億円、営業利益３１７０億円で時価総額は2兆５７１５億円となっています。

テルモ：企業体質を転換し、グローバル優良企業に発展

テルモは１９９０年代頃に業績が伸び悩み、明るい未来を描くことができない状況でした。こうしたなかでＣＥＯになった和地孝氏は、企業の根本的な改革に挑みます。和地氏は当時のテルモの発展を阻む５つの壁を見据えます。

・売り上げの壁：売上高１０００億円達成の前に足踏みが続く
・商品開発の壁：商品開発の納期の遅れ、品質の低下で取引先からの信用が失墜
・財務の壁：バブル期の財テク失敗で２００億円の損失
・海外展開の壁：海外事業の採算赤字の継続
・体質の壁：「指示待ち」「セクショナリズム」「評論家体質」「内向き志向」「人を使い捨てにする」という極めて危険な組織風土が蔓延

和地氏は「企業風土が良くならなければ、どんな経営施策も刺さらない」と覚悟を決めます。そして、企業と人のエネルギー源は使命感（ミッション）**であるとの哲学への回帰をテルモ再生への出発点とします。**村田製作所が２０００年代の前半に社員全員にパーパスの自覚を求め、実行を促したのと同じ考え方です。

４０００人の社員全員と対話をするという目標を立て、２年半をかけて実行します。社員にも目標を定め、実行することを求めます。実行した社員の代表５００人をふじ丸という客船に招き表彰するというイベントを周年行事として企画し、実行します。ダイキン工業の沖縄のダイキンオーキッドレディスゴルフトーナメ

ントの運営への社員の参加、海外での盆踊り大会の開催など、心が和む企画と同様のことをテルモも行ってきたのです。

テルモは2007年に「テルモのこころ」という社員向けの冊子を発行しました。170ページにわたって、テルモが未来に向って決して変えてはいけない、最も大切で基本的な考え方と志が記されています。後述するりそな銀行にも同様の冊子があります。

セクショナリズムを打破する目的で、従来の機能別組織はそのままに、テルモ・ビジネス・ユニットと呼ぶ商品軸の組織を導入します。これは日産自動車でゴーン氏が活用した縦割り組織を横断する問題解決の仕組みと同様です。トヨタのクロスファンクショナルチーム、Business Reform 活動よりも少し遅れましたが、日本企業として先駆的なアプローチでした。

2000年代にはテルモは成長軌道に復帰し、売上高1000億円の壁を越え、2003年には初めて2000億円の大台を達成します。そしてその後は米国や欧州で積極的な企業買収に乗り出します。特に新宅祐太郎社長時代、成長分野であるカテーテル事業の強化に成功し、大きな成長を遂げます。アメリカの競合会社に対する「戦略的差別化」の手法が高く評価され、2010年には、優れた競争戦略の実践に焦点を当てた「ポーター賞」を受賞しました。

多くの日本企業が企業買収をテコに成長をもくろみますが、テルモのようなケースはまれで、買収が足を引っ張ることも少なくありません。東芝の壊滅は、ウェスチングハウスの買収が引き金になりました。リクシルでは、買収した会社の財務的な不祥事がCEOの更迭につながりました。

日立製作所は、2003年にIBMから約3000億円で買収したハードディスク駆動装置（HDD）の運営に苦しみます。日立は同社を再建し、9年後には米国企業に4000億円で売却しますが、買収直後は問題山積で液晶、プラズマテレビと合わせて「経営三悪」と呼ばれていました。リコーは２００７年にＩＢＭから印刷機事業を買収、２００８年には事務機の販売・サービスの大手であるアイコンを買収します。しかし、日立と同様、買収後の運営に苦しんだと言われています。

Post Merger integration の難しさについて、佐藤社長は、「買収した会社の歴史や社員の想いを尊重しながら、一定の権限を与える。本社の考えを一方的に押し付けず、相互に学びあうことが大事」と語ります。

その考え方の源流には、１９９０年代の苦闘の時代に生み出された社員全員参加の意識改革、すなわち「アソシエイト経営」があるように思えます。社員を従業員でなくアソシエイト Associate（欧米では弁護士事務所やコンサルティング会社で将来、パートナーになる社員の呼称）と呼び、指示待ち体質から脱却し、「社員ひとり一人が主役」という風土へと転換することでエンゲージメントを高めようとしたのです。

佐藤社長は、いかにグローバルにテルモとしての一体感を高めるかに腐心し、まず価値観のすり合わせに取り組みコアバリューズを作成します。コアバリューズの作成にあたっては、チームのメンバーが文字通り全世界の拠点を行脚して、ワークショップを繰り返し、アソシエイトの意見を集約したと聞いています。

佐藤社長は、「5つの単語だけ見ればどこの会社にもある言葉が並んでいると見える。しかし、5つの言葉をパッケージで見れば、〝やはりテルモだな〟と納得できる。言葉の選択に丁丁発止のやり取りがあり、何度も書き換えて最終的にこの言葉にたどり着いた。だから、ひとつひとつの言葉にこだわりがありアソシエイトの心に落ちている」と語ります。

テルモでは年1回、全世界のリーダーを集めて「グローバルリーダーシップミーティング」を開催しています。参加者が事業や地域の立場を離れてテルモについて語り合う会です。ある年には法被《はっぴ》を特注して、「普段、それぞれの地域のユニフォームを着て戦っているけれど、いったんここにあつまったら、同じユニフォーム（つまり法被）を着て、テルモのために戦おう」という意識づけをしたのです。

体温計の国産化から始まったテルモは、現在では心臓血管、メディカルケアソリューションズ、血液・細胞テクノロジーの3カンパニー8事業を通じで医療に貢献するグローバルカンパニーに成長しています。

りそな銀行：全社員のパワーを最大限に引き出し、リテールバンキングナンバーワンへ

1990年代は銀行の合従連衡の時代でした。都市銀行（都銀）と呼ばれていた銀行は三つのメガバンクに統合されていきます。日本興業銀行、富士銀行、第一勧業銀行によるみずほ銀行、三菱銀行、東京銀行、三和銀行、東海銀行が統合された三菱UFJ銀行、そして住友銀行と三井銀行が統合した三井住友銀行です。りそな銀行は、都銀の中・下位行が集まった4番目の銀行でした。

りそな銀行の行名のりそなは、ラテン語のresonaからとったもので、共鳴する、響きわたるという意味があります。お客様の声に耳を傾け、共鳴し、響き合いながら、ゆるぎない絆を築いていこうという思いが込められているとのことです。しかし、前途は多難でした。財務体質は弱く、2003年には2兆円（総額3兆円）の公的資金が投入されます。会長には、JR東日本で経営幹部を務めた細谷英二氏が就任します。

私はりそな銀行が復活した理由は、外部からきた細谷氏が、りそなを銀行でなくリテール・サービス・カンパニーだと考えたことにあると思います。海外事業からの撤収、保有株式の売却などの荒療治は財務危機の一時的な解消にはつながったと思いますが、成長のドライブになったのは事業の再定義だったと思います。

競争相手の再定義も重要なエポックでした。細谷氏はIBMを再生させたルイス・ガースナー氏が来日したときに面会し、アドバイスを求めたそうです。会話のなかで、**ガースナー氏に「りそなの競争相手は誰**

か」と質問され、細谷氏が答えあぐねていると、ガースナー氏は「ライバルは一人しかいない。それは時間です」と言われたそうです。細谷氏はこの言葉に強く共感したとのことです。

そして、時間というライバルに勝つために二人の人物を顧問として招聘します。トヨタ自動車で生産部門の幹部を務めた井上輝一氏と花王で副社長を務めた渡邉正太郎氏です。井上氏にはりそなの店舗をトヨタの工場のようにしてほしい、渡邉氏にはりそなをマーケティングの会社にしてほしい、と頼んだそうです。

花王には「エコー」という言葉があります。花王のコールセンターの名称です。エコーとは山びこです。花王の思いと消費者の思いを山びこのように交換し、響き合おうということです。りそなの共鳴する、響きわたると重なるイメージです。細谷氏が渡邉氏を招いたのは、花王という会社への共感があったからかもしれません。

リテール・サービス・カンパニーは、低コストのオペレーションを求めます。大手町にあったりそなホールディングスの本社は江東区深川に移動します。店舗の運営は、契約社員が活躍する少数精鋭の体制に移行します。銀行の都合で午後3時に閉店していた店舗は、お客様の都合に合わせ5時閉店に改めます。女性社員の登用が大幅に進みます。

りそな銀行は3兆円の公的資金を12年後の2015年に完済します。3兆円のキャッシュ・フローをつくりだすことは、外部の人間が軽々しく語ることはできない壮絶な苦労であったと思いますが、生み出された成果は契約社員を含む社員全員経営の賜物であったと思います。りそな銀行には再生の過程で細谷氏が社員に発信したメッセージを223ページにわたってまとめた冊子があります。そこには、単なる銀行ではないリテール・サービス・カンパニーとしての神髄を語る多くのメッセージが書かれています。

法則2――中間管理職でなく中核管理職

中間管理職は第一線で顧客に対峙し、オペレーションの中心で働くメンバーをリードし、その活動をマネージする課長級の社員を意味します。中間というのは、課長の上司には部長、本部長、社長という上長がおり、課長は経営からの要請を受け止め、メンバーの意欲や提案を吸い上げ、成果を生み出していく存在だからです。

しかし、その役割を果たすことは容易ではありません。以前、サンドイッチマンという言葉が流行りました。上長からの期待とメンバーからの期待の板挟みになり、サンドイッチのような状態になってしまう状況を揶揄した言葉です。

しかし課長の役割は重大です。経営者がどんなに素晴らしいビジョンを描き、戦略を構想し、計画を策定しても、実行するのは第一線の社員です。第一線の社員に良くも悪くも影響を及ぼすことができるのは課長級の社員です。**その思いを込めて私の造語ですが、中間管理職でなく、中核管理職と呼ぶことにします。**法則2では、中核管理職である課長級の社員がイノベーションと企業の成長に貢献する姿を紹介します。

経営者が命令しても実現しないモチベーションとイノベーション

ある有名な企業の社長を退任した経営者から聞いた言葉が印象に残っています。

・「選択と集中」「構造改革」「M＆A」は経営者の決断、権威と権限で実行することができる。自分は必

死で取り組んできた。しかし、成長力を復活させることはできなかった
・成長にはイノベーションと社員のモチベーションが必要。しかし、イノベーションとモチベーションは社長が命令しても実現できない
・ヒエラルキーの力が第一線のパワーを削ぎ、社員はサイロのなかで苦闘しているように思う
・DXに取り組んでいるが、本社主導の内向きの効率化が中心で、第一線が外に向けて顧客と事業を創造するDXになっていない
・DE&Iに取り組んでいるが、インクルージョンはまったく進まない
・残された時間は少ない……。社長は何をすべきか。社員には何を望むべきか

このような発言は許せない、社長の責任を果たしていないと批判することは簡単です。しかし、社長もスーパーマンではありません。社長であってもできないことはあるのです。

もう一つ、紹介したい話があります。それは1999年、日産自動車がルノーとのアライアンスに踏み込み、カルロス・ゴーン氏が来日し従業員に語った言葉です。直接、聞いたのでなく当時の日産自動車の社員から聞いた話です。

「日産自動車の復活のため、私はこれからたくさんの厳しい決断をしていきます。……しかし、最も大切なことは社員の皆様のモチベーションです。私が命令することができないことです。ですから皆様にお願いします」。カルロス・ゴーン氏は社員エンゲージメント調査を始めます。日本の大企業としては初めての大規模な社員エンゲージメント調査であったと思います。また、社内広報の重要性を認識し、外部から専門家を招聘します。ちなみにこのとき、日産自動車が外部から招聘したのは、広報担当者とデザイン開発のリーダー、この二つのポジションでした。

8兆円の新規事業を創るソニーの暴れん坊たち

ソニーは井深大、盛田昭夫、大賀典雄という強烈な個性を持つ創業リーダーに率いられて発展した会社です。天才的な技術者、天才的なマーケター、そしてオペラ歌手で飛行機のパイロット免許を持つスーパーマンが、ソニーを世界のコンシューマー・エレクトロニクス事業の覇者に押し上げました。ソニーは「個」が奮闘し、事業が大きく羽を広げてきた会社です。

新卒で入社したサラリーマン経営者にソニーを率いるバトンが渡ったのは、1995年に出井伸之氏がいわゆるヒラ取締役から14人抜きで代表取締役に抜擢されたときです。その数年後の1997年のソニーの売上高は7兆円で5000億円の利益を上げ、トヨタ自動車や松下電器産業に匹敵する大規模な企業になっていました。しかし、伝統的なコンシューマー・エレクトロニクス事業が中心で、未来に向けての展望は明るいものではありませんでした。財務体質も健全とは言えない状況でした。

出井氏は二つの改革を進めます。一つは、Regeneration（第二創業）、およびDigital Dream Kidsというスローガンを発信し、デジタルやインターネット領域での新しい事業の創造に取り組んだことでした。優れたデザイン性と機能性を持つPCであるVAIOやプレイステーション事業が産声を上げていました。インターネットのプロバイダー事業を担うソネット（現ソニーネットワークコミュニケーションズ）を設立し、スウェーデンのエリクソンと協力し、携帯電話事業に進出します。

出井氏のもう一つの改革は、ガバナンス体制の確立です。日本企業として初めてカンパニー制を導入し、執行役員制の導入や委員会設置会社への移行を実現します。出井氏はサラリーマン経営者でしたが、個性のある経営者でした。

しかし、個性を発揮したのは経営者だけではありません。社員もある意味で自由に個性を発揮していました。音楽や映画などの文化事業、保険などの金融事業も存在し、個性ある社内起業家のような社員が奮闘していました。ゲーム事業の立ち上げを強硬に主張し1994年にプレイステーションを発売した久夛良木健氏、ソニー銀行をつくった十時裕樹氏（現ソニーグループCFO）、VAIO事業を牽引した辻野晃一郎氏、インターネットプロバイダーであるソネットを経営し、ベンチャー投資にも関わった吉田憲一郎氏（現ソニーグループCEO）は課長、係長級の社員でした。

このうちの何人かには直接、お目にかかったのですが、皆、一国一城の主という雰囲気を漂わせ、CEOの命令にも背を向けるといった気概も感じられました。**新規事業は社長に命令されてできるものでなく、「どうしてもやりたい」という社員がいなければ実現しません。**

多くの伝統大企業では、このような非中核事業は1990年代には撤退、消滅の憂き目にあったのですが、ソニーでは生き残っていました。パナソニック（当時は松下電器産業）はMGMを売却しましたが、ソニーはコロンビア・ピクチャーズを手放しませんでした。多くの日本のエレクトロニクスメーカーが撤退した半導体事業も捨てませんでした。課長級の社員がそれをさせなかったのだと思います。

ソニーの業績は2000年代に低迷します。2003年の営業利益は1000億円を下回り、株価はソニーショックと呼ばれた2000円台後半でのストップ安を経験します。コンシューマー・エレクトロニクス事業がサムスン電子やLGなどの韓国系メーカーの攻勢を受け、競争力と収益力を急速に失ったためでした。

2005年、出井CEOは退任を迫られ、英国人のハワード・ストリンガー氏が後任となります。しかし、業績の低迷は続き、数期にわたって赤字決算が継続します。2012年3月期は5200億円の赤字を計上します。テレビ事業は8年間連続で営業赤字になっていました。

２０１２年に平井一夫氏がＣＥＯになりますが状況は変わりません。出井ＣＥＯが退任してから7年もの間、ソニーは暗闇のなかを彷徨っていたと言えます。平井ＣＥＯへの批判は高まり、ＯＢからの退任を迫る連判状が出されるような苦境が続きます。サード・ポイントなどの短期的な株価上昇を期待する物言う株主は、ソニーの分割を激しく迫ります。その状況が続けば、ソニーにとっての30年は失われた30年になるところでした。

しかし、２０１７年頃から潮目が大きく変わります。最後の最後になってソニーが捨てなかった非エレクトロニクス事業がついに大きな花を咲かせることになるのです。２０２２年の売り上げ構成は、ゲームが約3兆円、音楽、映画、金融、半導体事業がそれぞれ1兆円を超し、合計約8兆円の規模になるのです。

これらの事業はソニー固有のニッチな技術が活かされる事業ではありません。半導体ではサムスン、ゲームではマイクロソフト、映画ではネットフリックスなどの世界の強豪企業と戦うなかで達成した業績です。ソニー全体の業績は9兆９２１５億円、営業利益は1兆２０２３億円、時価総額は14兆５０００億円となりました。東芝、日立製作所、パナソニック、富士通、シャープの5社の時価総額を合計した水準です。

あまり知られていないことですが、ソニーは、元マッキンゼーの南場智子氏が創業したＤｅＮＡや同じく元マッキンゼーの谷村格氏が創業したエムスリーへのベンチャー投資家としても優れた成果を上げています。

ソニーが長い苦闘の末、失われた30年を克服できた理由は何か。一言で言えば、「個を活かす経営」ということです。中央集権ではなく、分権経営を進めるということです。個を活かすとは意志とアイデアを持つ社員に責任を与え、権限を委譲することです。その結果、起きることは経営の非効率です。

同じようなことを考える社員の活動が重複します。ある社員の活動が別の社員の活動を邪魔することもあります。社員は自分が担当する仕事の成果を最大化すること、部分最適を追求します。必要性がない限り、他の部署と協力し、コミュニケートすることを求めません。これは経営者にとって悩ましいことです。経営者は当然に全体最適を求めます。短期的な業績を上げるためには、重複や利益相反の非効率を取り除かなければならないからです。

「全体最適」を優先するか、「部分最適」を優先するか、経営者にとってはジレンマです。しかし、ソニーの事例は、企業のイノベーション、事業の創造、成長を最終目標とするには短期的な業績を上げるための全体最適への誘惑を乗り越え、部分最適を許容することの大切さを物語っています。

ソニーがそのように行動できた源流には、ソニーが今も大切にする有名な「設立趣意書」があると言えます。ソニーにはソニーウェイはありません。一時期、ソニーウェイをつくろうという動きがあったそうですが、立ち消えになったそうです。設立趣意書を上回るものはつくれないという判断だったと聞きました。ハワード・ストリンガー氏はソニーの各部門がサイロのように勝手に行動する状態を嘆き、Sony United というスローガンを掲げ、全体最適の経営を進める努力をしましたが、このスローガンは社員の心には刺さらなかったとのことです。それはソニーにとっては幸運なことであったのかもしれません。

ヒットでなくホームランを狙う中外製薬の若手社員

中外製薬は、1925年に関東大震災後の深刻な医薬品不足の解消に立ち向かうため上野十藏氏によって創業されます。第二次世界大戦を経て、戦後はグロンサンなどの大衆薬を中心に発展していきますが、1970年代の後半からは医療用の分野に舵を切ります。1984年には売上高1000億円を達成します。

当時、主流であった自然界にある薬効物質を見つけ化学合成するというモノからのアプローチでなく、生物科学的な病気の理解、原因究明をベースとする遺伝子工学や微生物を活用して行うバイオ創薬への取り組みを始めます。また、多くの患者がいる慢性疾患でなく、有効な治療法がない難病へのソリューションを追求していきます。世の中に存在しない革新的な薬を開発する、人々の想像を創造で超えるというのが、中外製薬の遺伝子であると言えます。

ある中外製薬のOBは「中外はヒットでなくホームランを狙う会社である」と語っています。ただ、これは派手さを狙うという意味ではなく、患者と家族の苦しみを救うために無謀のようにも見える目標に挑戦するという意味です。

1990年代に入ると世界の製薬業界でM&Aの嵐が吹きます。増大する研究開発費を規模の経済で乗り切ろうというもくろみです。武田薬品工業は、富士通と並んで今で言うジョブ型人事制度を早期に導入した会社として有名です。1990年代中盤のことでした。

武田薬品工業は240年の歴史を持つ日本を代表する製薬企業でしたが、武田國男社長は会社が海外のメーカーから買収されてしまう恐怖を感じます。今の株価では簡単に買収されてしまう、少なくとも3倍になる必要がある。そのためには業績を上げる必要がある。業績を上げるにはハイパフォーマーがハッピーになる処遇が必要だ。そのために成果主義人事を導入する、という考え方でした。

その頃、中外製薬を率いていた永山治社長も同様の危機感を持っていました。しかし、中外製薬は武田薬品とは異なる道を選択します。Let's create new Chugai コンテストで経営のあり方についての論文を募集し、若手社員による「21世紀研究会」を設けます。経営計画づくりに向け、若手管理者による未来戦略委員会をスタートします。一人ひとりの個性を発揮して進取の気風でやっていくという方向を明らかにします。

法則1で紹介した村田製作所による社員参加の経営計画づくりを、中外製薬は1990年代に進めていたのです。「人はお金で動くのではない。やりがいを感じたときに動く」というまっとうな正攻法を、中外製薬は選択したのです。社員がやりたいと言えばやらせてくれるというのが、中外製薬の文化です。

2001年、中外製薬はロシュとのアライアンスを締結します。ロシュは1896年にスイスで創設された世界有数の製薬企業です。日本への馴染みも深く、1904年に日本に進出し、32年には日本法人を設立します。医薬情報担当者という医師向けのアドバイザー社員を活用した最初の会社であったと言われます。日本市場での経験、研究開発についてのビジョンと方向性、企業文化の相性を考慮し、永山社長はロシュのパートナーとなり、ロシュに飲み込まれるのでなく、ロシュの懐に飛び込む決断をします。革新的な医薬品を創出し、ロシュの販売網を使って世界中に販売するというビジネスモデルです。ロシュにとっては、日本ロシュのネットワークだけでは立ち行かない日本における強力な販売力を獲得するというメリットがあります。

このモデルを普通に展開すると、中外製薬は日本のドメスティックカンパニーになるという帰結を迎えます。しかし、中外製薬はそのようにはなりませんでした。ロシュとの契約の許す範囲で独自に海外での販売に乗り出していきます。社員の個性を認め、進取の気風で海外市場の開拓に挑戦する社員を応援する風土が、中外製薬にはあったと思います。世界に販売の拠点を広げていきます。

中外製薬という社名は、日本で開発した良い薬を日本の外、すなわち海外に提供する、という一世紀前の創業の精神に由来します。海外で活躍する会社でなければ、アカデミアの優秀な研究者や若い学生は関心を持ってくれないという強い思いもあったと言われます。

中外製薬は2022年12月期の売上高は1兆2300億円、営業利益5100億円を見込み、時価総額6

兆3804億円で、日本最大の価値をもつ製薬会社となっています。そして特筆すべきは、中外製薬が自力でこの成長を実現したことです。後述するように武田薬品工業は海外の既成の会社の事業を買うというM&Aによる規模の拡大を追求します。山之内製薬と藤沢薬品工業は合併し、アステラス製薬になります。第一製薬と三共は合併し、第一三共になります。自力成長の道を選んだのはエーザイ、塩野義製薬と中外製薬だけでした。そして革新的な薬の開発という点では、中外製薬はナンバーワンの企業です。製薬業界におけるソニーと言うことができます。

研究開発だけでなく、中外製薬はマーケティングの面でも新たな視点でのアイデア創出に努めています。医薬品業界ではロシュが始めた医薬情報担当者はMR（Medical Representatives）と呼ばれ、今ではどの会社もMRという名称を使っていますが、この言葉を日本で最初に使い始めたのは中外製薬だそうです。これ以外にもデジタル技術を活用したマーケティング手法の開発などにも積極的に取り組んでいます。

中外製薬は『ニューズウィーク日本版』（2022年4月15日号）が行った日本の働きがいのある会社ランキングで2位になっています。1位がグーグル、3位がリクルートです。上位50社に入る医薬品業界の会社は中外製薬だけです。社員のエンゲージメントの向上と会社の業績の向上が良循環を形成していると言えます。

180人の社員で5000億円を売り上げるヒューリック

2006年、みずほ銀行から西浦三郎氏が日本橋興業という会社の社長に就任します。日本橋興業はみずほ銀行の店舗の資産を管理する会社で、約70名の社員が働くみずほグループのなかのコストセンターでした。

しかし、西浦氏にはビジョンがありました。日本のビジネスパーソンは24時間のうち、起きて活動する時間の大半をオフィスで過ごしている。丸の内や大手町にある巨大な高層ビルで働く人はごくわずか、多くのビジネスパーソンはあまり快適とは言えない小さなビルで仕事をしている。この人たちに快適なオフィスワークを提供したい、という思いです。社名はHUMAN（ひと）、LIFE（生活）、CREATE（創造する）を組み合わせたヒューリックに変更します。

そして都心を中心に中堅のオフィスビルを開発していきます。そのための資金を確保するため、２００８年11月に東京証券取引所に上場します。リーマンショックの少し前のことでした。このタイミングが遅れていたら上場は難しく、今のヒューリックは存在していないかもしれません。

ヒューリックの戦略は、三井不動産や三菱地所と競合する大規模なオフィスの開発には関わらない。海外への進出は考えない。都心の中規模なオフィスビルに集中するというものです。そのうえで従来のオフィスビルにはない斬新なアイデアを生み出します。社員が働きやすい間取りとレイアウト、１００年使える頑丈な設計など、創意工夫を続けます。単にスペースを提供するという従来のデベロッパーとは異なるアプローチです。

斬新なアイデアは社員に対しても向けられます。福利厚生日本一の会社を目指し、子育てを支援します。子どもが生まれると一人目は10万円、二人目は20万円、そして3人目になると１００万円を奮発します。雇用の形態、就業の形態も自由に設計します。そのうえで社員全員にプロであることを求めます。プロとは「思います」でなく「……です」で終える人と定義します。自分の発言やアイデアに責任を持つ人、それがプロというわけです。

ヒューリックの企業理念は、４つの柱で構成されています。「企業像」「お客さまへのスタンス」に加え、「企業風土」「従業員像」という二つの柱があります。企業風土は、社員が常に新たな視点で業務に取り組むというシンプルな表現です。従業員像は、社員一人ひとりがプロフェッショナルとして高い品質の価値提供に努めるというものです。

プロフェッショナルという言葉を、私たちはよく使いますが、英語のProfessionalをそのまま片仮名で表示しています。マーケティングと同様に対応する日本語がないからです。多くの日本企業には専門職という言葉がありますが、これは英語にするとSpecialistになります。特定の分野で深い知識、経験を持っているという意味です。ではプロフェッショナルとは何でしょうか。

ピーター・ドラッカーの『プロフェッショナルの条件』（ダイヤモンド社）という本があります。お読みになった方も多いと思いますが、一言で言えばプロフェッショナルとは「問題を発見し、解決し、価値を創造する人」という意味です。

ヒューリックはプロフェッショナルのチームです。２０２１年12月期の有価証券報告書によると単体の従業員数はわずか１８９名、平均年収は１８０３万円になっています。三井不動産が１２７３万円、三菱地所が１２６７万円ですので、ヒューリックの年収の高さは圧倒的です。社員の年収が高いということで有名なキーエンス（70年以上の歴史を持つという条件を満たさないので今回の調査対象には含まれません）と並んで、ヒューリックは日本で報酬の高さにおいて1、2位を争う上場企業だと思います。

少数精鋭を貫くヒューリックは後述する信越化学と同様、「初めからリストラされた会社」なのだと思います。ここで無意識に、「思います」と書いてしまいました。日本ですべての会社の平均年収を実際に調べたわけではないので、そのような表現になりました。ヒューリックでは許されないことかもしれません。

都心の中堅オフィスビルの開発からスタートしたヒューリックはその後、商業施設や不動産投資事業に業容を拡大していきます。現在は観光事業も展開し成長を続けています。

プロ社員の力で総合証券を築いたみずほ証券

私は最初のキャリアを野村證券で始めた人間ですので、証券業界の変遷と紆余曲折は常に関心を持って眺めてきました。1980年代には「銀行よ、さようなら、証券よ、こんにちは」という言葉が流行っていました。四大証券と言われた野村證券、大和証券、日興証券、山一證券を筆頭に、全国に地場の証券会社が栄えていました。

それがバブル崩壊で暗転します。山一證券は消滅し、野村證券も総会屋との不適切な関係が発覚し、社長が逮捕され、起訴されるという前代未聞の事件を起こします。当時の野村證券を支えていた経営陣は全員が退陣するという衝撃的な出来事でした。その野村證券は後述するように見事に復活するのですが、証券業界には、もう一つの特筆すべき物語があります。みずほ証券の驚異的な成長です。

みずほ証券は、多くの証券会社が合併してできた会社です。2000年には統合三行の証券子会社、興銀証券、富士証券、第一勧業証券が合併し、みずほ証券が誕生します。2009年には新光証券（新日本証券と和光証券が合併した会社）と合併します。2013年には日本勧業角丸証券を源流とするみずほインベスターズ証券と合併します。しかし、これらの会社を足しただけではグローバルに活動する総合証券会社にはなりません。債券を中心にする業務とリテール事業の集合にすぎないからです。

みずほ証券はなぜ、グローバルに活動する総合証券会社になったのか。それは、2000年の統合時に描いた世界一の金融グループになるというビジョンがあったからだと思われます。当時のみずほ証券のリーダーは、次のような壮大な夢を描いていました。

・日本の企業と日本の経済を世界一に
・日本の家計を豊かに
・地球と世界の持続的な成長に貢献する

三番目の項目は今日でいうＳＤＧｓです。先見性のあるビジョンであったと言えます。

先見性ある取り組みは近年、**産業界に流行するジョブ型雇用を20年前に始め、本格的に導入したことです。**まったく経験がなかった株式業務については、野村證券から人材を招き、ゼロベースから立ち上げていきます。投資銀行業務、キャピタルマーケット業務やそれを支える事務部門については、外資系証券の経験者を招き、手法やノウハウの獲得に努めます。外部人材だけでなく、銀行から転籍し、1年ごとに契約を更新するジョブ型雇用の世界に飛び込む社員も多数生まれています。また２０００年代の前半には、女性活躍推進に積極的に取り組みます。みずほ証券は人事制度におけるイノベーションを実現し、成功した会社であると言えます。

前述したりそな銀行も外部人材の採用を積極的に進めてきましたが、みずほ証券の外部人材採用の規模は金融界では前例がないものでした。みずほ証券に近い例を探すとヒューリックくらいでしょうか。

みずほ証券についてさらに特筆すべきことは、これも今、流行するＤＥ＆Ｉに早く取り組んでいたことです。産業革新投資機構の社長を務める横尾敬介氏はダイバーシティマネジメントを支援するＮＰＯ法人であるＪ-Ｗｉｎの理事長を務めていますが、２００７年から11年まではみずほ証券の社長を務め、女性活躍推進に強いリーダーシップを発揮されていたと言われます。

みずほ証券はリテール部門では多くの中堅証券会社との合併を繰り返し、完成品を買うというのでなく、部品を集め、それを新たに組み立てるという作業に多大なエネルギーを傾注します。例えば、リテール営業人員の意識と行動を手数料重視から預かり資産重視に改革するという難しいテーマに、試行錯誤を繰り返しながら粘り強く取り組んでいます。

みずほ証券は買収でなく、対等合併を繰り返し、いい意味での葛藤を通じて企業力を高めてきた会社です。吸収合併は機能を買うもので、一方が他方を支配する形になりシナジーを生むことはできません。対等合併の運営は難しいですが、新たなアイデア、イノベーションを誘引する力を持つものであると言えます。みずほ証券は対等合併を繰り返し、脱皮を続けてきたように思います。

みずほ証券について注目すべき点が一つあります。これまで紹介した企業には顔の見える中興の祖とも言えるリーダーがいました。ダイキン工業の井上氏、テルモの和地氏、中外製薬の永山氏、無印良品の松井氏、などです。しかし、みずほ証券にはそのような突出したリーダーは存在しません。複数の社長がバトンをつなぎ、多くの社員が会社の成長に貢献しています。

みずほ銀行の出身者にはテルモの和地孝氏、西武ホールディングス社長の後藤高志氏、やまと運輸元社長の木川眞氏など産業界で活躍している個性ある経営者が数多く見られます。みずほ証券の成長の原因は、多様な社員の多様な個性を活かす経営であったと思います。野村證券の紹介でも後述しますが、銀行は組織力が生命線、証券は個人の力が生命線だからです。そう考えると、みずほグループが証券ビジネスを買うのでなく自力で育てられたことが腑に落ちた次第です。

みずほ証券は上場せず、みずほフィナンシャルグループ傘下の会社になっています。したがってグローバルな財務情報は公表されていませんが、現在では野村證券を追走する位置に入っていると言われます。その成長に貢献した社員にとっては苦しくても希望のある20年間だったのではないか、そのように思います。

野村総合研究所が生みだすスターアナリスト

野村総合研究所の源流は野村証券が1906年に他社に先駆けて設立した調査部です。野村証券を創業した野村徳七は調査を重視し、調査の野村というスローガンを掲げていました。野村証券と言えば金太郎飴と言われた一糸乱れぬ営業力が評判になりましたが、野村証券は金太郎飴ではなく、アカデミックな社員と体育会系の社員が共存する、今でいう多様性が存在していた会社だと思います。

野村証券調査部が野村総合研究所に名を改めたのは1965年でした。「総合」という名前を付けたのは証券の調査だけでなく、社会科学の分野に研究の対象を広げ、日本発の本格的な民間総合シンクタンクになるという意図があったからです。そのお手本はＳＲＩ Stanford Research Institute です（スタンフォード大学が生んだ世界的な研究機関）。研究所の拠点も証券取引所に近い日本橋でなく、都心から離れた鎌倉に設けます。

野村証券には「個を活かす文化」がありました。特異な才能をもつ人材を支援し、世間にスターとして売り出していくのです。その第一号が三國陽夫氏でした。三國氏は日本人として初めて米国ＣＦＡ協会が認定する証券アナリストの資格を取得し、スターアナリストとして活躍します。三國氏はその後、独立し、独自の格付け機関を設立します。同時代に活躍した森谷寿氏はハーバード大学に学び、アナリストとして活躍します。その後、メリルリンチ・ジャパンの会長になり古地図の収集家としても名を知られています。彼らのあとを追うように野村総合研究所のアナリストはパブリックに活躍しています。『良い円高 悪い円高』という著書で話題になった米国国籍のエコノミストであるリチャード・クー氏が代表例です。

野村証券には進取の文化がありました。調査部を野村総合研究所として発展させた1年後の1966年には日本発のコンピュータの商用を目指すことを目的に野村コンピュータシステムを創設します。世界最初に誕生したコンピュータはペンシルベニア大学のエニアックで、1944年のことでしたので、日本企業として野村證券の動きは早いものでした。そしてバブル景気が華やかな1988年、野村総合研究所は野村コンピュータシステムと合併します。あまり話題になりませんでしたが、シンクタンクがコンピュータとつながる世界初のケースであったと思います。本節での記述は1980年代までに起きたことですが、あえて書いたのはこれが第2章で説明する野村総合研究所の飛躍につながっていくからです。

法則3——悪いヒエラルキーがない

ここでは企業の事例を紹介するにあたっての前置きが長くなることをお許しください。大企業には必ず存在するヒエラルキーの意義を説明し、そのうえで繁栄する企業がヒエラルキーの負の側面、すなわち**社員の持つパワーの発揮を阻害し、企業のイノベーションと成長を妨げる悪魔の力、すなわち過度の上意下達、ルールの固定化、悪しき官僚主義との結合をいかに制御してきたか**を説明したいと思います。

ヒエラルキーは集団の力を結集するシステム

私たちが使う言葉には、人類の進化とともに歩んできた長い歴史を持つものと、ごく近年に生まれた流行語があります。経済学者ヨーゼフ・シュンペーターが著書『経済発展の理論』で使ったイノベーションという言葉の歴史は100年、AIは50年、インターネットは30年、グローバリゼーションは20年、ソーシャルネットワークは10年です。これらの言葉と比較するとヒエラルキーという言葉には悠久の歴史を感じます。魚類、両生類、爬虫類、鳥類と続く生物進化の最後のフェーズに登場する哺乳類のなかに集団行動をする猿の仲間が生まれます。現時点でその最高の進化系が私たち、ホモ・サピエンス（ラテン語で賢い人）と言われる人類です。

ゴリラ、チンパンジー、ボノボ、さらには人類の別の種で猿人（アウストラロピテクス）、原人（ホモ・エレクトス）、ネアンデルタール人（ドイツのネアンデルタール峡谷で化石が発見される）とホモ・サピエンスの決定的な違いは、大規模な集団を形成しその集団の力を活用する能力です。文化人類学者の研究では一頭のボス猿が統率できる集団の規模は最大でも150頭（あるいは150人）程度ということですので、中国やインドなど10億人を超える民衆を束ねるホモ・サピエンスの能力は圧倒的です。

今から5万年前にアフリカの北東部を出発した私たちの祖先の集団は約150人。エジプト、中東からインド、アジア、ユーラシアへと放浪し、1万5000年前には狩猟採集ではなく、農耕を始めます。このあたりから社会の構造が生まれ、エリートが統治するヒエラルキーが生まれます。

ヒエラルキーは、好戦的で放っておけばいさかいを起こしばらばらになる集団に秩序と安定をもたらして集団の力を発揮させる、ホモ・サピエンスの生命を維持するシステムです。インドから欧州に移動したホモ・サピエンスが既に進出していたネアンデルタール人を絶滅に追い込んだのは、この集団の力だという説もあります。

ヒエラルキーの効用は、大規模な集団が一つの目的を達成するための秩序（いさかいを起こさない）と求心力（決まったことは素早く、確実に整然と実行する）にあります。

ローマ・カトリック教会は、ヒエラルキーの力で人種を超えた「世界への布教」という大目的を達成しました。そのローマ・カトリック教会では、ローマ教皇、枢機卿を含む司教、司祭、助祭の5つの階層があります。プロテスタント教会では、宗派によって違いがありますが、牧師、長老、執事という3階層が一般的です。軍隊では地中海全域を支配した古代ローマ帝国、ユーラシア大陸に覇権を築いた中世のモンゴル帝国、いずれの軍隊にも十人隊長、百人隊長、千人隊長という階層がありました。

規律はルールとなり、ルールは人を縛る

ヒエラルキーは規律を求めますが、ルールを求めるものではありません。ヒエラルキーの意図とは別に、規律がルールとなる理由は何でしょうか。

実はここにヒエラルキーが意味ある形で残るのか、意図しない悪性の腫瘍として体を蝕むのかの分岐点があります。悪性の腫瘍とはルールのことです。規律は標準、原則を示すものです。

ルイス・ガースナー氏がＩＢＭに入社したとき、社員の服装が皆、濃紺のスーツにマリンブルーのネクタイで統一されていることに驚きました。それは暗黙のルールになっていたようなのです。

もともとの原則は、お客様に合わせようということでした。これは意味のある原則と言えます。しかし、お客様がジーンズとポロシャツで仕事をしているのにＩＢＭの社員が濃紺のスーツで訪問するというのは、違和感があります。お客様に合わせるのであれば、こちらもカジュアルな服装の方が合理的ですが、当時のＩＢＭの社員はそのようには考えませんでした。大企業の採用シーズンにほぼ黒一色で面接に向かう日本の光景も、暗黙のルールのなせる業なのかもしれません。

なぜ、人は暗黙のルールを好むのでしょうか。

理由の1つは、考えなくてもよいからです。原則に従うという場合は、抽象的なものを具体的な行動にするために考えることが求められます。IBMには“THINK”という有名な言葉があります。トーマス・ワトソン・ジュニアが工場の正門のアーチに“THINK”という文字を刻んだことは、多くのIBMの社員は知っています。IBMは自社のパソコンにThinkPadという名前をつけました。しかし、人間は易きに流れ、考えることをやめるという習性を持っています。

人が暗黙のルールに従うもう一つの理由は、そうすることが無難だからです。コーン・フェリーの源流の一つであるヘイ・グループの成長期のメンバーにデイビッド・マクレランドという心理学者がいます。彼は、働く社員のモチベーションの研究やコンピテンシー理論の構築において卓越した業績を残したハーバード大学の教授です。

マクレランドによれば、働く社員には「達成動機」「親和動機」「パワー動機」「回避動機」の4つの動機のパターンがあります。「達成動機」は困難に挑戦し、成果を上げたいというもの。「親和動機」は同僚や顧客と良い関係をつくりたいというもの。「パワー動機」は組織や社会にインパクトを与えたいというもの。この三つの動機は、組織に良好な結果をもたらします。しかし、4番目の「回避動機」は、良好な結果を生み出すものではありません。無難なことを選ぶのは、回避動機がなせるものなのです。

いったんルールとして共有されれば、状況に関係なく、同じ姿勢や行動を続けることになります。ルールは手段であったはずですが、ルールを守ることが目的になるのです。そしてルールは社員の行動を縛っていきます。

ルールが服装を定める程度であればよいのですが、ルール至上という悪性の腫瘍は転移し、企業活動の全体に蔓延していきます。易きに流れ無難であろうとする人間の弱みを徹底的についてくるのです。ルールは企業活動の様々な場面で経営者、社員の仕事の仕方を縛っていきます。

・経営会議に上程する案件の選択
・提案資料の内容、量、構成、書式
・製品開発の手順、スケジュール、作業の内容
・製造品質管理の手順、作業の内容、精密さの程度
・経費の申請、承認の手順
・営業活動のモニタリングのための情報の内容と報告のプロセス
・社員の採用に関わる承認の手順
・業績評価の手順、作業の内容、精密さの程度

ルールは状況に応じて変更し、改善、改良する必要があります。今のルールは3年前のルールとはまったく違うものになっている、というのが望ましいのですが、放っておくと硬く固まってしまいます。

暗黙のルールは不文律になります。書かれたルール、つまり成分律であれば変えることができます。しかし、書かれていない暗黙のルールは書き換えることができないから厄介です。

以下のような不文律があなたの組織に存在していないでしょうか。

・完璧主義：80・20の法則（80％の成果は20％の作業で可能。100％を目指せば5倍の作業が必要）を無視する
・前例主義：前例を踏襲すれば、成果が上がらなくても許される
・減点主義：成功よりも失敗を少なくするのが得策
・やめない主義：これまでの仕事をやめず、継続する

・関与主義：他人の仕事に関与すれば、貢献しなくても評価される
・頑張り主義：結果が出なくても、意欲と物理的努力（時間）を評価する

成文化されたルールにこれらの不文律が加われば、社員は想像力を発揮することを放棄し、組織の歯車となっていきます。

ヒエラルキーは悪しき官僚主義と結合する

ヒエラルキーのもう一つの負の側面は、bureaucracy と結合しやすいということです。bureaucracy は「官僚制」と訳されることが多いのですが、むしろ官僚制が悪い形に変質した「お役所仕事」と訳すのが適切かもしれません。

官僚制は、古くは中国の隋の時代（598年）に生まれた科挙制度（官吏登用制度）とともに発展した歴史を持ちます。欧米ではフランス革命後に生まれます。王権でなく法にもとづく国家の運営を優秀な官吏が司る制度であり、否定すべきものではありません。

有名な『プロテスタンティズムの倫理と資本主義の精神』を書いたマックス・ウェーバーは、近代国家における官僚制の意義と効果を説いています。日本においても1970年代までの高度経済成長期には多くの官僚が活躍しています。政治家に転身した官僚は、岸信介、池田勇人、佐藤栄作、福田赳夫、大平正芳、中曽根康弘、宮澤喜一など限りなく多いです。ということで本書では官僚制ではなく、お役所仕事という言葉を使います。日本の高度経済成長に貢献した官僚、中国やシンガポールの優れた官僚に失礼だからです。

bureaucracy はもともと、フランス語の bureau（机）から転じて事務所を意味し、複雑な手続き、多数の

書類、無機質で機械的な作業を意味します。悪しき官僚主義は第一線と経営との情報の流れを遮断し、伝言ゲームのように誤った情報を拡大し、経営としての意思決定を鈍らせ、顧客やパートナー、社会への情報発信を遅らせます。お役所仕事は、情報伝達の悪いヒエラルキーを生み出すのです。多くの日本の大企業は、ヒエラルキーがもたらす悪魔に憑りつかれています。しかし、そうでない企業も例外的に存在します。

社長と新人が対話する信越化学

約2兆円の売上高で7000億円の営業利益を上げる信越化学を知ると、筆者自身のコンサルタントとしての存在に意味がないのではないか、と感じてしまいます。素朴で実直な経営を進め、成熟業界の超一流企業となった会社です。

アカデミアの学者が提唱する様々なフレームワークやコンセプト、手法やツールも信越化学にとっては何の役にも立たない、そんな感じを持ちます。信越化学は次の5つを大切にしています。

・最初からリストラされた会社になる
・現場に責任を委譲する
・ヒエラルキーがない
・顧客から離れない
・研修は真剣勝負

「最初からリストラされた会社になる」というのは、会社にとって本当に必要な仕事は何かを定め、その仕

事に必要な最少の人材だけを雇用するということです。少数精鋭を貫くということです。

新卒の社員を一定数、採用する、業績が良ければ採用数を増やす、業績が悪化すれば採用を抑制する、業界他社の様子を見て足並みを揃える、などという放漫な経営を信越化学は許さない、ということです。これは今、流行するジョブ型雇用の神髄とも言えます。そのようにしていればリストラの余地はないのです。

『日本経済新聞』（2021年8月31日付朝刊）に信越化学と他の大手化学会社の生産性の比較が載っていました。売上高販管比率は約3分の1、社員一人あたりの営業利益は約7倍でした。

逆に大量のリストラを繰り返す会社は、常時、必要がない人材を抱えているということになります。信越化学の米国事業を支える塩化ビニールを製造・販売するシンテックは、米国13位の中堅企業から世界1位の会社に成長しますが、営業人員はわずか10名と言われています。法則2で紹介したヒューリックも超・少数精鋭の会社として有名ですが、そのような会社はまれにしか存在しません。

「現場に責任を委譲する」というスローガンを掲げる会社も数多く存在しますが、それを実践できる会社は多くはありません。実践する会社が少ないのは、その目的が真剣に共有されていないからです。短期的、財務的業績を重視する場合、現場に責任委譲する意味はありません。中央集権的に財務統制をすればよく、現場が自発的に考え、行動する意味はありません。現場に責任を委譲する目的は、イノベーションと生産性の向上を通じて成長するということにつきます。

信越化学は、職責のヒエラルキーが上意下達の悪いヒエラルキーにならないように努力しているのだと思います。この会社が大切にするのは「成長」「税金の支払い」そして「雇用」となっています。なかでも一番重要なのは、成長です。成長がなければ利益率は下がり、納税額も減り、雇用も確保できません。信越化学は利益率でなく、利益額の成長にこだわります。

イノベーション、そしてその土台になる社員のモチベーションは、経営者が判断し、決断し、命令して実現できるものではありません。現場にお願いするしかないのです。ですから責任と権限を委譲するしかない、このことを信越化学は理解しているのだと思います。計画は現場でつくる、本社スタッフがつくる中期経営計画は信越化学工業では存在しません。

このことは欧米企業では普通ですが、多くの日本企業ではIQの高い人材を集めた経営企画室があり、彼らが精密な経営計画を策定するという慣行が残っています。20世紀におけるGEの繁栄を築いたジャック・ウェルチは就任翌年の1982年に、200名のエリートを擁していた経営企画室を解体します。このことがその後のGEの成長につながったことは、あまり知られていません。

1990年代の企業改革のなかで他の多くの欧米企業も追随します。しかし、それから40年が経っても、経営企画室がなく中期経営計画がない日本企業は珍しいと思います。信越化学は数少ない例外です。もう一つ、例外があります。トヨタ自動車です。

「ヒエラルキーがない」とは、経営者と社員のコミュニケーションが階層を超えて行われるということです。ヒエラルキーのある会社では、経営の決定を本社スタッフが詳細化し、ラインの本部長、部長、課長、社員という流れで伝わります。現場の思い、アイデアはこの流れと逆に階層を通じて上がっていきます。組織的な伝言ゲームが進行します。

伝言ゲームとは、大勢の人々に順番にメッセージの伝達を依頼すると内容の不正確さが次第に増し、最終的にはまったく異なるメッセージが伝わっていくことを面白く体験するゲームです。「ヒエラルキーがない」とは、必要な情報の伝達、フィードバックの収集が必要な人同士で行われるということです。信越化学では重要な意思決定は経営者だけで決めるのでなく、その決定に関わる情報と知見を持っている人材と経営者が直接コミュニケートすると言われます。

グーグルの元CEO、エリック・シュミット氏が語った「どうでもよいことは経営会議で相談する。会社にとって重要な判断を経営会議メンバーだけで行えば絶対に間違える。社内で誰がこの問題に本当に詳しいのかを調べ、彼ら彼女らに相談する」というのです。そのためには、経営者が社内のキーパーソンを知っているということが重要です。信越化学ではその条件が整っているということです。

「顧客から離れない」というのも、実行が難しいテーマです。この点については法則7で詳しく説明します。信越化学では顧客から離れないことを愚直に遂行します。顧客と永遠の友人になる、長く、深く顧客と付き合う。顧客のプライバシーの世界に入りこんでいきます。営業はずっと営業にとどまり、同じ顧客と関係を深めるということです。ローテーションと称して担当がくるくる変わる会社は、顧客から離れることを意志を持って組織的に推進していることになります。信越化学ではそのような愚策は行われません。

人を育てるということは、言うは易く行うは難し、の典型です。研修はあまり行われません。ただし、行う場合は真剣勝負です。部長級の幹部研修では、参加する部長は全員がテーマを持ち、研修を通じて問題を解決することを求められます。テーマのない部長、質問のない部長は研修に参加する資格がないということになります。

経営者は研修に講師として参加します。新入社員の入社式も信越化学工業では研修の場になっています。新入社員は全員、質問を用意し、式にのぞみます。人材育成に研修の果たす余地は少ない、せいぜい10％くらいというのは、第I部第1章で紹介したマッキンゼーの『ウォー・フォー・タレント』での調査結果です。それはほとんどの研修が参加するだけの研修になり、参加者の積極的な学習意欲が存在しないからだと思います。牛や羊を水飲み場まで連れていくことはできるが、飲んでくれるか否かは彼ら、彼女らの意志であり、無理に飲んでもらうことはできない、ということです。

「研修は真剣勝負、研修でおかしなことを言えば、首が飛ぶ」。大げさな話ですが、ジャック・ウェルチ氏が率いた繁栄の時代にGEの経営幹部から聞いたことです。研修の講師もGEの社員。研修の講師に呼ばれない幹部は首の心配をする、とも言われました。P&Gでも同じような話を聞きました。

GEやP&Gほど過激ではないかもしれませんが、トヨタ自動車でも研修の講師は社内の幹部が務めるという話です。以前、インドにあるトヨタ自動車の工場を訪ねた際、人事室の部屋に部長級幹部の研修の講師力のランキング表が貼られていて、びっくりした記憶があります。

ソニーでは新規事業立ち上げのノウハウをソニー社内だけでなく、社外にも伝える研修プログラムを始めています。70年以上の歴史を持つ伝統企業、という基準を満たさないため、本書では対象企業に含めなかったリクルートでも、リクルート社員による自発的な社内研修が活発に行われています。

研修が真剣勝負になれば、講師も自分の講師力の課題を知ることができます。参加者からの質問や反論を通じて、それまで気づかなかった課題を知ることができます。私の知り合いで誰もがその名を知る米国の伝説的な企業のCEOから聞いた話は驚く内容でした。彼のスケジュールの過半は、社内での中堅幹部向けの研修講師で占められているとのことです。彼にとっては最高の学びの場であり、第一線のキーパーソンを知る絶好の機会だそうです。そして重要な判断には、それらのキーパーソンの意見やアイデアを取り入れるそうです。トヨタ自動車の「教え、教えられる」という言葉を思い出しました。

社長と400人の課長が対話する伊藤忠

繊維ビジネス中心の古い大阪の商社というイメージを払拭し、総合商社ナンバーワンに躍り出た伊藤忠もヒエラルキーが薄い会社です。

売上高は20兆円台、しかし利益率は数%、それが1990年代の伊藤忠商事でした。資源の権益を押さえている三菱商事、三井物産にはとてもかなわない万年4位の会社でした。その伊藤忠がどうして商社業界ナンバーワンの企業になったのでしょうか。ダイキン工業やコマツと同様、いち早く中国市場の発展を見抜いたことが一つの理由だと思います。

その先陣を切ったのは、1998年から2004年までの6年間、社長を務めた丹羽宇一郎氏です。今日では中国は伊藤忠にとって重要な市場で、社員の30%は中国語の研修を受け、中国のパートナーや顧客との関係を深めています。信越化学が顧客とのビジネスを超えた熱い関係を築くことを大切にしたのと同じ発想です。社会に溶けこむことは鉄則で会話力は必須ですが、多くの企業では中国語の学習は社員の裁量に任せています。

伊藤忠の発展のもう一つの突破口は、生活産業への進出です。丹羽氏は社長になる前は海外事業の開発と生活産業カンパニーを管掌されていましたので、社長として強いリーダーシップを発揮されたと想像します。総合商社の組織図を見ると商品や機能での分担が中心で、ユーザー起点の生活産業という、多くの商品や機能を統合する切り口は、非常にユニークなものです。

丹羽氏の後継者となったのは小林栄三氏です。小林氏はIT事業の経験が長く、伊藤忠がITカンパニーを目指すための原動力になった社長ですが、デジタルからは連想できない、ＥＱの大切さを強く意識された経営者です。ソニーの復活に貢献した平井一夫氏は、その著書『ソニー再生』（日本経済新聞出版）のなかで経営者がＥＱの資質を持つことの重要性を繰り返し述べています。小林氏もＥＱの大切さを認識している経営者だと思います。『プレジデント』（２００７年9月17日号）に以下のようなインタビューがあります。

「社長になると1対1で若い社員と話す機会というのはそう多くありません。社長に就任したときに私が一番危惧したのは社員から遠い存在になることです。社員の目の表情が見えないような遠い存在になったら現場の臨場感は失われます。現場の臨場感なしに、適格な経営判断はできません」

「そこで就任時に私は様々なカンパニーの若い社員に会って直接話をする機会を作ろうと思い、４００名の社員に会うことを宣言しました。……（中略）……社内では常々、『愛情を持て。愛情の反対語は無関心です』と言ってます」。小林氏はテルモの和地氏やダイキン工業の井上氏と同じ発想を持たれています。

小林氏の後を２０１０年に継いだのは岡藤正広氏です。大阪をベースに一貫して繊維の営業に関わり、海外での勤務経験はゼロという異色の経歴です。岡藤氏もまた、組織を動かすための鉄則を深く理解していると言えます。

どんな社長も経営の方向や将来のビジョンを語ります。しかし、ビジョンを実現するための具体的な目標、挑戦的ですが達成不可能ではない成果目標を明確に示す社長は少ないです。伊藤忠は万年4位から下剋上を目指す、といっても具体的な成果目標は曖昧でした。

岡藤氏は三つの成果目標を明確に示します。まずは4位でなく3位になる。次に非資源の事業で1位になる。その次に総合で1位になる、という順番です。このアプローチは、ＯＫＲと今日呼ばれる野心的な目標管理の手法と同根です。野心的な目標を描くのは難しくありませんが、具体的な成果目標を定義するには想像力とセンスが必要です。

岡藤氏は全社的な目標管理の推進と同時に社員の生産性に着眼します。無駄な仕事の削減と効率の悪い仕事の仕方の改善に取り組みます。例えば、流行するフレックスタイム制の意義や生産性への効果、課題をこだわって考える、などの一見小さな細部にこだわる経営を続けるのです。「神は細部に宿る」と言われますが、岡藤氏はそのことを認識しているのだと思います。２０２１年には資源安で三菱商事や三井物産の業績が低迷したこともあり、念願の下剋上を実現します。

伊藤忠の20年間を振り返ると経営者のバトンタッチが絶妙に行われたことが感じられます。丹羽氏、小林氏、岡藤氏という、それぞれ経験も個性も異なる経営者が適切なタイミングでトップに立つ、というストーリー性を感じるのです。

「経営の正解はすべて社員が知っている」と信じたソニーの平井前CEO

『経営の正解はすべて社員が知っている』は、Ｊリーグ清水エスパルスの社長である山室晋也氏がポプラ社から出版した本のタイトルです。山室氏はみずほ銀行の支店長を経て、プロ野球の千葉ロッテマリーンズの社長を務めた人物です。低迷する支店を立て直し、赤字球団と言われたロッテを再生しました。山室氏は第一線の社員の声を聞き、それを活かすことで会社を復活させてきました。

ソニーの前ＣＥＯである平井一夫氏も『ソニー再生』で山室氏とまったく同様の発言をしています。平井氏はソニー時代に三つの事業再生に取り組み、成功させています。米国のミュージック事業の立て直し、プレイステーション事業の立て直し、そして最後の三つ目はソニーの再生でした。

すべての再生で共通に実行したのは、現場の社員と会話し、社員からアイデアをもらうという地道な作業でした。社員の悩みを何度も聞くうちに自分はセラピスト（心理療法士）ではないか、と思ったほど熱心に対話をされていたようです。平井氏のアプローチは、法則1で紹介したテルモの和地氏も同様に行っていた取り組みです。

経営の正解はすべて社員が知っているというのは、日本企業だけではないようです。米国ではバンク・オブ・アメリカの劇的な再生が話題になりました。２００８年のリーマンショックの影響でバンク・オブ・アメリカの時価総額は1兆円まで落ち込み、会社の存続も危ぶまれましたが、その10年後の２０１８年の時価総額は35兆円にまで復活しています。この劇的な復活を導いたのは、第一線の社員の問題意識やアイデアをシステマチックに吸い上げ、活用する仕組みにあったと言われています。

経営が低迷する会社の再生支援の仕事をしている米国人の私の友人がいます。非常に大きな成果を上げています。何が再生の鉄則なのかを聞くと、シンプルな答えが返ってきました。それは第一線の社員が持つ会社の機会、脅威に対する問題意識をＣＥＯに直接伝えることができるように現場のマネジャーを再教育し、ＣＥＯがそれが妥当なものかを判断し、実行するためのプログラムを導入することだ、と言っていました。同時に低迷する会社にはお役所仕事が多く、これを除去することも重要な鉄則であると述べています。

副社長、専務、常務がいなくなったトヨタ自動車

数年前のことですが、トヨタ自動車は身分のヒエラルキーを抜本的に改革し、話題になりました。欧米企業では職責のヒエラルキーがあります。日本企業ではこれに加え、社長、副社長、専務、常務、部長、課長、

係長といった役位のヒエラルキーが存在します。役位のヒエラルキーは身分のヒエラルキーに変身し、情報伝達の冗長なヒエラルキーを生み出す可能性があります。

トヨタ自動車は副社長、専務、常務という三つの役位を廃止し、部長職を含む幹部職（約２３００人の社員）という役職に統合しました。非常に大胆な変更で話題になりましたが、私が知る限り、他の日本企業で追随するケースがありません（２０２２年４月から３人の副社長が復活しましたが、専務、常務は存在しません）。

トヨタ自動車には「トップダウンとは上位者が上から指示するのでなく、トップが現場に下りていくこと」という認識があるので、このようなアクションも可能なのだと思いますが、多くの企業は情報伝達のヒエラルキーとお役所仕事に苦しんでいます。

第2章 戦略よりも実行

2015年、私が所属するコーン・フェリーの源流にあるヘイグループは経営者を対象に、「経営者が果たす重要な役割は何か?」というテーマで大がかりな調査を全世界で実施しました。回答の結果を見て印象的だったのは、**海外の企業では「Focus on Execution（実行）」との回答が最も多く、日本企業で最上位の回答は「Decision Making（意思決定）」で、「Focus on Execution」はランキング外だったことです**（図表10）。日本企業の経営者の多くは自らの役割を「判断」と「決断」「リーダーシップ」と定め、「実行」は責任外と捉えていたということです。

これに関連して、ある企業の経営幹部の方からうかがった話ですが、日本企業の経営レベルのPDCAはPlan（計画）、Do（実行）、Check（評価）、Action（改善）ではなく、Plan（計画）、Delay（遅延）、Cancel（撤回）、Apologize（謝罪）になっていることが多いということでした。

法則4――トップダウンの戦略経営（ポートフォリオマネジメント）をしない

「戦略」というテーマについて書かれた論文、本、雑誌記事の歴史を振り返ると、MITやハーバード大学

図表10｜経営者の重要な役割

コーンフェリーの源流の会社の一つであるヘイグループは2015年、世界の企業経営者、幹部社員への大規模なインタビューとアンケート調査を実施しました。テーマは経営者が果たす重要な役割は何か、というものでした。欧米企業では実行と外部志向が１、２位でしたが、日本では意思決定が１位になっていました。日本企業の経営者は外でなく中を見ているという傾向が読み取れました

欧米の優良企業		日本企業	
1	Focus on Execution	1	Decision Making
2	Focusing on customers and other external stakeholders	2	Global Leadership
3	Decision Making	3	Being a strong dominant leader
4	Teamwork	4	Planning and organizing
5	Managing complexity	5	Teamwork
6	Technical Competence and expertise	6	Leading effective senior teams

で教鞭をとったアルフレッド・チャンドラーが著した『組織は戦略に従う』（ダイヤモンド社）が嚆矢であったと思います。ピーター・ドラッカー氏は幅広い分野で奥深い思索をめぐらせた偉人ですが、戦略についての特徴的な論考は見つかりません。ドラッカー氏は企業経営における戦略の意義をあまり評価していなかったのかもしれません。

松下幸之助氏も企業経営にとって重要な要素は50％が経営理念の確立、30％が社員の個性の発揮、残りの20％が戦略・戦術と語っていました（木野親之『松下幸之助に学ぶ指導者の三六五日』コスモ教育出版）。戦術は好きなようにやったらいいと言っています。この時代は戦略や戦術は経営者の主要な役割ではないと考えられていたのだと思います。

50年前に生まれ寿命を終えた古典理論

しかし、１９７０年代になると戦略ブームが起きます。企業が多角化し、大規模化し、経営者も効率

的な経営を進めるために戦略という言葉に関心を持ち始めたのだと思います。

戦略を考えるフレームワークを提供した最初の人物は、1963年にボストン・コンサルティング・グループを創業したブルース・ヘンダーソン氏であったと思います。ヘンダーソン氏は、多角化した大企業において自社の経営資源をどのような基準で配分するか、どの事業に投資すれば一番儲かるのか、という設問に取り組みます。ヘンダーソン氏は、戦略を経営資源の効率的な配分と定義し、その指針になる4象限のマトリクスを提唱します。「自社の強み」「市場の将来性」という二つの軸を設定し、その高低で事業を4つの種類に区分けするフレームワークです。

- ・スター：自社に強みがあり、かつ将来性のある事業
- ・負け犬：自社の強みも将来性もない事業
- ・キャッシュ・カウ：将来性はないが、自社の強みはある事業
- ・金食い虫：将来性はあるが、自社の強みはない事業

この考え方は1970年代に世界の多くの企業に受け入れられ、一世を風靡しました。そして彼が創業したボストン・コンサルティング・グループも世界的なコンサルティング会社に発展します。彼の考えをまとめた *Henderson on Corporate Strategy* という本が1979年に出版されています（邦訳『経営戦略の革新』ダイヤモンド社）。

もう一人の重要人物は、ハーバード・ビジネススクールのマイケル・ポーター教授です。彼が1980年に著した『競争の戦略』（ダイヤモンド社）も大きなインパクトを与えます。彼は事業間の経営資源の配分では

なく、個々の事業の戦略を考えるうえで競争優位を実現するには経営資源をどのような企業能力の強化に使えば効率が良いのかを考え、三つの重要な視点を提唱しています。

・コスト・リーダーシップ：業界で最も低コストの事業運営体質の確立で優位性を保つ
・差異化：自社製品、サービスの際立った特性で優位性を持つ
・集中：市場をセグメント化し、狭いセグメントで優位性を保つ

日本でも戦略に関するオピニオン・リーダーが生まれます。日立製作所の原子炉の設計技師からマッキンゼーに転じた大前研一氏です。大前氏は事業全体でなく、事業を構成する個々の製品に焦点を当て、製品・市場戦略を策定するフレームワークを開発します。顧客（Customer）、競争（Competition）、自社（Company）の三つの関係性のなかで戦略を構想する視点を提供し、多くの日本企業に影響を与えました。成功の鍵（Key Factor for Success）は何かを考え、そこに経営資源を投入することでの効率を追求したのです。

１９７０年代においては、戦略を策定する前提となる事業環境、業界の構造や今でいうビジネスモデルも成熟し、安定し、大きく変わるものではありませんでした。**しかし、20世紀の終焉とともに企業経営における戦略の重要性は後退していきます。その理由は、第Ⅰ部で述べたビジネス環境の複雑化と変化のスピードの速さです。21世紀の経営においては、トップダウンの経営資源の効率配分を進める戦略経営はその寿命を終えました。**

しかしながら、日本の多くの企業では、寿命を終えたはずの戦略経営が21世紀になってもそのまま残っていました。「選択と集中」という言葉が、ビジネス界で大手を振るってきました。これは日本だけに存在す

る言葉です。以前、日立製作所の再建に大きな貢献をされた川村隆氏が、１９８０年代のジャック・ウェルチ時代のＧＥの事業ポートフォリオの大胆な組み替えについて、「自分は違和感を持っていたが、それは間違いであり、日立の経営も改めなければいけない」という趣旨の発言をされています（「私の履歴書」『日本経済新聞』２０１５年5月16日付朝刊）。

ジャック・ウェルチ氏のアプローチは、１９８０年代においては正しいものでした。しかし、21世紀のＧＥは長期的な低迷から脱却することができずにいます。それにもかかわらず、多くの日本企業の経営者が語るビジョンは将来、どんな事業を強化するのか、というメッセージが中心になっています。事業ポートフォリオの発想から脱却できていないのです。

ポートフォリオをどのように組み替えるのか、どの事業に重点投資するのか、などというメッセージは、プロ投資家にとっては意味があっても世の中に発信する意味はありません。このような乾いたメッセージは誰も感動させません。会社が重視しないと言っている事業の顧客はどう思うでしょうか。どんな事業にも顧客がいて、それに関わる社員がいるのです。ある経営者は退任した後、そのことに心を配らなかった自分の感覚は麻痺していたと語っていました。

第Ⅰ部第1章でルイス・ガースナー氏によるＩＢＭ再生の物語を紹介しました。ガースナー氏は既存事業の選択と集中はしませんでした。その代わりに、技術と製品を売るＩＢＭをグローバルなＩＴソリューションサービスを提供する会社にするというビジョンで、ＩＢＭの持てる総合力を活かす道を選んだのです。ガースナー氏はマッキンゼーのコンサルタントとしてキャリアを始めた人でしたが、戦略ではなく、ビジョンを実現するための組織ケイパビリティを創った人でした。

50年前に生まれたポートフォリオマネジメントを使って、経営主導で事業の格付けをし、経営資源を配分するやり方、ひたすら効率を追求するアプローチは、多くの日本企業から事業部門の主体性を奪っていきました。事業部門は経営資源配分の基準となる財務的指標の達成に汲々とすることになります。短期的に成果が期待できない事業、商品、技術や人材は切り捨てられていきます。知識や知恵の多様性が失われていきます。その結果は、イノベーションと成長の停止です。

経営者がなすべきことは、成長への骨太のテーマを掲げること、そしてその実現に向けて事業の第一線の戦闘力を高めることです。松下幸之助氏が言われたとおり、戦略や戦術は現場に任せることが企業成長の重要な条件です。前置きが長くなりましたが、本章ではそのような企業の姿を紹介していきます。

中国市場へのビジョンで先陣を切ったダイキン工業

1990年代、ダイキン工業は国内の事業の低迷に苦しんでいました。ダイキン工業には業務用エアコン、オフィスビルに導入するセントラルエアコン、家庭用のルームエアコンの三つの事業がありました。セントラルエアコンはゼネコンとの付き合いで続けているが赤字が継続、ルームエアコンも家電メーカーとの競争で苦戦を強いられていました。

ここでヘンダーソン氏の4象限のポートフォリオ戦略のアプローチを適用すれば、日本一のシェアを持つ業務用エアコンに集中し、負け犬であるセントラルエアコンとルームエアコンからは撤退するという結論になると思います。そしてマイケル・ポーター氏の競争の戦略の視点を活用すると、業務用エアコンで規模の経済を実現し、コスト・リーダーシップを発揮するという戦略になったと思います。

しかし、ダイキン工業は選択と集中はしませんでした。空調三本柱というスローガンを発信し、どの事業も強化するという方針を打ち出します。ダイキン工業が選択と集中をしなかったのは、グローバル化の時代を想像したからです。そして、グローバル化を想像したのは、成長への強い渇望があったからだと思います。日本の市場は成熟する、しかし、世界には大きな市場が拓かれていく。その市場を開拓するには幅広い商品群とそれを支える技術とノウハウが必要だと考えたのです。1990年代にグローバル化を意識した会社は、ダイキン工業の他はトヨタ自動車、コマツ、テルモと中外製薬でした。

井上礼之氏の『「基軸は人」を貫いて』（日本経済新聞出版）から引用します。

「日本の空調は成熟市場ですし、日本は大不況でもありました。企業の成長を目指すのなら海外に出る以外にありません。その意味でも空調三本柱のノウハウを国内でしっかり蓄積しておく必要がありました。国内にノウハウがないのに海外に移転することはとても無理です。しかも近い将来、空調機器の保守、メンテナンスやサービスで利益を上げる時代が来るとにらんでいました」

ダイキン工業は、中国の将来性を早期に直感した企業でもあります。「中国は世界の強豪が同じ条件で戦う厳しい市場、日本のような同質な市場でなく、多様な人々が存在する市場」という認識を固め、この中国市場で勝てばグローバル企業への道が開かれるというビジョンの実現に乾坤一擲の勝負を挑んでいきます。そして、中国では徹底的な顧客起点で需要を創造していきます。この点については、法則7で説明します。

野村総合研究所：ITソリューションカンパニーになるビジョンと戦闘力で時価総額2・5兆円の会社に

絶望の淵から蘇った野村グループの話をします。野村グループという名称はありません。正確には野村ホールディングス、野村不動産ホールディングス、および野村総合研究所の三つの上場会社が存在しています。

野村ホールディングスの2022年3月期の業績は売上高1兆5939億円、税引前利益2266億円、時価総額1兆7018億円です。野村不動産ホールディングスは売上高6450億円、営業利益912億円、時価総額5230億円です。野村総合研究所は売上高6116億円、営業利益1062億円、時価総額2兆4275億円です。3社の時価総額を合計すると4兆6523億円となり、みずほフィナンシャルグループの3兆8723億円を上回る水準に達しています。野村総合研究所の時価総額が野村證券の時価総額を上回るというのは、衝撃的なことです。

しかし、時計の針を1997年に巻き戻すと、野村證券は壊滅的な危機に直面していました。総会屋という特殊株主に対して利益を供与していたことが発覚し、社長が逮捕、起訴、有罪になり、経営陣が総退陣する前代未聞の企業不祥事でした。

第一勧業銀行でも同様な事件が起こり、当時の頭取が自死されるという悲しい出来事がありましたが、野村證券ではすべての経営者が突然いなくなるという日本産業史でも前例がない事態でした。今、経営者にとって怖い存在は物言う株主ですが、1990年代までは総会屋でした。彼らを怒らせると株主総会が紛糾し、社長の首も飛んでしまうパワーを持っていたのです。

しかし、総会屋は、社員の首を飛ばすことはできません。野村證券の一人ひとりの社員のエネルギーは消滅せず、逆に燃え盛っていきます。野村證券にはキープ・ヤング・ポリシーというものがありました。入社20年で今の執行役員に相当する取締役になる、惜しくも選に漏れた社員は子会社に転出し、新しい挑戦をするというものです。今の野村グループを支えているのはソニーと同様、1990年代には存在感がなかった新規事業の成長でした。このことは大和証券、旧日興証券との決定的な違いです。

その違いは、一人ひとりの社員の戦闘力であったと思います。私が営業部で働いていたときのことです。普通の会社であれば、部長や支店長は本部から下達される目標を何とか穏やかにするため、あの手この手を繰り出すのですが、野村證券の部長や支店長は本部からの目標、ノルマを無視し、日本一の支店になるためのノルマを自部署に課すという具合です。本部からの目標を勝手に押し上げていくという雰囲気でした。尻ぬぐいする現場で目標を追う部下も大変でしたが、血気さかんな部下も少なくなかったです。

企画室で仕事をしていたときのことです。企画室には毎日、総会屋が来るのですが、総会屋よりも厳つい風体の社員がたくさんいて、誰が社員で誰が総会屋なのかの区別に苦労した記憶があります。ですから前掲の不祥事も、経営者が総会屋に恐れをなしたのでなく、面倒なので少し袖の下に手を入れ、適当にあしらってしまったということだと想像しています。

一人ひとりの社員の戦闘力の違いと書きましたが、同じことが1970年代にも言われていたことを思い出しました。金融の自由化はまだ始まっておらず、大蔵省(現財務省)による護送船団方式がとられていたので、銀行や証券会社が独自の戦略を打ち出すことは認められていませんでした。すべての金融機関が同じ商品を同じ価格、金利と手数料で売っていたのです。

それでも会社の業績には大きな違いが生まれます。銀行では住友銀行、証券では野村證券が格段の業績を上げていきます。そしてその理由として社員の戦闘力の違いがあると言われていたのです。

その後、1980〜90年代には社員の戦闘力でなく、戦略的差異化が業績の違いを生む時代に入ります。しかし、既に書いたように戦略経営は20世紀に終わり、戦略のコモディティ化が進んでいます。どの会社も同じフレームワーク、同じ手法で戦略をつくる結果、どの会社の戦略も同じになっているのです。

戦略で差をつけることができないのであれば、勝負は社員の戦闘力、社員が考える戦術力によって決することになります。ダイキン工業の井上氏の言葉を用いれば、戦闘力は実行力と言い換えてもよいと思います。

野村グループは2000年代に入ると新事業の育成に邁進していきます。一つは、野村総合研究所をITソリューションカンパニーに変身させたことです。そのような挑戦に取り組み大規模に成長した日本のコンサルティング会社は、野村総合研究所だけです。野村総合研究所は前述のように1980年代にはシンクタンクとコンピュータの融合に取り組んでいましたが、それが2000年代に花開いていくのです。

ソニー：事業を捨てずしぶとく続ける

一世を風靡したソニーのパソコン事業VAIOは、2014年に消滅します。しかし、ソニーのVAIOはなくなっても事業はしぶとく生き残ります。日本産業パートナーズの出資を受け、長野県に拠点を移しVAIO株式会社として事業を継続しています。「仕事の生産性を高めるパソコンは何か」を自問自答し、業務用パソコンの分野を切り拓いていきます。法人向けのパソコンでは圧倒的な首位を行くパナソニックのレッツノートの後を追うという戦略です。

その後7年が経過し、社員数は1100人から200人になり、事業規模は格段に小さくなりますが、VAIO株式会社は売上高245億円、営業利益20億円という健全な業績を上げています。もはやソニーの会社とは言えない存在ですが、ソニーから転身した社員が苦闘し、諦めずに事業に取り組んだ証しであると思います。

ソニーは「選択と集中」をしたのでしょうか。確かにいくつかの事業からは撤退しました。テレビは汎用的な機種から撤退し、量を追うビジネスモデルをやめ、圧倒的な質（ガオン、画像と音）を提供し、健全な収益を追求します。リチウムイオン電池事業は、村田製作所に引き継いでもらいます。ニューヨークのマディソン街にある有名な本社ビル、ソニー・タワー（現 550 Madison）も売却します。

しかし、物言う株主である米国のサード・ポイントからのゲームやエンタメ事業の分割を含む選択と集中の提案に対しては、毅然として却下します。当事者であった経営陣の苦労は大変なことであったと思います。

ソニーのCEOを退任した平井一夫氏の『ソニー再生』は、以下のような書き出しで始まっています。

「『どうやってソニーを復活させたんですか？』。経営トップを退いてから3年ほどが経ちましたが、今でもこんな質問をよく受けます。事業の『選択と集中』や商品戦略の見直し、あるいはコスト構造の改革……メディアでは様々な分析がされています。いずれも間違いではないのですが、核心はそこではないと私は考えています。**自信を喪失し、実力を発揮できなくなった社員達の心の奥底に隠された『情熱のマグマ』を解き放ち、チームとしての力を最大限に引き出すこと。**ある意味でリーダーの基本ともいえるようなことを愚直にやり通してきたことが組織の再生につながったと実感しています」

平井氏の本には、問題を抱えた個々の事業への改革的な取り組みは語られますが、事業ポートフォリオのあり方に関する言及はどこにもありません。平井氏のキャリアは、日本企業の経営者には珍しい海外での勤務が中心になっています。おそらく古い経営理論ではなく、世界のビジネスの新しい潮流を肌で感じておられたのだと思います。

伊藤忠：「選択と集中」でなく、マーケット・インの発想を重視する

伊藤忠の岡藤正弘会長は、財閥系商社を「政商（政府の御用商売）」、伊藤忠を「行商」と呼びます。天秤棒を担いだ行商は、今ある商品を売るだけでなく、売った先で頼まれた商品を仕入れ、次の行商で売っていきますが、岡藤氏はこれをマーケット・インの精神と称します。そして「選択と集中」を否定します。

「マーケット・インを実現しようとすると、総合商社が『選択と集中』をしてはダメやと思います。メーカーと違って技術革新をするわけじゃないし、一つの分野に集中して投資する必要もない。逆にいろんな業界で商機を見つけていくためには、繊維でも、食料でも、幅広く張っておかないと。当たるかどうかはわからんけど、一生懸命やっていくわけです。……（中略）……だから伊藤忠は、一つのビジネスの規模を追求するより、幅広く魅力あるビジネスをいくつも育てて、安定した利益を出していきます」（「伊藤忠はこうして財閥に勝った」『文藝春秋』2021年9月号）

伊藤忠は製造業ではありません。では、製造業では選択と集中は必要なのか。私は三菱重工業が1980～90年代前半に追求した「全製品黒字化」という企業経営の形を思い起こします。飯田庸太郎、相川賢太郎の二人の社長が主導した取り組みです。700種類以上の自社製品のすべての性能、寿命、価格、アフターサービスなどを様々な項目で分析し、競争相手の会社に勝る全製品一流化を実現する、その結果、全製品が黒字化するということです。

第Ⅱ部第1章で紹介したサムスン電子による三菱重工業に関する調査依頼はその秘訣を知りたいというも

のでしたが、製造業でも「選択と集中」をせず、高い業績を上げた企業はあるのです。

ある経営者は「選択と集中」にはリスクがあると言います。集中は経営者の決断と権限で行うことができるが、選択は難しい、選択にはセンスが必要だと言うのです。ほとんどの選択は間違える、なぜなら多くの経営者、それを支える企画スタッフにはセンスがないからだと述べています。この問題については第Ⅲ部第4章で解説します。

信越化学：事業部門の判断と裁量に委ねる

信越化学については、法則3で既に紹介しています。そのなかで「最初からリストラされた会社になる」という言葉を紹介しました。そして同じ趣旨のメッセージを経営者が発信した米国の企業を思い起こします。鉄鋼業界のリーディングカンパニーであるニューコアです。２０２１年12月期の業績は売上高約4兆円、営業利益は約1兆円の水準に達しています。１９９０年代の前半は売上高約４０００億円でしたので、その後の30年間で10倍に成長したのです。48期連続増配という記録を維持しています。

この会社は、私たちがイメージする米国企業とは大きく異なります。ノースカロライナ州のシャーロットにある本社には、人がほとんどいません。会社運営の責任と権限は、事業の責任者、工場長に与えられています。今日でいうＤＥ＆Ｉに相当する人間尊重、平等の価値観を徹底し、現場での生産性の向上、イノベーションを重視します。工場長には直感を磨き、直感を信じよ、と伝えます。

そして彼らの努力に報いるインセンティブの仕組みが導入されています。インセンティブは工場長だけでなく、工場で働くすべての社員に適用されます。本社のスタッフが主導するトップダウンの戦略経営とは無縁の会社です。工場の創意工夫を尊重しますので、部門間の業務の重複や利害対立の非効率が発生しますが、それは仕方ないということで許容します。経営者の報酬が上場企業のなかで最低ランクであることを自慢する会社です。

短期の投資成果を求める投資家には異論を唱えます。短期業績でなく長期的な成長を第一に掲げます。事業の成功の要因は二つ、70％が企業文化、30％はテクノロジーと言い放ちます。プロ投資家ではなく、個人の株主を大切にし、長期にわたって安定的な配当を継続するのです。そして今日では、鋼板、棒鋼から加工品までを製造・販売する米国最大の鉄鋼メーカーに成長しています。

時価総額は約4兆円です。往年の鉄鋼業界の雄であったUSスチールの時価総額は約6000億円ですので、その4倍の水準です。興味深いのはCEOの報酬です。ニューコアのCEOの現金報酬は約1億円で、株式報酬も米国の大企業としてはささやかな水準です。

業種は異なりますが、信越化学はこのニューコアに瓜二つの会社に見えます。トップダウンの戦略経営を排除し、事業部門の判断と裁量に委ねる姿勢が強く感じられます。意味のない仕事、意味のないポスト、意味のない人材は最初から存在しない、だから本社主導のリストラや構造改革は必要のないと言える会社は、日本だけでなく海外にも存在するのです。事業部門がイノベーションと生産性の向上に責任を持ち、本当にモチベートされれば、無駄なポストや仕事は自然になくなるのです。

戦略はコモディティになった

法則4では「選択と集中」という言葉に象徴されるトップダウンの戦略経営の誤りを述べてきました。

『世界のエリートはなぜ「美意識」を鍛えるのか？』（光文社）という本で有名な山口周氏が講演で面白い話をされたのを記憶しています。山口氏は私の同僚でもあった人です。

２０００年代の後半、日本のエレクトロニクスメーカー8社が携帯電話の開発にしのぎを削っていました。大量の消費者調査、競合企業の調査、多種多様な分析と戦略の立案に大勢の社員の時間が投入され、戦略を策定するコンサルティング会社も多数、参加していました。そして8社が発表した新商品はよほど注意しないとほとんど区別できないものになったことをスライドに投影し、語っていました。

そして次のスライドでアップルのiPhoneが登場します。iPhoneは調査と戦略から生まれた商品ではなく、スティーブ・ジョブズ氏の美意識から生まれた商品であることが一目瞭然でした。

戦略を策定するフレームワーク、手法、ノウハウはほぼ標準化されています。そのような手法を使って策定される戦略はほとんど同じになる、これが戦略のコモディティ化の意味です。

山口周氏が紹介した携帯電話の話は、２０００年代後半の出来事です。それから15年ほどが経過していますが、戦略のコモディティ化は今も続いています。ほとんどの企業が発信するメッセージにＳＤＧｓ、ＥＳＧ、ＤＥ&ＩそしてＤＸという言葉が満載されていることは、皆が認識するところです。そしてその内容はほとんど同じです。違いは企業名だけ、というのが実態です。

そのようなメッセージを読むのはプロ投資家だけだと思います。顧客、社員、社会で普通に生活する市民に響く心がこもったメッセージを見つけることは、非常に難しくなっています。

法則5――精密な中期経営計画をつくらない

多くの日本企業は中期経営計画を作成しています。欧米企業に比べると日本企業の経営者の任期は比較的短いので、期間が3年程度の計画はなじみやすいのだと思います。しかし、1970年代の戦略ブームが始まるまでは、日本企業に長期経営計画はあっても中期経営計画はありませんでした。ジャック・ウェルチ氏がGEを率いた1980～90年代にも中期経営計画は存在しませんでした。10年の時間軸の長期構想はありましたが、計画といえば毎年の予算計画だけでした。米国企業で中期経営計画をつくる会社はほとんどありません。友人のアナリストからニューヨーク証券取引所のダウ平均を構成する会社30社のうち、中期経営計画をつくる会社は数社しかないと聞きました。私の実感に合っています。

日本企業で中期経営計画づくりが流行するようになったのは2000年代からです。その先駆けになったのは、日産自動車によるNRP（Nissan Revival Plan）と呼ばれた中期経営計画でした。日産自動車はその後、「日産180」と呼ばれる中期経営計画を発表し、この慣行は現在まで続いています。その後、中期経営計画は日産自動車だけでなく、不良債権処理や構造改革の進捗を説明するという意図で主に金融機関やプロ投資家を意識して作成され、多くの日本企業に伝播していきます。

近年ではコーポレートガバナンス・コードが、上場企業に持続的な成長と中期的な企業価値の向上を目指す中期経営計画の策定と中期経営目標を株主にコミットメントとして表明することを求めていることもあり、多くの日本企業が取り組んでいます。経営企画部は多大な労力をかけ、事業部門は経営トップが外部にコミットした経営目標の達成に奮闘するという状況になっているようです。

法則5では、中期経営計画への取り組みについて繁栄した企業の特徴を紹介します。共通点は「精密な」という形容詞がつかないということです。実行を重視していることです。また、中期とはいっても長期の視点で計画をつくっているということです。

1982年のGEの英断：経営企画室の廃止

ジャック・ウェルチ氏は1981年にGEのCEOに就任し、既に述べたように80年代にすさまじいリストラとM&Aを通じた事業ポートフォリオの改革を行います。これだけの改革を行うには、CEOを補佐する重厚な経営企画スタッフの存在が想像されます。事実、GEには、米国の一流大学、ビジネススクールを卒業した精鋭が集まっていました。200名くらいのスタッフがいたと言われます。

この経営企画室をジャック・ウェルチ氏は、就任翌年の1982年に解体します。経営企画室に代表されるコーポレートスタッフが法則3で述べた悪しき官僚制の温床になっているという判断でした。経営企画は経営そのもの、CEOとそれを補佐するCxOのチームで行う仕事であると考えたのです。ジャック・ウェルチ氏の1980年代の挑戦は、事業ポートフォリオの改革と官僚的な組織文化との闘いでした。経営企画室が経営と事業ラインの間に入ることを断固、拒否したのです。

これは1980年代に起きたこと、40年前の出来事ですが、欧米企業では経営企画室という存在は急速に消滅していきました。CEOを中心にCFOとCHROのチームで経営を企画するという体制が一般的です。このようなスリムな体制を持つ日本の会社は多くはありません。

トヨタ自動車：経営企画室と中期経営計画のない会社

トヨタ自動車はそのような数少ない会社の一例です。トヨタ自動車には以前、総合企画部という名称の部がありました。トヨタ自動車の事業ライン、地域ラインで別々につくっている企画の内容を総合化する、重複や漏れを修正することが任務でした。しかし、経営企画という名称はつけません。経営企画はトップチームの仕事であるという認識が明確に存在したのだと思います。現在、総合企画部もなくなっています。

トヨタ自動車には、美しく書かれた長期の事業ビジョンは存在しません。しかし、自分自身への檄文のようなものは存在します。豊田市にあるトヨタ自動車の事務本館ビルの受付フロアには、次のようなメッセージが書かれたプレートがありました。

START YOUR IMPOSSIBLE

「トヨタの歴史は、人間の持つ知恵と情熱でIMPOSSIBLEをPOSSIBLEにしてきた、まさに挑戦の歴史です。

今、自動車業界は100年に一度の大変革の時代を迎えています。

未来のモビリティ社会を今よりもっとよくしたいという志の実現の為に私達自身が『クルマとはこういうものだ』という常識を覆し、自分達が決めている限界を超えていかなければなりません。

トヨタは企業として目指すべき方向性を全社で共有し、広く社会やお客様に示すべくグローバルチャレンジとしてSTART YOUR IMPOSSIBLEを開始します」

START YOUR IMPOSSIBLEは、トヨタの箱型タクシーの扉にも書かれていますので、お気づきの方もおられると思います。

ここにはCASE（Connected, Autonomous, Shared & Services, Electricの頭文字をとった造語）やMaaS（Mobility as a Service）、ESGやSDGsといった流行り言葉は存在しません。しかし、トヨタが目指す未来を雄弁に語っています。トヨタ自動車には予算計画は存在します。しかし、外部に公表する公式の中期経営計画は存在しません。自動車業界で公式の中期経営計画を公表しているのは、日産自動車と三菱自動車の2社です。

信越化学：計画は修正するためにある

中期経営計画が存在しないもう一つの会社が信越化学です。

「アメリカ企業の経営者の影響かもしれないが……（中略）……投資家向けに立派なビジョンを示したり、中期経営計画に力を入れている企業は多い。いかにバラ色の将来像を示せるということが企業の価値を決めるかのような風潮である。しかし、私はそういった風潮には賛成できない。冷静に考えれば、誰も先のことなどわからない。私自身、予測もたたない未来の夢物語を語るよりも、足元を大事にして、日々の仕事に全力を尽くすことを重視している。そうした私の経営哲学から、信越化学では中期経営計画は作っていない。『ビジョン』といったものを公表するようなこともしていない」（金川千尋『常在戦場』宝島社）

「長期的展望に拘ってしまうと、かえって現実の変化に対応できなくなる。市場というものはこちらの思惑どおりに動いてくれるわけでない。……（中略）……逆説的な言い方になるが、計画を実現するためには、その計画を絶えず、修正しなければならない。市場を冷静に分析し、新たな事態が発生するたびに、計画を修正していく。そうして初めて、長期的展望が開けていくのである」（同前）

グーグルの繁栄を築いたエリック・シュミット前ＣＥＯはその著、*How Google Works*（日本経済新聞出版）で以下のように述べています。

「１００％の確信をもって言えることは、もし、皆さんが事業計画をもっているとしたら、それは誤った計画であるということだ。どんなに周到に考えたとしてもＭＢＡスタイルの計画が正しいということはありえない。もし、そのような計画を忠実に実行すれば、起業家であるエリック・ライスが言う失敗の実現につながるのだ」

信越化学とグーグルではその生い立ちも事業の性格もまったく異なりますが、計画について同様の考え方をしていることは興味深いことです。

村田製作所の経営計画：若手社員が参加

村田製作所は法則1で述べたように「社員の幸せ」「顧客の幸せ」が「イノベーション」を生み出すという社員全員経営を10年かけて浸透させる努力をしてきました。しかし、経営理念だけではなく、計画の重要性も認識しています。中期経営計画はありますが、本社スタッフが精緻に作成するものではなく、第一線の人材が作成するものであることが、普通の企業との違いです。２０００年代前半の全社的な理念浸透の取り組みを牽引された藤田能孝元副会長は、次のように語っています。

「理念を浸透させるだけでは経営は成り立ちません。同時に現場力を強化して長期的な先読み戦略の実効性を高めることにも注力しました。短期志向でなく、市場や商品、技術、顧客への価値提供などの項目ごとに中長期の事業戦略を策定し、実践するように変えました。これだけを見るとどの会社もやっていることでしょう。ただ、村田製作所では、計画の策定に事業部門の若手も参加しています。現場が腹落ちしながら参画した計画ですので、実行性も高まるようになりましたね。試行錯誤の連続でしたが、数年後にはトップが方向性を示すだけで、事業部、営業、製造、本社スタッフがＣＳとＥＳの具体策を自発的に企画するようになったのは大きな喜びでした」（「有訓無訓」『日経ビジネス』２０２２年6月13日号）

ダイキン工業の中期経営計画：未来から逆算したFUSION

「戦略二流、実行力一流」というダイキン工業の宣言は既に紹介したとおりです。ダイキン工業には中期経営計画はありますが、ＦＵＳＩＯＮという英語を使う理由は、実行を重視しているからです。先に述べたようにダイキンにおけるＦＵＳＩＯＮとは融合という意味で、計画と実行の融合を強く意識しています。１９９０年代におけるダイキン工業のグローバル化を構想する計画においては、計画策定の時間を通常の1年間でなく2年間に延長しています。実行に向けて現場の腹落ちが重要で、そのために必要な時間を追加で確保するということが目的でした。

また、ＦＵＳＩＯＮという考え方は、計画を策定するプロセスにも及んでいます。通常、計画は経営理念、ビジョン、戦略、戦術という流れで策定されます。しかし、ダイキン工業では上流から下流へという流れだけでなく、あえて逆流する流れも使うようです。現場の第一線が考える現場目線での戦術から改めて戦略の妥当性を考えるという、思考の流れも重視しているようです。

中期経営計画という病気が企業をダメにする、という過激なメッセージを発信する識者はいますが、ダイキン工業のように常に実行を重視するという考え方が浸透していれば、中期経営計画には意味があると言えます。**意味がないのは、経営企画室などの本社スタッフが多大な労力をかけて取り組む、一見、ロジカルで矛盾がない、批判の余地がないような精密な計画、そして公表されてしまえば、修正もなく固定化する計画です。**

また、その内容が公表されていなくても会社としての長期のビジョンがあり、そこから逆算してつくる中期経営計画には意味があります。長期構想のない中期計画は短期志向の構造改革が中心になり、イノベーションと成長を阻害するものであることを認識する必要があります。ダイキン工業のFUSION25（2021～2025年）の4年計画では大きな変化をチャンスと捉え、長期的な視野に立って10年後、20年後の世の中と会社のありたい姿を見据えて、そこから逆算して重点テーマを設定します。

ダイキン工業の中期経営計画では、バックキャストという言葉も使っています。Back castingをそのまま片仮名で表示しています。Back castingとはForecastingという現状延長の未来予測でなく、非連続的な未来を想像し、その未来を創造するためになすべきことを考えるという思考法です。計画のエッセンスは以下のとおりです。「成長」という言葉が明確に記されています。

・**三つの成長戦略**：①カーボンニュートラルへの挑戦、②顧客とつながるソリューション事業の推進、③空気価値の創造
・既存事業の強化：④北米空調事業

・経営基盤の強化：⑤技術開発力の強化、⑥強靭なサプライチェーンの構築、⑦変革を支えるデジタル化の推進、⑧市場価値形成・アドボカシー活動の強化、⑨ダイバーシティマネジメントの深化による人材力強化

アドボカシーとは、国際社会で子どもたちなど社会的弱者の権利を擁護し主張を代弁する活動です。ダイキン工業の中期経営計画は短期志向でなく、未来に向けてのイノベーションを刺激する内容になっています。

ソニーグループ：経営計画でなく経営方針を語る

ソニーグループは２０２２年度の経営方針を発表しています。そこには経営計画という言葉はありません。トヨタ自動車のSTART YOUR IMPOSSIBLEという檄文と同じように人の心を動かす熱量がこもったメッセージになっています。

クリエイティビティとテクノロジーの力で世界を感動で満たすことがソニーの存在意義（Purpose）であるとし、人を軸とした三つの事業領域での成長を目指すとしています。興味深いのは、多様化するソニーの事業を製品・技術の視点ではなく、人にどのような価値を提供するのかという視点で想像をめぐらしていることです。

・「人の心を動かす」事業：ゲーム&ネットワークサービス事業、音楽事業、映画事業
・「人と人を繋ぐ」事業：エンタテインメント・テクノロジー&サービス事業、イメージング&センシ

ング・ソリューション事業
・「人を支える」事業：メディカル事業、金融事業

法則5では、「精密な中期経営計画をつくらない」ことを繁栄した企業の特徴として説明してきました。しかし、精密でない、ということが重要なのでなく、精密でない代わりに長期の視点で顧客や社会への価値提供の思い、企業独自の個性が発信されているということが重要なのです。

伊藤忠商事の中期経営計画では、「三方よし」の精神とマーケット・インの発想が強調されています。テルモの経営計画は「次の10年超を見据えた5カ年成長戦略」となっています。中外製薬は3カ年の中期経営計画を廃止し、「2030年に向けた新成長戦略」という長期経営計画に変更しています。

プロ投資家とその意向を反映したコーポレートガバナンス・コードが求める中期経営計画は、無批判に導入すれば日本企業の長期志向を抑制し、イノベーションと成長を阻害するものになります。

私は自分自身の勉強のために多くの企業の少数株主になっています。したがって株主総会に出席する機会も多いのですが、経営側は中期経営計画をいかに達成したか、達成できなかった場合はその理由と対策を述べることに終始するケースが多いというのが実態です。

それはプロ投資家にとっては意味のあることであっても、顧客や社会、社員にとって重要なのは計画ではなく、目標を達成したか否かでもなく、その企業がどのような問題意識を持ち、どのような問題に挑戦し、顧客や社会に貢献しようとしているかであると思います。

世界には例のない中期経営計画と固定した計画の達成に傾斜する多くの日本企業は一度、立ち止まってプロ投資家至上主義を反省する必要があります。オマハの賢人と言われるウォーレン・バフェット氏が率いる

バークシャー・ハザウェイなどの例外はありますが、多くのプロ投資家、とりわけ物言う株主、アクティビストにとって企業の長期的成長は関心のあるテーマではありません。彼らの関心は投資収益の最大化で、金の切れ目が縁の切れ目になることは当然です。それが出資者に対する彼らのアカウンタビリティだからです。

法則6――実行の仕組みとプロセスを執念深く磨く

プロセスは、一定の目的や成果を達成するための仕事の流れです。どの企業にもプロセスは存在します。製造部門や物流部門に携わる社員にとってプロセスはイメージしやすいと思います。プロセスは明確に目に見える製品をつくり、お客様に届ける物理的な作業の流れだからです。

事務部門で働く社員にもプロセスは見えやすいものです。お客様からの受注、代金の回収、業者への発注、支払いには決められた仕事の段取りが存在します。こうした目に見えるプロセスは業務プロセスと呼ばれ、多くの企業で改善・改良が進んできました。1990年代前半には、BPR（Business Process Reengineering）という活動が欧米のビジネス界を席巻しました。ITの力を使って間接業務のコスト・効率・スピードを抜本的に改善しようという試みです。

そして今日では、IoTが働く人の現場に浸透してきています。最初にこの言葉を経営のメッセージとして強く打ち出したのは、GEの元CEOであるジェフ・イメルト氏でした。センサーとインターネットの技術を使って、販売した後の商品やパーツのメンテナンスやサービスのプロセスが生み出す付加価値を圧倒的に向上させようという試みです。業務プロセスという概念は現場の作業者だけでなく、経営者にとっても重要な関心事になっています。

良い経営プロセスは良い結果を生み出す

しかし、企業には目に見える作業の流れではない重要なプロセスが存在します。経営のプロセスです。そして、経営者の経営プロセスへの着眼とプロセスの良し悪しが、企業の成果に大きな影響を及ぼすのです。

マッキンゼーの実質的な創業者マービン・バウワーはその著書『マッキンゼー　経営の本質』（ダイヤモンド社）**のなかで、「経営者の最重要の仕事は良い経営をするプロセスを作ることにある」と述べています。そして、「経営者は時間の70％を良い経営プロセスの開発とその改善、改良に向けるべきである」としています。**

日本ではそれほど知名度は高くありませんが、１８９０年に米国で創業されたエマソン・エレクトリックは知る人ぞ知る超優良企業です。モーターの生産から出発し、現在では60の小事業部を有し、売上高が約２兆円、営業利益４０００億円の電気・電子部品業界の雄に成長しています。同社には「エマソン成功の秘密：経営プロセス」という言葉があります。エマソンが一定の成功を収めることができたのは良い経営プロセスを創り、それを磨き続けてきたことにあることを示す言葉です。

エマソンの成長期をリードし、１９７３年から２０００年の27期にわたり連続して増収増益に導いたチャールズ・ナイト元ＣＥＯは共著書『エマソン　妥協なき経営』（ダイヤモンド社）のなかで次のように述べています。

「私は、マネジメントはプロセスであると考えている。つまり、高い利益を継続的に生むという『結果』を出すための一連のステップである、ということである。プロセスであるが故にステップやパーツに分けることができ、それを上手く設計し、最適化し、コントロールすることでプロセス全体を長期間に亘って安定して機能させることができる」

ピーター・ドラッカーは著書『現代の経営』（ダイヤモンド社）でエマソンを次のように紹介しています。「1990年代前半のリエンジニアリングのブームにおいて、組織をそれを構成するプロセス、例えば新製品開発プロセス、注文処理プロセスなどに分解する考え方をしたが、エマソンはずっと以前からマネジメントをプロセスと考えてきた」

世界にはカリスマと言われる経営者が存在します。彼らの多くは創業者です。しかし、世界の超一流の長寿企業には経営者の顔があまり見えない企業が多く存在します。彼らは皆、サラリーマン経営者です。なぜ、顔が見えないのか。彼らは良い経営プロセスをつくり、プロセスを磨くことに集中しているからかもしれません。

1887年の創立から今も成長を続け、世界の主要な格付け機関のすべてからトリプルAの評価を受けるジョンソン&ジョンソンのCEOや、米国南北戦争の24年前の1837年に創立された家庭用日用品業界の巨人P&GのCEOの名前を知る人はどれほどいるでしょうか。

2000ページのマニュアルをつくった無印良品

無印良品は仕組みを変え、文化を変え、企業の再生に成功した会社です。私が無印良品に関心を持ったきっかけは、中国の深圳でスマートフォンの製造・販売を行い、急成長していた中国人起業家の言葉でした。

これからのスマートフォンは技術、機能の競争では価格競争になり、成長は見込めない。ユーザー起点で考え、それを商品開発や顧客サービスに反映することができる会社になりたい。自分はMUJI（中国でのブランド名）に興味がある。MUJIのお店に行くと単に商品が並んでいるだけでなく、その商品がなぜ、ユーザーにとって意味があるのかというメッセージを感じるんだ、そのような話でした。

無印良品は前述したようにブランドの名前で、会社名は良品計画といいます。セゾングループの一翼を担っていた西友の子会社として誕生しました。設立は1989年ですので70年以上という基準には満たないのですが、セゾングループは堤康次郎氏が100年ほど前に開発した軽井沢や箱根でのリゾート事業や鉄道事業が源流ですので、対象に含めました。

無印良品の出発点は「このシイタケは安いです。そのワケは不格好だからです。でも味は変わりません」というユーザーへの意味の訴求でした。このコンセプトは、バブル経済のなかで膨らんだ華美や贅沢を避け、これからはもっとシンプルな生活をしていこうと考える消費者の心を捉え、発展していきます。

しかし、1990年代の小売業を襲った消費の冷え込みは重い足枷になり、2000年頃になると急速に停滞感が漂います。業績が悪化し、赤字決算に陥るなか、西友で人事のキャリアを磨いた松井忠三氏がCEOになります。松井氏はダイキン工業の井上氏と同様、人事の経験を活かし、人と風土の問題に深く関わっていきます。テルモの和地孝氏と同様、この問題を解決しなければどんな対策も刺さらないと考えます。

松井氏は埼玉県で衣料品のチェーン、しまむらを経営していた藤原秀次郎氏に社外取締役として参加してもらい、しまむらが行っている現場社員によるマニュアルづくりという構想に関心を持ちます。しまむらでは、アルバイトの主婦社員にも日々、仕事の良いやり方を考えて実行し、それをマニュアルにする、毎月、マニュアルの内容を改善するという仕組みが成長の原動力になっていました。すべての社員に自分の頭と自分の心で考えてもらうというものです。

当時の無印良品では一部の個性あるバイヤーや店舗の責任者が思い思いに仕事をし、彼らの経験と勘に頼るという運営が行われていました。店舗の社員は指示に従って作業をする、という状態でした。良い仕事のやり方が標準化され、組織全体に広がっていく、という状態ではなかったのです。

無印良品のマニュアルは、作業の手順だけでなく、その仕事が存在する目的、経営理念とどのように関係するのかまで考えることを求める書式になっています。ゼロから始まった社員全員参加で作成するマニュアルは、今や2000ページに及ぶMUJIGRAMと呼ばれる冊子になっています。その冊子の厚みが増すのと並行して無印良品の業績は向上し、日本だけでなく中国、アジア、欧州で市場を開拓していきます。倒産の危機に瀕した会社は完全に復活したのです。雨だれ石を穿《うが》つの言葉にあるように、小さな努力も地道に根気よく継続すれば大きな成果が生まれる、ということを証明したのです。

松井氏は『無印良品は、仕組みが9割』（角川書店）という本を2013年に出版しています。**スローガンを掲げただけでは組織風土を変えることはできない。社員の働き方が変わるような仕組みを考え、仕組みを変えることで社員の意識、行動が変わっていく**という主張です。この本では、売れることなく在庫になった商品を社員が見守るなかで燃やし、二度とこのような商品はつくるまいという思いを社員と共有した出来事を紹介しています。仕組みとイベントが掛け算になると相乗効果が生まれるのだと思います。

トヨタ自動車：「人を責めるな、プロセスを責めよ」

多くの企業の経営者は、「イノベーション」や「変革」という言葉を使って社員に意識改革を促しています。しかし、言葉の力で社員の意識や行動を変えた会社はどれほどあるでしょうか。皆無に近いのではないでしょうか。

経営者の発信する意識改革を求める言葉は、その瞬間は社員の頭脳に届きます。しかし、一般社員の心を動かし、行動を促し、継続させ、行動変革を継続させることは、実際のところ難しいのではないでしょうか。そのように考えると、大多数の社員の行動変革を継続するためには、言葉ではなく、プロセスを変えることが現実的です。このことを認識しない経営者は、同じ言葉を言い続けるしかないと考え、ひたすら同じ言葉を繰り返しますが、次第に息切れしていきます。

トヨタ自動車は、組織図を見てもその本質を理解することができない会社です。組織図には特段の特徴はありません。事業は自動車事業ですので、機能の軸、車種や顧客セグメントの軸、地域の軸が交差するマトリクス組織です。日産自動車や他の世界的な自動車メーカーの組織と大きな違いはありません。

トヨタ自動車の組織の特徴は、目に見えない組織運営のプロセスにあります。コンピュータに例えれば、目に見えるハードウェアでなく目に見えないソフトウエア、特にOSと言われるオペレーションシステムに特徴があるのです。

生産機能におけるTPS（Toyota Production System、トヨタ生産方式）は世界的にも有名で、自動車メーカーを含む多くの企業がベンチマークの対象にし、学習してきました。第I部第1章で述べたように、GEは19

80年代の後半、ベストプラクティスを学習する運動を世界で展開しました。GEのチームはトヨタ自動車に相当な長期間、居座り勉強をしていたと言われます。

TPSに比べてあまり知られていないのは、TBP（Toyota Business Principle）というOSです。日本語では方針管理と呼ばれます。トヨタ自動車は問題解決の会社であると言いましたが、TBPは問題解決のための機能を横断するワークプロセスです。管理というと無機質なコントロールをイメージしがちですが、TBPは人の思考と行動を刺激するペースメーカーのような存在です。

トヨタ自動車はインドでの業績が低迷し、組合との関係が崩壊する深刻な状況のなかで、この方針管理のプロセスをインドに本格的に導入します。政治勢力の影響を受けて過激化し、傷害事件にまで発展した労働争議を収束させ、社員のエンゲージメントと協力の行動を再生する必要があったのです。

中途半端なシステムやプロセスは、社員にとってわずらわしいものです。たくさんのルールや報告、そのための文書が乱造され、社員はプロセスのために仕事をするような状況になります。一方、本当に優れた改善を通じて磨き上げられたプロセスは、社員の力量を鍛え、良い成果を生む大きな力になります。

バンガロールにあるトヨタ自動車のディーラーを訪問し、所長の部屋で歓談したとき、目についたのは、壁に貼ってあるA3の紙に書かれていたメッセージです。「人を責めるな、プロセスを責めよ」と書かれていました。そのことに触れると所長は嬉しそうな顔をして赤色の表紙の冊子（前掲のトヨタウェイの冊子の表紙は緑でした）をくれました。「これを読めば私が言っていることがわかるよ」と言うのです。そこには、方針管理のプロセスのエッセンスが短く、わかりやすく示されていました。

あるインド人幹部は、「我々は個々人の考え、主張が強く、チームワークは不得手だ。しかし、TBPのプロセスに最初は窮屈さを感じたが、次第に順応し、気づいたら良いチームになっていた」とトヨタ自動車の経営プロセスに感銘を受けていました。

良いプロセスの価値を認識し、活用する会社は本当に少ないのですが、超優良企業を見ると基本的にどの会社もプロセスを経営の大きな支柱にしています。エマソン・エレクトリックのマネジメントプロセスや第Ⅰ部第1章で紹介したP&Gのオープンイノベーションのプロセスは、その典型です。往年のGEではプロセスを会社のエコシステムと呼び、磨き上げていました。エクソンモービルの経営は、プロセスに始まりプロセスに終わるような感じがします。トヨタ自動車は日本では数少ない、プロセスを重視し活用し改善する会社です。

トヨタ自動車の開発主査

開発主査もトヨタ自動車に独特な仕組みです。直属の部下は数人しかいませんが、リーダーシップを発揮しなければならない社員は数千人から数万人に上ります。一つの車種、例えばカローラやプリウス、レクサスを担当し、開発部門の各機能を横断して完成のための設計と開発をすることは当然ですが、それだけでなく担当車種のオーナーのような責任を持つのです。開発の前提になるユーザーニーズの探索、開発後の量産、販売、チャネルのマネジメント、最終的には事業成果までその責任の範囲は広く、車種担当のCOOというイメージです。だからでしょうか、同社の経営陣には開発主査の経験を持つ人が多く見られます。

トヨタ自動車を紹介する書籍は大量に存在しますが、そのほとんどはトヨタ生産方式やトヨタウェイが対象です。開発におけるトヨタ自動車の強みである主査制度については、あまり語られていません。

テルモの「TBU」と「セル」

テルモの再生に和地孝氏が1990年代に果たした役割については、法則1で紹介しました。この法則6では、そのなかのユニークな取り組みであるTBU（Terumo Business Unit、テルモビジネスユニット）と「セル」という仕組みについて紹介します。

TBUは、クロスファンクショナルな仕事のプロセスです。例えば、カテーテルという商品ならば、それに関わる人を開発からも営業や生産からも集めます。プロセスにはリーダーがつきます。したがって、メンバーには二人の上司が存在する形になります。一人の社員に二つの命令系統があるのですから、どちらが業績の評価を行うのかなど、混乱が生まれます。

この仕組みは、第I部第1章で紹介したIBMのマトリクス組織の仕組みと同様です。この仕組みが機能すれば、社員は組織を横断して顧客に価値を提供し、競争優位性を主体的に築けるようになります。

「セル」は、細胞という意味で、社内に小集団をつくるということです。同じビジネスの目的を持った人たちが何人か集まれば、それを組織として認めるということです。和地氏は「縄文時代の狩猟」に似た仕組みだと言います。縄文時代にはヒエラルキーがなく、仕事に応じて誰がリーダーになるかを決めていたと言われます。例えば、熊をとるときには、熊狩りが一番得意な人がリーダーになり、ウサギをとるときには、それが最も得意な人がリーダーになります。和地氏は次のように述べています。

「縄文の組織をヒントにして、やる気と実力のある人をリーダーにして小集団をつくり、人材を生かしていこうというのが『セル』の狙いというわけです。このことを社員の立場で言えば、やる気と実力があればだれでもセルという組織を立ち上げて、そのリーダーとして存分に腕を振るえるということでもあります。ですから、『セル』は『社員を主役にする』人事制度だと言えるでしょう。……（中略）……活動内容の例を挙げれば、『痛み』というものを様々な角度から研究しているもの、獣医市場への参入を目指すもの、看護師さんのトレーニングを担当するもの、企業のイメージ戦略をつくろうとするもの、社員のマナーを改善するものなど、実に幅広い活動を行っています。……（中略）……あくまでもビジネス活動として成り立つもののみが『セル』として動いています。ですから年に一回きちんと評価をして、セルの存続と廃止を決めています」（和地孝『人を大切にして人を動かす』東洋経済新報社）

「TBU」や「セル」の取り組みは、組織のサイロ化を打破する劇薬として、強力なCEOのリーダーシップのもとで有効に機能しましたが、その後の組織においては順調に根づいたとは言えないようです。今のテルモの組織図に「TBU」や「セル」は見当たりません。かわりに、3つの「カンパニー」、8つの「事業」がありますが、それらは、ビジネスのグローバル化や、M&Aの進展という新しい局面に対応して、事業の収益責任を明確にしようという趣旨の取り組みだったと言います。

いずれにせよ、その一部が「TBU」の系譜につながる組織であることは間違いないでしょう。カンパニーや事業に加えて、機能部門や地域本部などが織りなすマトリックス運営は、その複雑さのために、ややもすれば非効率性になりやすいですが、テルモでは、組織を複雑にすることをできるだけ避け、さまざまなレベルでのコミュニケーションを深めることで、戦略実行のための最適な仕事の仕方を、あきらめることなく地道に工夫し、日々進化させています。最適な形を目指して磨き続けています。

ソニーのSAP

ここでSAPというのは、ドイツのERPソフトウエアメーカーであるSAPのことではありません。ソニーにおける新規事業開発プロセスのことで、Seed Acceleration Program の頭文字をとった言葉です。平井氏がCEOに就任して2年後の2014年に、若手社員の提案を受けて導入したプロセスです。

ソニーでは、若手社員が自発的に手を挙げたテーマについて社外の起業家なども交えたオーディションを行っています。承認されたプロジェクトは提案者をリーダーとし、新規事業の加速支援を受けて社長直轄で運営する仕組みです。事業化に結びついて商品やサービスとして提供することになったプロジェクトは、2021年3月末時点で17に及ぶそうです。

SAPで新しいビジネスを創るだけでなく、SAPという仕組みをビジネスとして売り込むという掛け声をもとに、活動は加速化しています。先日、タクシーに乗ったところ、このプログラムの宣伝が流れていました。同様の取り組みはソニーだけでなく他の企業でも行われていますが、ソニーが成果に結びつけることができたのは、「個を活かす」というソニーの遺伝子とプロセスの推進にCEOが直接、関与し、応援したことが理由だと思います。

法則6では、繁栄する企業の特徴として、仕組みとプロセスの活用を挙げました。欧米企業では、BPRやBPO（Business Process Outsourcing）など経営プロセスを磨く活動が当たり前になっています。しかし、日本企業では目に見える組織機構をベースにする機能別組織運営が中心になっています。

機能別組織運営は既存事業の維持、管理には有効ですが、イノベーションや新しい事業の創造には不向き

です。イノベーションと成長を実現するには、社員を機能別組織のサイロから引きずり出す仕組みとプロセスが必要です。

第3章 イノベーションに仕組みで取り組む

イノベーションという言葉を世に送り出したのは、20世紀の前半に活躍したオーストリアの経済学者、ヨーゼフ・シュンペーターです。彼はイノベーションを、既存の要素を新な視点で組み合わせることで新しい価値を生み出すことと定義します。したがってイノベーションは、技術や製品の革新だけでなくユーザーへの価値の革新も含みます。ＧＡＦＡやＢＡＴＨ（中国のバイドゥ、アリババ、テンセント、ファーウェイ）は新しいテクノロジーを発明したのではなく、既存のテクノロジーを組み合わせ、新しいユーザー価値を創造したのです。イノベーションは、営業やサービス、人事や経理などの間接部門でも起こります。いったん生まれたイノベーションを改善、改良することはリノベーションと呼び、イノベーションとは区別します。

発明協会のホームページを見ると戦後日本のイノベーション１００選というコーナーがあります。そのなかのトップ10は次のようなものです。

・内視鏡
・インスタントラーメン
・マンガ・アニメ
・新幹線

・トヨタ生産方式
・ウォークマン
・ウォシュレット
・家庭用ゲーム機・ソフト
・発光ダイオード
・ハイブリッド車

トップ10のうち、インスタントラーメン、ウォークマン、ウォシュレット、家庭用ゲーム機・ソフトは、新しいユーザー価値の創造と言えます。

本章では、**イノベーションを顧客・ユーザーが気づいていない、うまく表現できていない、あるいは諦めている問題をこれまでと異なる方法で解決することと定義**し、繁栄した企業の取り組みを紹介します。

法則7——顧客に憑りつき、顧客の回りを徘徊し、何かを感じる

この法則のタイトルには「憑りつき」や「徘徊する」という通常は使わない表現を使いました。医療の業界では患者が顧客になりますので違和感を持たれる読者もおられると思います。しかし、普通に使う顧客志向や顧客起点という表現では、このことの決定的な重要さを伝えることができない、と判断した次第です。

顧客第一を標榜する企業は多いが、実践する企業はほとんど存在しない

お客を重視する、お客を大切にするという標語やスローガンがない企業を探すことは難しいと思います。しかし、それを実践している企業を探すのはもっと難しいです。リチャード・ドーキンスが書いた『利己的な遺伝子』（紀伊國屋書店）という本があります。人間を含むすべての生物、生物と無生物の間にあるウイルスは、自己を複製することだけを考えています。すべての生命体は利己的な存在です。したがって、顧客起点で行動するということは私たちの本能に逆らうことであるため、強い意志とコミットメントが必要です。

法則7の「顧客に憑りつき」というのは、アマゾンが社員に求める14カ条の行動基準の第1条、Customer Obsession からとったものです。Obsession という英語はあまり耳にしません。辞書を引くと「占領される」「頭が一杯になる」「脅迫観念」「妄想」「憑りつかれる」などおどろおどろしい表現が続きます。

ジェフ・ベゾスは「顧客第一というスローガンのない会社はほとんどないが、実践している会社も、ほとんどない」と言います。これは私自身の実感でもあります。ほとんどの企業の活動は、商品とサービスを売るところで終わります。その商品やサービスを使ってお客様が何に喜び、何に困っているのかに関心を寄せる会社はほとんど存在しません。商品とサービスを売ったあとにお客との関係を継続する会社もほとんど存在しません。ＧＥのジャック・ウェルチ氏には、「社員はＣＥＯに目を向け、顧客に尻を向ける」という至言があります。

さらに言えば、今は存在しないお客ニーズを発見し、ゼロベースからニーズに応えようなどと考える企業は皆無に近いと思います。ジェフ・ベゾスは１９９７年から２０１９年まで毎年、「株主への手紙」を書い

てきました。そのなかで2008年に書かれた「お客様起点で考える」は、アマゾンのCustomer Obsessionの神髄を語っていると思います。

「お客様のニーズを起点に『さかのぼって考える（ワーキング・バックワーズ）』という哲学は、『スキルを起点にして考える』やり方とは対照的です。スキル起点の姿勢とは、既存のスキルと能力を使って事業機会を広げるというものです。つまり『私たちが得意なのはXである。Xを使ってほかにどんなことができるだろう？』という考え方が、スキル起点の哲学です。たしかにそれも事業姿勢として有効で割に合うものでしょう。ですが、既存のスキルはいずれ時代遅れになります。お客様のニーズを起点にさかのぼって考えることにより、いやでも新しい能力を身につけ、これまでに使わなかった筋肉を使わざるを得なくなります」（ジェフ・ベゾス『Invent & Wander ジェフ・ベゾス Collected Writings』ダイヤモンド社）

アマゾンのワーキング・バックワーズのような考え方は、日本企業に存在するのでしょうか。本書で取り上げた企業では、法則5で紹介したダイキン工業の中期経営計画にその片鱗がうかがえます。この後、紹介するコマツのコムトラックスにも同様の姿勢を感じます。

70年以上の歴史がある、という基準を満たさないために本書の対象にはなりませんでしたが、リクルートはアマゾンとまったく同じ考え方をしています。創業者の江副浩正氏の「自ら機会を創り出し、機会によって自らを変えよ」という1968年につくられた言葉は、今もリクルートの社員が大切にしていると聞きます。ことの真偽はわかりませんが、若きジェフ・ベゾス氏は日本に来日したことがあり、江副氏に会ったことがあるそうです。江副氏のこの言葉に触発されたのかは、わかりませんが。

大和ハウス：スッポン経営で4兆円企業に

大和ハウス工業は、縮小する日本市場で爆速の成長をしています。日本の新築住宅着工戸数は１９８９年の１６７万戸から２０１０年には82万戸に半減し、２０２０年も81万戸と低迷しています。このような逆風のなかで大和ハウスは躍進します。１９９０年の売上高は約８０００億円でしたが、２０１３年には2兆円に達し、２０２２年には4兆４３９５億円となり10年間で倍増しています。営業利益も３８３２億円で健全な業績を上げています。

大和ハウスの企業理念を読むと、ダイキン工業と同様に人を基軸にする経営が太い柱になっていることがうかがえます。

一、事業を通じて人を育てること
二、企業の前進は先づ従業員の生活環境の確立に直結すること
三、近代化設備と良心的にして誠意にもとづく労働の生んだ商品は社会全般に貢献すること
四、我々の企業は我々役職員全員の一糸乱れざる団結とたゆまざる努力によってのみ発展すること
五、我々は、相互に信頼し協力すると共に常に深き反省と責任を重んじ積極的相互批判を通じて生々発展への大道を邁往すること

こうした企業理念があるからこそ、お客様を基軸にする経営ビジョンが生まれるのだと思います。大和ハウスの経営ビジョンは「心を、つなごう」という言葉で始まります。そして、「私たちは、『人・街・暮らし

の価値共創グループ』として、お客様と共に新たな価値を創り、活かし、高め、人が心豊かに生きる社会の実現を目指します。そして、お客様一人ひとりとの絆を大切にし、生涯にわたり喜びを分かち合えるパートナーとなって、永遠の信頼を育みます。」と続きます。

私はこの文章を読んだとき、単なる美しい言葉の羅列でない響きを感じました。お客様との関係を深め、広げることで新たな需要を創造するということ、これはマーケティングの神髄なのです。大和ハウスはハイカラなマーケティング手法を取り入れたのでなく、自然にマーケティングを実践する会社になったのだと思います。土地を持つオーナーとの関係を深め、その延長に賃貸住宅、商業施設、物流施設という事業を広げていったのだと思います。

『日経ビジネス』（２０１７年1月30日号）に大和ハウスの特集記事がありました。「スッポン経営・大和ハウス」という面白いタイトルでした。一度、食いついたら離れないスッポンのように、顧客になったら永遠に離れない営業という意味です。

不動産・住宅企業の多くは、物件を一度建てたらそれで終わり、となるのが普通です。大和ハウスは土地を持つオーナーと深く長く付き合い、悩みを聞く、そして解決策を提案する、というサイクルを続けるのです。オーナーとのコミュニケーションを徹底的に深掘りしていくのです。その結果、賃貸マンションや商業施設、介護施設など土地オーナーにあらゆる選択肢を提供していくのです。

一度売ったら終わりは多くの企業で普通に行われているのですが、大和ハウスはなぜ、そうならないのか。その理由は経営理念にあるように、常に社員を刺激し、社員を成長させているからだと思います。

野村総合研究所：AWSに先行する革新的なサービス

野村総合研究所について特筆すべきことは、アマゾンのAWS事業を先取りしたイノベーションです。大企業でない中小企業者の悩み、システムを買うお金がないという悩みに応えるのです。例えば、ガソリンスタンドやアパレルなど業務の内容が似ている会社群に汎用的なシステムの共同利用を呼び掛けるのです。AWSとまったく同じコンセプトを日本で最初に構想し、事業化したのです。クラウドという言葉もなかった1974年には取り組みが始まり、技術とノウハウを蓄積し、2000年代には大きな成長エンジンになります。

この共同利用型サービスは、今日では証券会社や投資信託運用・販売会社のバック・オフィスや事務システムの分野で圧倒的な存在感を築いています。第一線の社員、エンジニアが日本全国で働く中小事業者の満たされないニーズを掘り起こしたと言えます。トップダウンでなく、現場と顧客に近いところにいる社員の直感を活かしたのです。

野村総合研究所のもう一つの革新的な行動は、経営戦略の策定から業務プロセスの設計、システム運営までを一気通貫で行うという、2000年ころに米国で生まれた新しいコンサルテーションモデルの創造です。それは「ナビゲーション」と「ソリューション」の連動です。

ナビゲーションとは未来予測・社会提言に始まり経営への提言、業務プロセスの開発、プロセスを支えるシステムコンサルティングまでを一貫して進めることを意味します。ソリューションとはシステムの開発、運用のアウトソーシング、および前述した共同利用サービスまでを一貫して提供することです。

このビジネスモデルはアクセンチュア、デロイト、PwCなどの監査法人を起源とするコンサルティング会社がこの30年間、ゼロから開発し、立ち上げてきたモデルです。彼らにはコンサルティングの知見、ITの知見はほとんどなかったのですが、外部からの経験者の採用で急速にケイパビリティを開発します。外部人材の採用が海外に較べて容易でない日本で野村総合研究所は、自前でその力量を磨いてきたと言えます。

日本にも数多くのITソルーションカンパニーが存在します。そしてその多くはハードウェハを開発・製造してきたメーカーを源流にする企業です。1966年にコンピュータの商用という目的で創設された野村コンピュータシステムを源流の一つにする野村総合研究所は、生まれたときから利用者起点、ユーザー起点の会社なのだと思います。

ヒューリック：働く人を幸せにする

法則2で紹介したようにヒューリックには、働く人々に快適なオフィスワークを提供したい、という熱量のあるビジョンがあります。ヒューリックという社名もその思いからつけられています。

日本の大手不動産会社は皆、源流にある財閥や創業家の名前が社名についています。三菱地所、三井不動産、住友不動産、東急不動産、西武不動産（現西武リアルティソリューションズ）、阪急不動産（現阪急阪神不動産）、森ビルなどです。ヒューリックという顧客への思いがベースになっている社名は、本当に異色です。この社名がついたときにヒューリックのその後の発展は決まったのではないか、そのように感じます。

ヒューリックはオフィスの寿命にこだわります。海外ではビルは100年を超えて使われますが、日本のビルは40～50年で建て替えるのが相場になっていました。ヒューリックも大量の建て替えを余儀なくされます。省エネ、環境対策など様々なテーマから居住者への負担をいかに減らし、快適な状況を維持するか、試行錯誤を続けていました。そうしたなかで根本的な解決策は初めから良いビルをつくることだ、というシンプルな考え方に到達します。

ヒューリックは、2011年、オフィスビルを100年以上使うことを前提とした「ヒューリック長寿命化建物ガイドライン」を発表します。設計事務所などから入社してきた技術陣が検討を重ね、つくりあげたものです。大地震が来ても業務を続けられる耐震構造の躯体、時代の変化に対応する機能やデザインの更新を容易化する設計、作業のための設備をあらかじめ備える工夫、テナントが入居したまま改修できる給排水設備、人だけでなく、工事のときには資材を運べるだけのエレベーターの天井の高さなど、様々な創意工夫がなされます。

耐震構造などはどの不動産会社も当然に取り組むことですが、ヒューリックの特徴は、すべての取り組みが入居者の快適のためにという顧客起点で始まっているということです。そうした意味では、ヒューリックは都会の中堅・中小ビルで働く社員にとってのイノベーションを実現した会社と言えます。

ダイキン工業：中国での顧客起点の商品政策

顧客第一、というのは今の顧客ニーズに対応するということではありません。顧客にとって何がいいことなのかという視点があるか否かが、決定的に大切です。中国でのダイキン工業の成功は、顧客起点の商品政策にあったと言えます。

ダイキン工業は、業務用のエアコンを中国進出の突破口にします。業務用のエアコンのユーザーの中心は、酒場やレストランです。そして、商品は床置き型が主流でした。業務用のエアコンは床置き型から始まり、壁掛け、天井つり、天井埋め込みという順番で高級化していきます。

普通に考えれば今、そこにあるニーズ、床置き型から始めるのが常套です。しかし、ダイキン工業は中国の酒場やレストランで客が密集し、広い国土なのに酒場は狭い、という実態を素直に観察し、インスピレーションを持ちます。狭いスペースにエアコンを置いたらお客さんに申し訳ない、という素朴な問題意識です。

ダイキン工業の結論は、最初から高級機種である天井埋め込み型で攻勢をかけようというものでした。先行他社と同じ道を歩んでもしょうがない、せっかく中国にきたのなら、ダイキンらしく戦おう、という大きな夢にかけ、中国に天井文化をつくろうというスローガンで未開拓のニーズの実現に挑戦します。ダイキンは中国で業務用エアコンのトップメーカーになります。井上氏は次のように述べています。

「中国はトランプのジョーカーのような国、当社の夢を全部かなえてくれる国ではないかと思いました。世界最大の市場を持つ世界最大の生産国は過去にはありません。この国をいかに事業戦略に取り入れるのか、中国の中には全地球があるのです。だからこの国で強い商品を作れば、全世界で強くなれると思います」

（『「基軸は人」を貫いて』日本経済新聞出版）

ダイキン工業は中国という市場で顧客起点のイノベーションを起こしたと言えます。ユーザーの今、そこにあるニーズではなく、ユーザーにとっての価値あることに焦点を当て、それを実現しようとしたのです。

コマツ：IoTに先行し、コムトラックスを開発

コムトラックスとは、コマツが開発した建設機械の情報を遠隔で確認するシステム Komtrax を片仮名で

表示したものです。車両システムにはGPS、通信システムが装備され、車両内のネットワークから得た情報やGPSによって取得された位置情報が通信システムによって送信されます。

サーバー側のシステムでは車両から送信されたデータを蓄積し、インターネットを通じてお客や販売店に提供されます。お客には、車両ごとの位置、稼働時間、建機が有効に使われているのかなどの注意情報、燃料の残量が表示され、作業日報としても活用できます。建機を売るだけでなく、建機を売ったあとのフォローアップを継続するという発想です。

コムトラックスの原形は1998年に開発され、2001年から標準装備が始まっています。当時、盗んだ油圧ショベルでATMを壊し、現金を強奪する事件が多発していました。その対策として建機にGPSをつけるというアイデアが生まれたそうです。GPSを装備することで油圧ショベルの盗難は劇的に減少したそうです。そのとき、GPSをつけて位置を確認するだけでなく、現場の技術者の発案を受け、センサーをつけて建機の稼働状況に関する有益な情報をお客に提供する仕組みを開発する決断に至ったのです。

IoTという言葉が世の中に喧伝されるようになったのは、2010年代の中頃でした。コマツはその10年前にIoTのコンセプトを具体化していたのです。これも顧客起点のイノベーションだと思います。圧倒的に価値のあるサービスとソリューションを提供することで、製品の販売を確保するというビジネスモデルです。このモデルを通じてコマツは、ダントツの顧客価値を提供しているのです。

中外製薬：患者の苦しみに涙し、薬の開発に挑戦する

薬の開発の歴史をさかのぼると、自然界に存在する物質を発見し、化学的に合成して薬にするシーズ起点

の開発が中心でした。青かびが細菌を死滅させる効果を活かした抗生物質などがその典型です。これに対し、1990年代に新しいアプローチの開発が始まります。それはニーズ起点の開発、患者が苦しむ特定の疾患から出発し、医学と生命科学の見地から解決策を考えるというアプローチです。

これは、まだ満たされないニーズ（英語でもUnmet Needsといいます）を対象に薬を開発する難しい挑戦になります。以下のイノベーションの三つの壁を乗り越えていく必要があります。

・悪魔の川：濁流が逆巻く川を目のあたりにして最初からたじろいでしまう
・死の谷：灼熱の荒野に力つきて倒れる
・ダーウィンの海：せっかく成し遂げたのだが、世の中の理解が進まない

こうした壁を越えるエネルギーは何か、それは病魔に苦しむ患者、患者を支える家族の困難に心から共感し、何かをなそうという強烈な使命感、それを支える原体験であると思います。

中外製薬はこのことを深く肝に銘じ、社員が医師や看護師だけでなく、患者と家族との人間的な交流の機会を持つことを積極的に推奨しています。日本の製薬業界ではHuman Healthcare Companyを標榜し、社員の名刺にはナイチンゲールの直筆のサインを印字しているエーザイの患者との交流の取り組みが有名ですが、中外製薬とエーザイは患者起点の会社として双璧であると思います。

テルモが大切にする実品質

テルモがつくる製品は、人間の命に直接に関わる機器が中心です。狭心症や心筋梗塞などの重大な疾病の

治療に使うカテーテル（体内に挿入して治療などに使う柔らかい管）などの機器は、企業がつくる製品のなかでも最高度の均質、究極のクオリティが求められます。

品質基準は非常に厳格で多くの検査項目があり、それをパスしなければなりません。しかし、欧米企業における品質と日本企業の伝統のある品質には微妙な違いがあります。欧米では、法令で決められた品質項目と基準を満たせば良しとする傾向があります。これに対して日本では、品質は永遠に続く努力によってつくり込んでいく企業の総合芸術という考え方があります。欧米流は形式品質、日本流は実品質ということができます。

品質基準を満たすこと自体が決して簡単でなく、そのために全力で取り組んでいますが、それに加えてテルモは実品質を重視します。それは単なる言葉、スローガンでなく、コミットメントであるように感じます。テルモという会社は日本で唯一、社員をアソシエイトと呼ぶ会社であることは法則1で述べたところですが、実品質は社員全員の心構え、姿勢、行動の結果であり、社員への尊重がうかがえる表現です。

トヨタ自動車のトヨタウェイは「人間性の尊重」と「改善と改良」の二つの柱で成り立っていますが、社員を尊敬（Respect）することは企業活動の出発点であると思います。また、その精神がない企業は、とってつけたようにＳＤＧｓといっても空虚な響きしかないと思います。

テルモの企業ロゴは印象的です。アルファベットでＴＥＲＵＭＯと緑色のカラーで書かれ、Ｔの上には左から右に向けて延びるラインが赤色で描かれています。このラインは医療現場に新しい価値を提供するイノベーションの追求、赤い色は患者の命とアソシエイトの熱意の象徴、ラインの形は地球の弧のイメージで事業のグローバルな展開を示しています。ＴＥＲＵＭＯの緑の色は、これまでテルモが築き上げてきた価値を意味します。

テルモのロゴを見ていてアマゾンのロゴが思い浮かびました。amazon（南米の大河）のaとzを結ぶラインが描かれています。このラインはaからzまで地球上に存在するすべての商品をカバーすることを象徴し、笑顔の人の口の形をイメージしています。ただ、色についての意味はないようですので、テルモのラインはアマゾンのロゴよりも多くのメッセージが込められています。

テルモのコアバリューズは法則1でも引用しましたが5つの項目で構成されています。

・Respect（尊重）――他者の尊重
・Integrity（誠実）――企業理念を胸に
・Care（ケア）――患者さんへの想い
・Quality（品質）――優れた仕事へのこだわり
・Creativity（創造力）――イノベーションの追求

ここでの品質は、製品の品質だけでなく、「優れた仕事へのこだわり」という意味で次のように説明されています。

「私たちは、安全と安心の医療を提供するために、常に現場視点で課題を捉え、解決策を見つけ出します。製品品質のみならず、供給やサービスなど、すべての活動におけるクオリティーの向上を徹底的に追求します」（テルモ「企業理念体系」）

「品質」を「仕事の品質」と深く捉える考え方はやはりトヨタ自動車と共通の思想であり、時代をさかのぼればトヨタ自動車に品質管理の神髄を伝えたエドワーズ・デミングの考え方と共通するものを感じます。

テルモは新しく発表した中長期成長戦略のなかで、「デバイスからソリューションへ　21世紀の社会課題に応える」というビジョンを掲げています。歴史を振り返ると、海外初の製品を日本に持ち込み、「モノづくり」の力を生かして高品質の製品を仕立てる、あるいは、M&Aで海外会社をグループに取り込み、商品の幅を拡大して、事業を発展させてきたわけです。これからは、たとえば、ペーシェントジャーニーという、患者さんごとの疾病管理がより重要になるといった、医療現場の変化を見据えて、ビジネスの方向を変えていく必要があるというのです。一見、現代風の「投資家うけ」する言葉を並べたように見えるかもしれませんが、テルモがそれを言うとき、「優れた仕事へのこだわり」「常に現場視点で課題を捉え、解決策を見つける」「製品品質のみならず、供給やサービスなど、全ての活動におけるクオリティの向上を徹底的に追及する」ことに他ならないことがよくわかります。

伊藤忠：社員の30%が中国語を学ぶ

伊藤忠商事を1858年に創業した伊藤忠兵衛は、近江商人にルーツを持つ人物です。近江商人は近江国、現在の滋賀県をベースに全国に行商をしていた商人で、大阪商人、伊勢商人と並んで三大商人と呼ばれ、その発祥は鎌倉時代にもさかのぼると言われています。特に、江戸時代から明治にかけて活躍していました。

その江戸時代の中期、中村治兵衛という人が家族に残した遺訓とされる「三方よし」の精神は、関東に麻（リネン）の布を行商していた伊藤忠兵衛にも強い影響を与え、現在の伊藤忠商事にも企業理念として受け継がれています。

「三方よし」とは、売り手の利益だけでなく、買い手の満足、そして買い手が住む世間、すなわち社会全体に何かの役に立つことを念じ続けるということです。ひとりの商人、無数の使命という企業行動指針を掲げ、すべての社員が商人魂を発揮することを求めています。ソニーにはエンジニア魂という言葉がありますが、三方よしを実践することを商人魂と呼ぶのだと思います。

先に伊藤忠商事では社員の30％が中国語を学んでいると述べました。今日、中国に進出する企業は星の数ほどありますが、会社が主導し、プログラムを用意し、多くの社員が参加する企業は、伊藤忠商事の他は知りません。最初は、なぜそこまでやるのか、よくわかりませんでした。しかし「三方よし」の精神からすれば、中国の社会に貢献する、そのためには中国語を話すことは当然、と会社も社員も考えたのだと思います。

りそな銀行：サービスカンパニーに変身

りそな銀行が復活することができた根本的な理由は、自らを銀行でなくフィナンシャル・サービス・カンパニーと定義したことにあります。自社の仕事を「サービス」と定義すれば、ユーザー志向にならざるを得ません。ここにりそなと他の金融機関との決定的な違いがあります。

店舗の営業の終了時間を午後3時でなく5時に延長したのは、象徴的な出来事だと思います。銀行の都合からすれば事務の残務処理をスムーズに行うための閉店時間ですが、りそなの主要な顧客である中小企業にとって時間の延長はありがたいことです。

店舗のデザインについても創意工夫が見られます。以前、大阪の枚方市にある支店を訪ねたことがあります。その支店は、銀行の店舗というよりはショッピングセンターのなかの憩いの場という雰囲気で、そのなかに銀行の機能が点在しているというイメージでした。このようなことは流通・小売りの世界では目立つようになりましたが、大手の銀行のなかではあまり見られず、りそな銀行は特異な存在です。

インターネットバンキングについても、りそなのシステムは使いやすいという評判が高まり、そのシステムを地方の金融機関に外販するという取り組みも始まっています。外販するということでなく、外販を可能にするユーザーフレンドリーなシステムの開発能力に注目したいと思います。りそな銀行はハイテク化で有名な米国のウェルズ・ファーゴ銀行を研究し、ベンチマークにしたと聞いています。その学習の効果もあったのではないかと思います。

りそな銀行では「サービス」という意識、価値観が相当に浸透していると感じます。例えば人事部の名称です。通常は人事部、あるいは人財部なのですが、りそなの場合は人財サービス部という名称になっています。

盛田昭夫氏が残したソニーの顧客起点

法則7の最後は、ソニーの盛田昭夫氏のウォークマン誕生に関わる話で締めくくりたいと思います。ウォークマンは、井深氏の海外出張時の飛行機のなかでの退屈な時間をなんとかしたいという思いを受けて技術者が開発した聞くだけのテープレコーダでした。そのままであれば、ウォークマンは誕生しなかったかもしれません。

しかし、盛田氏は、カリフォルニアのロングビーチでローラースケーティングを楽しむ若い男女の頭にヘッドセットをつけたら格好いい、というまったく別のイマジネーションを持ちます。最初は電気機器のディーラーを販路としたため、まったく売れませんでしたが、スポーツ店チャネルに流すと一気に火がついたように売れていったとのことです。機械の性能や機能でなく、ユーザーが使う場面を想像した盛田氏ならではの発想だったと思います。

盛田氏の顧客起点の発想はウォークマンにとどまりません。1980年代には米国でビデオの録画・再生装置の排斥運動が高まります。番組を録画するのはテレビ放送局の著作権に違反するという法廷闘争が熾烈を極めます。ソニーはベータ陣営の旗手として真っ向から反論します。厳しい闘争を経てソニーは勝訴しますが、その勝因は「タイム・シフト」という盛田氏のコンセプトであったと言われます。忙しいユーザーが見たいテレビの番組を都合の良い時間にシフトして見るというユーザーの価値、ユーザーの利益を前面に立てて論陣を張ったのです。

盛田氏はソニーの成長期に米国のニューヨークに居を移し、毎週、ホームパーティを開いて米国人と交流したと言われます。米国人のユーザーを本当に理解するには彼らのプライベートの世界に入らなければならない、という強い思いがあったのでしょう。これは、信越化学の金川会長の外国人と友人になる姿勢や、盆踊り大会を世界で開催するダイキン工業の活動にも共通するように思います。

法則8――縦割りでなく横割りプロジェクトが組織を横断する

今日、多くの企業が新規事業の創造やイノベーションの実現を目的として特別な部門や部署を設置しています。治外法権的な自由度を与える場合もあります。既成の部門の価値観や姿勢、行動様式では新たな事業やビジネスモデルの開発は不可能だと語る経営者も少なくありません。「今を守る行動」と「未来を創る行動」は別の仕事であり、二律背反するという考えが、これらの部門を独立させる背景にあるようです。

法則8では、ヒエラルキーのなかで働く社員が良い規律を守り、同時に未来の創造と改革のプロジェクト

に参加する企業の例を紹介します。

日本では英語のProjectをそのまま片仮名に読み替えて使っていますが、英語の意味を正しく日本語にした表現は見当たりません。英和辞典には「企画・計画」との訳が多いのですが、欧米人が普通に使う辞書を引くと「特定の目的を達成するため、特に困難な目的を達成するために結成されたEnterpriseあるいはUndertaking」、要するに「起業的な活動」という意味が強く示されています。本項ではプロジェクトを「企画・計画」ではなく、「起業的な活動」のニュアンスで使います。

「プロジェクトX」という言葉を記憶されている読者も多いと思います。2000年3月28日から05年12月28日までNHK総合テレビで放映されたドキュメンタリー番組から生まれた言葉です。番組の正式タイトルは「プロジェクトX　挑戦者たち」でした。全放送作品は191本、オープニングのテーマ曲「地上の星」を歌った中島みゆきさんの歌声とともに記憶に残るものです。

番組に登場する人々は選ばれたエリートではなく、とがった天才、すごいプロフェッショナルでもありません。一見すると普通の社員、普通の労働者のなかに秘めたる力がある、そのことを強く訴える作品でした。「プロジェクトX」で取り上げられた物語は昭和時代のものです。平成の最初の10年（1989〜98年）はバブル崩壊による資産不況の時代でした。番組で取り上げられるような成功物語が少なかったのかもしれません。しかし、平成の1990年代にプロジェクトを上手に活用し、改革をドライブした企業は存在します。

トヨタのBRプロジェクト

トヨタ自動車には、改善は現場で行い、改革はヒエラルキーを横断するプロジェクトで行うという考え方があるようです。それを具現化しているのが、ＢＲプロジェクトです。トヨタではＢＲ組織と呼ぶこともあるようです。ただ、組織といっても組織図があるわけでなく、シャドウ・オーガニゼーション（陰の組織）というイメージです。

１９９３年に始まったＢＲは、当初は全社を横断する事務部門の改革プロジェクトでした。事務というのはオペレーションの流れなので、個々の機能、個々の部署の改善では限界があり、機能を横方向に横断し、全体最適での効率化を目指そうという活動でした。目標は事務量の30％削減でした。ＫＰＩは紙の量を30％減少させるということでした。30年前のことでしたので、事務の量と相関する紙の量は良い指標であったようです。

トヨタ自動車がＢＲプロジェクトを始めた背景には、バブル崩壊に伴う経営環境の悪化があります。ＢＲプロジェクトが取り組むテーマは、①直近の収益対策と円高対策、②業務およびマネジメントシステムの改革、③中長期政策、戦略の立案の三つの分野でした。各部門から寄せられたテーマは全社テーマ、部門テーマ、部内テーマに分類され、全社テーマと部門テーマは専務会（当時の最高意思決定機関）の承認を求めるというものでした。専務会が承認したテーマは、全社テーマが12項目、部門テーマが61項目でした。

プロジェクトに参加する社員は、既存組織での仕事に80％、プロジェクトでの仕事に20％を使うことが目安になりました。そのことを可能にするため、全社的な取り組みとして業務の30％を削減するという活動も平行して行っています。対象になる業務は間接業務でした。

間接業務は、そのまま放置すれば自己増殖し、社員の貴重な時間とエネルギーをスポンジのように吸い込みます。欧米企業では間接業務価値分析（Overhead Value Analysis）と呼び、25％程度の業務を減らす活動が１９７０～80年代に行われ、マッキンゼーなどがコンサルタントとして参加していました。トヨタは、新しいことをやるために古いものを捨てなければならないという法則を、きちんと認識していたのだと思います。

事務の合理化に効果を発揮したＢＲプロジェクトは１９９４年以降、活動の幅を大きく広げていきます。生産現場以外のすべての組織、技術部門、生産技術部門、営業部門や本社スタッフ部門に急速に浸透していきます。法則1で紹介したグローバル人事室プロジェクト（１９９８年に開始）は、ＢＲとして展開されたものです。

ＢＲは、現在ではグループ全体に波及する活動に成長しています。ＢＲに携わることになると、名刺にＢＲと印字される他、公表される幹部の役職などにも表示されます。近年では、ＣＡＳＥなどに関係する分野でＢＲプロジェクトが活動しています。ＢＲはトヨタグループの各社にも展開され、過去30年の間に活動したプロジェクトは１０００にのぼると思います。

ＢＲの特徴は、明確な目的と期間が存在するプロジェクトであるということです。グローバル人事室プロジェクトでは、開始当初のメンバーは前述したように4名でしたが3年間で１００名体制に拡大します。そして２００６年に解散します。

トヨタ自動車のＢＲプロジェクトは、日々のオペレーションに従事する社員が同時に企業の改革やイノベーションに取り組むという組織運営のスタイルを採用したものです。このスタイルは、第Ⅰ部第1章で述べたラーニング・オーガニゼーションそのものです。

ピーター・センゲは、**一人の偉大な経営者が全社を統率する中央集権型の組織でなく、すべての社員が改善と改革に自発的に取り組む組織運営を実現した企業のみが21世紀に繁栄する**と主張しました。トヨタ自動車はそれを実現した世界的にも稀有な企業であると思います。日本企業は１９９０年代に学ぶことを忘れたと言いましたが、トヨタ自動車は例外であったと言えます。

BRを支援するトヨタウェイ

そこで、トヨタのプロジェクト運営の形を導入すればどの企業もうまくいくのか、という疑問が浮かびます。結論から言えば、外形だけを真似ても実効的なものにはなりません。BRがトヨタ自動車で機能するのは、この会社に問題発見、問題解決の文化が存在するからです。すべての社員が日々のルーティン作業に加え、現場を歩き、街を歩き、問題を感じることを習慣にする文化が、トヨタ自動車には存在するのです。

ある幹部から聞いた話ですが、トヨタには現地・見物という言葉があるそうです。現地・現物でなく現地・見物というのは現場には行くが、何も発見せずに戻ってくるダメな行動を意味するそうです。多くの企業で、現場重視、現場主義という言葉が使われますが、その実態は現地・見物になっていると思います。

現地・現物と現地・見物は平仮名で読めば「け」に濁点がつくかつかないかの小さな違い、漢字にすれば見に王偏がつくかつかないかの小さな違いです。この小さな違いが巨大な組織能力の優劣を生み出すことをトヨタ自動車は認識し、その伝統を守る努力をしてきたのだと思います。

ソニーに独特のプロジェクト運営のスタイル

トヨタ自動車と比べると、ソニーにははっきりとしたプロジェクト運営の習慣や明確な仕組みは存在しないように見えます。『サイロ・エフェクト』（文藝春秋）という本を出した英国のジャーナリストは、ソニー低迷の原因としてサイロ化の問題を取り上げました。

ただ、ここで注意すべきは、事業間の連携で会社全体のシナジーを生み出そうという話と、事業を構成する機能間の顧客起点での連携の話は区別して考える必要があるということです。前者は、法則4で紹介した経営資源配分の効率化という経営目線の話です。後者は、現場目線での改革とイノベーション実現のための顧客起点での機能連携の話です。

後者の意味での連携は、ソニーでは制度や仕組みをつくらなくても自然に発生しているようです。盛田昭夫氏がソニー創業20周年を記念して書いた『学歴無用論』（朝日新聞社）という本があります。そのなかで盛田氏は、ソニーの課長は部長から言われたことを粛々と行うのでなく、自分の思いを実現するために組織の縦、横、斜めに勝手に働きかけていくと述べています。

ソニーだけが失われた30年の間に多くの新規事業を創造できたのは、若きリーダーたちが組織の管理者ではなく、事業創造のプロジェクト・リーダーとして行動したからだと思います。ソニーのCFOを務める十時裕樹氏が書いた『ぼくたちは、銀行を作った。』（集英社インターナショナル）には、創業時のプロジェクト・リーダーとしての活動が生き生きと語られています。

久夛良木健氏は本を書いていませんが、プレイステーションの創業は多くの関係者を巻き込む、一大プロジェクトでした。仕組みを活用するトヨタ自動車と個人パワーを使うソニーの違いはありますが、プロジェクトを通じて改革とイノベーションを実現するという点では共通するものを感じます。

繁栄した企業の横割り組織への挑戦

企業組織の原形は、エリートが統治するヒエラルキーです。その意義と弊害は法則3で述べましたが、失われた30年に繁栄したトヨタ自動車以外の伝統大企業は組織の問題をどのように克服していたのでしょうか。全体を通じて言えることは、どの企業も機能別組織の弊害を認識し、その克服に努力をしていたということです。

テルモの和地氏が導入したテルモビジネスユニットやセル組織は、トヨタのＢＲに近いものです。社員が機能のサイロに閉じこもるのでなく、新たな問題を発見し、主体的に機能を超えて解決することを可能にする取り組みだからです。和地氏は「縦割り組織の弊害」を、１９９０年代のテルモの5大疾病の一つとして明確に把握していました。

中外製薬も、社員が横連携できる体制を意識的に運用していたように感じます。「21世紀の中外製薬を考える会」など様々な部門から集まる若手社員がチームとして活動する機会の提供に加え、経営層、管理者層が横方向に連携することを可能にする仕組みを意図的に開発しているように見えます。会議体は報告の場でなく意見交換とディスカッションの場になるような配慮がなされています。私は多くの企業の会議に同席する機会が多いのですが、中外製薬の会議は静かな場ではなく、昔のホンダで言われた「ワイガヤ」の雰囲気を感じます。

伊藤忠商事は、総合商社のなかでは生活産業への取り組みが圧倒的に進んでいる会社ですが、その取り組みのなかでユーザー・インの発想力を磨いてきました。プロダクト・アウトでなくユーザー・インの発想を持てば、社員は自分が担当する商品・事業だけでなく、ユーザーが求める商品、事業を考えることになります。その結果として横連携が始まるのです。

横連携をせよ、とトップが命じても始まりません。横連携は社員が必要と感じたときに自然に発生するも

のです。DXという軸で組織横断の体制をつくってもうまくいきません。DXはデジタル化（業務の機械化）やデジタライゼーション（データの共同利用）とは異なり、顧客や社会の困りごとを解決することです。その前提はユーザー・インの発想なのです。

ダイキン工業における中期経営計画がFUSIONと呼ばれることは何回か述べました。FUSIONは計画と実行の融合という意味と説明しましたが、より根本的には社員の多様なアイデアの融合という意味があるそうです。一つの部署が担当し、部署の仕事として専門化するのでなく、中期経営計画の策定そのものが一つのプロジェクトになっているように見えます。

中国への進出計画についても、生産と営業が別々に考え行動するのでなく、法則7で述べたように中国に天井文化をつくるというユーザーインの発想で仕事に取り組めば、活動は自ずと組織横断的になるのだと思います。

村田製作所における若手社員参加の中期経営計画も、ダイキン工業のFUSIONと同様に組織横断活動の性格が強く感じられます。大和ハウスについては法則7でスッポン経営というメッセージで紹介しましたが、土地を持つオーナーのあらゆるニーズを探索し、そのニーズに応えるためには組織を横断する連携が必要になり、組織は相互に協力し合うということになります。

コマツにおけるコムトラックスの開発も、ダントツのユーザーサービスを提供するという骨太のビジョンの結果、営業、サービス、ITなど様々な部門が連携する組織横断的な活動になるのです。

ヒューリックでは、ヒューリックが掲げる成長へのビジョンである高齢者・健康、観光、環境という三つのテーマ（ヒューリックではきつい、汚い、危険の3Kでない3Kと呼びます）への取り組みが、「横串」として機能組織を横断する体制をつくっています。ヒューリックの場合はプロジェクトを超え、シャドウでないマトリクス組織になっていますが、機能を横断するという点が重要です。

法則6で紹介したトヨタ自動車の開発主査もプロジェクト・リーダーと言えます。直属の部下は少なく、開発、生産、営業の全機能を横串で横断し、各機能を連携させる役割だからです。ソニーのSAPも、新事業を創造するために機能を横断するプロジェクトと言うことができます。

人はプロジェクトで成長する

プロジェクトを活用する企業は、それが改革とイノベーションに有効であるということだけでなく、人材育成の場であることに気づいているように思います。

日本を代表し世界に展開するある大企業のCEOの部長時代の話です。そのとき、その方が話されていたのは、「私は部長としてラインの仕事をしているが、同時に会社を代表する特命のプロジェクトのリーダーでもある。時間の配分は前者が30％、後者が70％」ということでした。

その方は、このプロジェクトで大きな成果を上げられました。経営者として大きく成長された方は、ほとんど例外なくラインの仕事をしながら、プロジェクトを経験しています。プロジェクトに専任するのではなく、ラインの仕事とプロジェクトの仕事を同時に行っているのです。

2010年代になると、経営人材の開発という観点から候補者のアセスメントをする活動が広がりました。私も多くの日本企業で経営人材候補のアセスメントに関与し、大勢の候補者インタビューをしてきました。

経営者には今を守る役割と未来を創る役割の二つがあります。前者において重要なのは「達成意欲」「組織管理力」「実行力」「ロジカルな構想力」ですが、これらの力量はほとんどの候補者に共通に観察され、あまり差は見られません。

一方、未来を創るために求められる姿勢や行動で重要となる「好奇心」「想像力」「リーダーシップ（新しいことを権限の力を使わずに推進する）」「組織開発力」などは、一部の人にしか観察されません。そして、そのような力量が観察された人はほぼ例外なく、プロジェクトを経験しています。

海外市場の開拓、破綻した事業や企業の再生、外国企業とのジョイント・ベンチャーの運営、M&Aの後の統合（Post Merger Integration）への参画、小規模な海外拠点での一人社員の経験などを通じて、未来を創造するためのコンピテンシーが磨かれるのです。世界最大の民間石油会社であるエクソンモービルも、プロジェクトを経営人材の育成に積極的に活用しています。機能のヒエラルキーを横断し、改革の芽を見出し、実行するのが、プロジェクトの役割です。このプロジェクト・リーダーから将来の経営リーダーが生まれるのです。

個々の社員の顧客起点のミッションが組織連携を駆動する

どんな企業も一人の、あるいは数名の創業者から生まれます。創業の段階では、彼らは文字通り全機能に関わります。そのなかで成長し、大規模化する企業が分業の概念（18世紀に活躍し、経済学の始祖と呼ばれる英国人のアダム・スミスが説いた分業が効率を生み、規模を拡大するという概念）を信じ、機能別の組織運営を始めます。機能は知識、ノウハウを蓄積し、効率的な企業運営を実現します。

しかし、機能別組織ができることは効率の促進です。**イノベーション、自己否定にもつながる改革、事業の創造は、顧客起点、顧客のニーズや問題を解決するというミッションに焚きつけられた機能横断活動が必**

須であることをしっかりと認識した企業においてのみ生まれるものです。

「わが社はＤＸが遅れている」「わが社には新事業が生まれていない」「わが社はオープンイノベーションが進んでいない」という自社の都合で対症療法的にＤＸ本部や新事業本部、他社との協力を推進する本部や部署をつくっても決して成功しません。法則7で紹介したように、失われた30年に繁栄した企業は皆、顧客起点の考え方と行動が浸透しているので、自ずと組織横断の連携が生まれているのです。

第4章 威圧的でないＣＥＯ

ＣＥＯはその企業で圧倒的な実績を上げた成功者であり、絶大な権限を持ちます。多くの社員は、ＣＥＯの前では意見を表明することを控えるようになります。強い意見を持つ社員も雄弁は銀、沈黙は金なりと考えるようになります。私自身も経営会議のような場に同席することがあるのですが、ＣＥＯが支配的な存在になっている企業が多いというのが実際です。メンバーが先を争って意見を述べ、ＣＥＯが静かに聞いているという企業は少ないと思います。

私にはある興味深い経験があります。誰もが知る米国の超一流企業から次期ＣＥＯ候補になっているフランス人にコーチングをする依頼を受けたのです。お会いすると頭脳明晰、素晴らしい人柄でとても私がコーチをできるとは思いませんでしたので、辞退することにしました。

「非の打ちどころのない人物で今、取り組むべき課題もないと思う」というのが、私の意見でした。それに対して企業からは一つ、重大な課題があるというメッセージが寄せられました。それは「部下が彼に意見を言うことがなく、このままだと裸の王様になるリスクがある」ということでした。彼があまりに博識ですべてを知り尽くしているため、部下が萎縮しているというのです。

コーチングの顛末は別として、その米国企業が考えるＣＥＯの姿は、20世紀型の威厳に満ちたビジョナリーリーダーとは随分、違うものになりつつある、そんなことを感じた次第です。

そして、**失われた30年に繁栄した大企業のCEOの振る舞いを観察すると、ある共通の特徴が浮かび上がってきました。それは君臨するのでなく、社長と第一線の社員とのコミュニケーションを意味あるものにするためにきめの細かい工夫をする姿勢です。**

法則9――CEOが研修講師になる

CEOが研修講師になるというのは、ジャック・ウェルチ氏が率いた繁栄のGEにおいて評判になったことです。ニューヨーク州とニュージャージー州の境を流れるハドソン川の中流にあるクロトンビルという町にGEの研修所ができたのは1956年、今から約70年前のことでした。

当時のCEOであったラルフ・コーディナー氏は第二次世界大戦が終了した20世紀後半を展望し、GEの成長を阻む重大な課題は何かを考えます。コーディナー氏の結論は、GEには優秀なマネジャーは豊富に存在するが経営者のプールが薄いということでした。現場のPDCAを行う人材はいるが、経営者のPDCAができる人材を育成する必要があるということでした。

コーディナー氏は、経営者のPDCAはPOIMであると言ったそうです。PはPlanですが、DoではなくOrganize、CheckでなくIntegrate、ActionでなくMonitorという意味だそうです。Organizeとは組織図をつくるのでなく、組織ケイパビリティをつくること。Integrateとはバラバラに行動する機能を一定の目的に向けて統合すること、Monitorとは計画の進捗を観察し、修正し、実行に結びつけることでした。

このことを当時のマネジャーに伝えるため、13週間の研修が企画され、コーディナー氏も頻繁に教壇に立ったと言われます。ＧＥにおける経営者が次世代の人材を育成するという習慣は、この頃生まれたのです。

ＧＥがクロトンビル研修センターをつくったとき、欧州でも同様の取り組みが始まっています。ネスレも欧州初の経営研修センターをつくります。今、欧州を代表するビジネススクールであるＩＭＤの原流になった取り組みです。ネスレにおいても経営者が研修に参加し、主導的な役割を果たす習慣は続いています。

多くの日本企業では、経営者が社員研修に積極的に参加するという習慣はありません。また、研修に企業が投入する時間とエネルギーも「失われた30年」の間に減退していきます。新入社員研修を受けた後は十数年後に新任課長研修があり、それが大多数の社員にとっては最後の研修になるという企業が多いようです。

しかし、本書で取り上げる繁栄した企業では様相は異なります。経営者自身が研修を企画し、講師として活躍しています。

信越化学の研修：社長と社員との真剣勝負の場

経営者が研修を主導する代表的な例として信越化学の会長である金川千尋氏の話を紹介します。

「信越化学では入社式を最初の研修として位置づけている。その為、会長や社長がダラダラと訓示を述べるようなことはしない。入社式では、私が新入社員からの質問に答えることに多くの時間を割くようにしている。会長や社長が一方的に話す訓示を聞く受け身の姿勢でなく、みずから考えることの大切さを新入社員に理解してほしいと思っている。相手に質問をするとなると、必死に頭で考えなくてはならない。マニュアルなど何もない状況で、自社のことを自分で調べ、自分の目指すところを思い描きながら、質問を考えていく。学校を出たばかりの新入社員にそうした質問を考えさせることが、人材を鍛える第一歩になる」（金川千尋

『常在戦場』宝島社）

「一方、管理職についても研修をおこなっているが、これも講師を社外から呼んで話を聞くといったやり方はとらない。トップと現場のコミュニケーションこそが人材を育てるとの考え方から、質疑応答を中心にやっている。特に部長になった人については、私に対して質疑応答する時間をたっぷりとってもらう。……（中略）……この質疑応答は真剣勝負であり、私も通り一遍の答えでごまかしたりはしない。質問に答える前に、その人が取り組んでいる事業に対して、詳しく話を聞く。……（中略）……1つの質問に対する答えが10分を超えることもある。私からの回答が本気のものだとわかっているからこそ、質問する側も本気になる」（同前）

新任課長研修に社長が登壇するテルモ

これは私自身が直接、経験したことです。私は最近、企業の課長級社員の研修に積極的に参加しています。日本企業のイノベーションと成長のために第一線のリーダーである中核管理職としてのパワーの発揮が重要だと考えるからです。

テルモでもそのような機会をいただき、短い講演をしたのですが、驚きの経験をしました。私の前に90分のセッションを持たれた方がいて、その方が佐藤慎次郎社長だったのです。役員層を対象にする研修ならば時には社長の登壇もあるのですが、ほとんどは10分くらいの挨拶で終わります。私は会場に入ったとき、参加者の方々の笑顔と目の輝きを感じましたが、ＣＥＯがその場にいたのであれば当然のことと思います。

ＣＥＯが自分たちに関心を抱いている、ＣＥＯの熱量が自分たちに乗り移ってきた、そんな思いを会場にいた参加者は持っていたのではないでしょうか。

本書でもテルモの再生期における和地元会長の活躍を紹介してきました。和地氏も2年半をかけて社員全員に会うという目標を掲げ、実行された方です。テルモには経営者が現場に下りていくというい意味でのトップダウン（トヨタ自動車の豊田章男氏が使われる表現）の伝統が生きていることを、強く感じました。

ソニーとトヨタが始めたコーポレート・ユニバーシティ

ＧＥのクロトンビル研修センターはその後、ジャック・ウェルチ氏の時代にはコーポレート・ユニバーシティと呼ばれるようになり、世界の企業が「ＧＥから学べ！」をスローガンとしてＧＥを訪問し、学び、そのノウハウが世界中に広がっていきました。

この動きにいち早く反応した企業がソニーとトヨタでした。ソニーは当時、本社があった御殿山に新しい研修センターをつくります。トヨタは静岡県の三ケ日にトヨタインスティテュートを建設します。１９９０年代から２０００年代初頭の不況期にＣＥＯが主導し、新しい研修施設まで建設した企業はソニーとトヨタ以外にはないと思います。

２０００年に設立されたソニーユニバーシティの特徴は、経営トップとの直接対話です。出井ＣＥＯ、安藤国威ＣＯＯが積極的にプログラムに参加し、参加者との質疑応答に励んでいました。２０１２年にはシンガポールに分校をつくっていますので、経営トップの人材育成への思いは当時の厳しい経営環境のなかでも地下水脈のように流れていたのだと思います。

ソニーの再生に大きな貢献をした平井一夫氏は、既に述べたように第一線の社員とのコミュニケーションを大切にされました。研修の場でも時間とエネルギーを傾注されていたと想像します。

トヨタインスティテュートは、トヨタウェイの共有を主たる目的として2002年1月に設立されます。学長は当時CEOであった張富士夫氏でした。私も三ケ日の山の上にある施設をたびたび訪れましたが、随分、立派な施設だと感じたのを覚えています。もちろん、大切なのは施設でなく中身ですが、人材育成に関してCEOだけでなく経営陣が強くコミットする姿勢は、現在も続いています。

トヨタには「教え、教えられる」という言葉があります。経営者が部長を教える、部長が課長を教える、課長が社員を教える、そして教えることで自分の至らぬことを知るという意味です。講師として研修の演壇に立つことで、参加者との質疑応答を通じて様々な学びの機会があるということなのだと思います。

もちろん、教え、教えられる関係は研修の場だけでなく、日々の業務においても存在します。トヨタでは、管理職クラスの社員が経営者の秘書のような形で数カ月間行動をともにする、という仕組みも導入されています。

多くの日本企業では、OJTが人材育成の基本であると言われます。もちろん正論ですが、実際は部下を現場に放置し、勝手にやらせるというケースが多いように思います。多くの日本企業はOJTの意味を誤解し、本来のOJTとは似て非なるものになっています。OJTは1900年代初頭に米国で生まれた人材育成の手法ですが、それは現場で実際の業務を通じて上司が部下を育成する系統的な手法であり、ノウハウなのです。トヨタ自動車は、本来のOJTを実践している稀有な会社です。

ダイキン工業：社長と社員の心の交流

私はダイキン工業の井上礼之会長の著作や経済誌でのインタビュー記事を精読するようにしています。多くのエグゼクティブのアセスメントを仕事の一つとしてきた経験をもとに本や雑誌で得られる情報を分析すると、井上氏はＥＱが圧倒的に高いという印象を持ちます。

デール・カーネギーという人が書いた *How to win friends and influence people*（邦訳『人を動かす』創元社）は日本で５００万部が販売されているとのことです。カーネギーはこの本のなかで「人に関心を持ち、人を知ること」が人を動かす出発点であると説いています。井上氏はこの原則を実践されている経営者だと思います。

人事部長時代には年始にすべてのメンバーとの文通を行い、メンバーの思いや希望を書いてもらい、赤字でコメントを書いて返信するという習慣を持たれていました。まだメールのない時代ですので、相当の苦労であったと推察されます。

海外の現地幹部との交流においても、昼間のフォーマルな会議だけでなく、夜のインフォーマルな会合を大切にされます。夫婦同伴でのディナーに招待し、コンサートに一緒に出かけ、彼らの話を聞き、人としての思いを理解することに努めます。自分の思いを語るのでなく、相手の話を聞くことに努力をされています。インフォーマルなコミュニケーションを大切にされます。

「企業内の情報というものは、下意上達のプロセスの中で、フィルターがかかります。現場にある雑多な事実が混在した情報を『泥水の情報』と言います。そこから担当部署や担当者が上に報告しにくいこと、隠しておきたいことなどの不都合な部分を意図的に取り除いていくと、体裁のいい情報ばかりの、いわばミネラルウォーターに変わってしまうのです。そのようにして上がってきた『真水の情報』に頼ると、足をすくわれます」（井上礼之『人を知り、心を動かす』プレジデント社）

素晴らしいビジョン、計画やガバナンスの仕組みがあっても不祥事が起きる企業、大きな決断を経営者が間違う企業を観察すると、綺麗な真水のような情報しか経営者に届かないケースがほとんどです。法則9のタイトルである「CEOが研修講師になる」を井上氏がどれほど実践されているかはわかりませんが、毎年、新入社員との対話を楽しみにされ、そこからも学びを得ているとのことです。研修の場でも活躍されていることと想像しています。

無印良品の人材育成委員会と海外課長研修

無印良品には、月に二度開催される人材育成委員会という仕組みがありました。社長が委員長になり、一回の会合に全部門の半分が参加するので、どの部門長も月に一回は参加することになります。

私は多くの企業の人事関係者と交流していますが、このような委員会がある会社は少ないと思います。しかも、月二回というのは相当の頻度です。

本来、人材育成は各部門が責任を持って行うべきことですが、その責任を忘れ、人事部や人材開発部に依存する形になっている企業が多いと思います。その意味で、無印良品は人材開発の本来の姿を果たしている企業だと言えます。

前述したように無印良品は21世紀に急速にグローバル化しますが、それを支えるプログラムとして課長層を対象にした海外研修があります。３カ月間海外に行くことは前提ですが、どの国に行って、何を学ぶかは参加する当人がすべて決め、計画もすべて本人が立て、実行する仕組みです。数百万円の費用は会社が負担しますが、使い方は本人の自由裁量です。

帰国後は、何を学び会社の業務にどのように活かすのかを、人材育成委員会で報告してもらうというルールだそうです。報告の場には会長も社長も出席し、活発な意見交換がなされるそうです。まさに経営トップが主導し、運営する研修プログラムであり、日本企業では他に類例はないと思います。本当に稀有な取り組みです。

細谷英二氏のりそな社員への思いやり

りそな銀行の再生に尽力された細谷英二氏は、ご自身の思いを社員に頻繁に発信されていました。その内容は、既に述べたとおり社員向けの冊子にまとめられています。全体を拝読して感じるのは、社員への思いやりです。

３兆円の公的資金を受けた銀行を再生するには、厳しい痛みを伴う決断と実行が避けられません。りそな銀行も海外事業からの全面撤退などの苦しい決断をします。しかし、その冊子を読むと、現場で奮闘する社員への感謝、思いやりが伝わってきます。

細谷氏の応接間には、ドラッカーの著作と『論語』が置かれていて、折に触れて読み返していたそうです。孔子の「忠恕」という言葉を座右の銘にされていたようです。忠とは誠実さ、恕《じょ》とは思いやりです。

りそな銀行はホスピタリティにあふれるサービスを顧客に提供することを、社員の姿勢と行動の基準にしています。そのための社員への研修に関して細谷氏が述べていることを引用します。

「今、東京ディズニーランドで毎年、ホスピタリティ研修を受けさせているんですが、その研修のスタートではまず朝一番に私が10分か15分か話したりしています。それから1店舗に必ずホスピタリティサポーターというのを置いているんですが、そういうリーダーの集まりには必ず私が行って私の体験談や思いを伝えたりしています」（『Business Research 60周年記念特別号』一般社団法人企業研究会）

ＣＥＯが研修講師になる会社では、ＣＥＯだけでなく、幹部社員が皆、研修の講師になります。役員は部長研修の講師になる、部長は課長研修の講師になる、課長は一般社員研修の講師になるのが当たり前です。りそな銀行でもそのような習慣があるようです。新卒社員の入社式では、社員が社長に自由に質問することができるそうです。「社長の年収はいくらですか」という質問も許されるそうです。

法則10――ハイカラでなく愚直。あまり目立たないＣＥＯ

法則10のタイトルは「ハイカラでなく愚直。あまり目立たないＣＥＯ」としました。

ハイカラという言葉は、明治時代の日本に生まれました。西洋の服装、生活習慣が急速に日本に流入するなかでいち早くそれらを取り入れる様を形容した言葉です。目新しく、洒落ているというイメージです。

ハイカラの反対語はバンカラです。西洋風の身なり、生活様式に対するアンチテーゼとして同じく明治時代に生まれた言葉です。しかし、バンカラという言葉は日本語として定着していないので、私は愚直という言葉を使います。

アップルの創業者として有名なスティーブ・ジョブズのStay Hungry, Stay Foolishという言葉（スタンフ

ォード大学の２００５年６月の卒業式での演説の最後に使った言葉）が法則10でいう愚直の意味です。この言葉はジョブズ氏がつくったものではなく、『全地球カタログ』の最終号の裏表紙に書かれた言葉です。『全地球カタログ』とは、１９７０年代のシリコンバレーの若者の心を捉えた出版物でした。

Stay Hungry とは安易な仕事に満足せず、途方もない目標を持ち、挑み続けることです。Stay Foolish とは「そんなことは不可能だ。早く結果を出せ」と囁く周囲の人々の嘲笑にいい意味で鈍感である、ということです。

法則10のタイトルの後半の「あまり目立たない存在」というのは少し説明が必要です。ＣＥＯの果たす役割は重大です。しかし、どのような役割をどのように果たすのかは、時代とともに変わります。

スティーブ・ジョブズ氏は世界の多くの人が知っている人物です。しかし、後継者のティム・クック氏の名前を知る日本人は多くないと思います。グーグルを大きく発展させたエリック・シュミット氏も同様に知られていないと思います。彼は、グーグルのＣＥＯは企業文化であると言い放ちます。シュミット氏の後継者であるサンダー・ピチャイ氏は、さらに知られていないと思います。マイクロソフトのビル・ゲイツ氏の名前を知らない人は稀ですが、現ＣＥＯのサティア・ナデラ氏の名前を知る人は少ないと思います。アマゾンのジェフ・ベゾス氏の有名さに比べて、現ＣＥＯのアンディ・ジャシー氏についてはほとんどの人が知りません。

米国では創業者は別にして、その後継者は皆、あまり目立たない、しかし、立派な業績を上げているというのが実際です。そして、その経営の形は、個人のビジョンと構想で組織を牽引するビジョナリーリーダー（米国の有名な経営コンサルタントのジム・コリンズが１９９５年に著した『ビジョナリーカンパニー』〔日経ＢＰ〕のタイトルとともに、有名になった言葉）ではなく、社員を主役に据え、社員が良い仕事ができる環境を開発する、良き企業文化が会社をドライブするという最も困難な挑戦をする企業が増えています。法則10では、こうした三つの視点で「失われた30年」に繁栄した企業の特徴を考えてみます。

・その企業はどんなテーマ、目標に挑んだのか
・その企業は目標やテーマを実現するために、企業の体質や文化の開発にどのように励んだのか
・その企業を率いた経営者は、どのような経営者であったのか

皆、エベレストを目指し、挑戦した

調査を行った企業に共通の特徴は、１９９０年代のバブル不況の時代に誰もが短期的な構造改革でなく、骨太の大きなテーマを直感することができたということにあります。

「骨太の大きなテーマを直感する」という言葉は、テルモの佐藤慎次郎社長が使われたものです。１９９０年代の苦境期にテルモを率いた和地孝氏は、「高尾山でなく、富士山でもなく、テルモはエベレストを目指す」というメッセージを社員に発信しています。体温計の会社から人間の生命に直結する心臓疾患を診断し、治療する最先端の医療機器を開発する世界的メーカーになるということです。同じヘルスケア産業における中外製薬も、グロンサンという大衆薬の会社から世界トップクラスのバイオ医薬品メーカーになるという飛躍的なテーマを掲げていました。

ダイキン工業、コマツ、伊藤忠商事、無印良品は、中国経済の劇的な成長を予感し、中国市場におけるト

ップ企業になり、中国での成功をテコにして地球規模のグローバルカンパニーになることを目指しました。トヨタ自動車は、三河のトヨタから多国籍企業を飛び越え、一気にグローバル企業になることを目指し、世界に翼を広げていきました。

村田製作所はスマートフォンの時代をいち早く直感し、エレクトロニクス業界のイノベーターになることを経営理念の中核に据えます。大和ハウスは新築一戸建ての長期的な減少という日本市場の宿命的な課題に臆することなく、徹底的な顧客起点の事業展開を進めます。ヒューリックも同様に、居住者の快適な環境の実現という骨太のテーマを掲げます。

野村総合研究所は、クラウドという言葉が存在しなかった時代に、中小企業の事務を運営するソフトウエアの共同利用プログラムというクラウド事業を始めます。りそな銀行は、リテール・フィナンシャル・サービス・カンパニーへの体質革新に挑戦します。

みずほ証券はフィナンシャルグループが誕生したときから、野村證券に匹敵する総合証券会社になるという野心を掲げます。１９８９年末における世界の企業の時価総額ランキングでは1位がＮＴＴ、２位は日本興業銀行でした。野村證券は14位でした。当時は投資銀行の覇権を日本興業銀行と野村證券が争っていましたので、みずほフィナンシャルグループ誕生時に証券子会社の人たちがそのような目標を持つことは自然なことであったと思います。

無印良品は「世界で成功しない会社は日本でも成功しない」というスローガンを掲げ、中国進出をテコに日本発の、華美でない、しかし素敵な生活を実現するというテーマに挑みます。

唯一、例外と言える会社は信越化学です。未来を語るのでなく、今日をしっかりと生き抜くという姿勢が貫徹されています。「今日やるべきことを成し遂げていない会社が、３年先、10年先のことを達成できるはずがない」（金川千尋『常在戦場』宝島社）ということです。
失われた30年に繁栄した会社は皆、平凡な目標でなく、世界の最高峰を目指していました。

皆、「実行」という一番難しい問題に挑戦した

企業経営における最も難しい問題は、「実行する」企業体質をつくることにあります。２００２年に出版された*Execution*という本があります。ＧＥでキャリアを積み、アライドシグナルの再生に貢献したラリー・ボシディ氏とハーバード大学教授であったラム・チャラン氏の共著で、２００３年に『経営は「実行」』（日本経済新聞社）というタイトルで翻訳が出版されています。

戦略について書かれた本は山のようにありますが、「実行」に焦点を当てた本で日本語に翻訳されたものは、この本と前出の『エマソン　妥協なき経営』（ダイヤモンド社）と『なぜ、わかっていても実行できないのか』（日本経済新聞出版社）の三冊ぐらいしかありません。

「実行の文化を根づかせるのは難しいが、失うのは簡単だ。……（中略）……根本的な問題は、実行がビジネスの戦術だととらえられ、リーダーは実行を他人にまかせ、もっと大きな問題に注力すべきだと考えられている点にある。この考え方は完全に間違っている。実行は単なる戦術でない。一つの必修科目であり体系だ。……（中略）……企業リーダーの多くは、最新の経営手法を学び、社内に広めることに膨大な時間を費やしている。しかし、実行を理解せず、実践しなければ、学び、主張してきたことの価値がなくなる。土台を作らずに、家をたてているようなものだ」（『経営は「実行」』日本経済新聞社）

実行という視点で対象にした企業を考察すると皆、このテーマに挑戦したことが明らかです。無印良品の再生を果たした松井忠三氏は『経営は「実行」』を読み、法則6で紹介したように企業体質、企業文化を根本的に変えるための仕組みづくりに着手し、愚直に継続します。

ダイキン工業の井上礼之氏は「戦略二流、実行力一流」のスローガンを掲げ、計画と実行の融合、FUSIONを20年以上も継続しています。村田製作所も経営理念や戦略が絵に描いた餅にならないよう、社員参加の計画づくりを通じて実行力を担保してきました。

トヨタ自動車はトヨタウェイ、コマツはコマツウェイの策定と浸透を通じて事業のグローバル化を支える人材基盤を粘り強く開発してきました。

ソニーの平井一夫氏は、消えかけていたが完全には消えていなかった「エンジニア魂」を復活させるためのSAPの取り組みを始め、第一線の社員とのコミュニケーションを継続します。プロ投資家であるサード・ポイントによる会社分割の要請を断り、OBからの「会社を潰す気か」という攻撃にも屈せず、初心を貫いたと言えます。

信越化学の金川千尋氏は「会社には評論家はいらない」と述べ、実行を重視する企業体質づくりを継続してきました。私はある経営者からうかがった江戸時代の薩摩藩の人材評価基準を思い出しました。5段階の評価で最高の5は新しいことに挑戦し、成功した人、4は挑戦したが失敗した人、3は挑戦を支援した人、2は何もしなかった人、そして最低の1が批判だけをする評論家でした。金川氏は何が実行を阻むのか、深く考えられたのだと思います。

テルモの和地孝氏は、組織の歯車として活動する社員を救いだし、自発的に考え、主体的に行動する風土づくりに10年を超える努力を継続されました。中外製薬の永山治氏は、自由闊達な組織風土の醸成に心血を注がれました。挑戦に失敗してもそれは本人の責任でなく、挑戦を認めた経営者の責任であることを、身をもって示されていたとのことです。

皆、社員の心をケアした

『ヒューリックドリーム』（日経ＢＰ）という本があります。西浦三郎会長が執筆し２０１７年に出版されました。そのなかにヒューリックの福利厚生制度が紹介されています。

・住宅ローンの金利１％を超える部分は会社負担（上限あり）
・満30歳未満の社員は独身寮の使用料が無料
・全社員が人間ドック並みの健康診断を受診可
・社員が在職中に死亡した場合、１０００万円の弔慰金を支給し、養育中の子が22歳になるまでは月15万円を支給。配偶者が無職の場合、希望すればグループ企業で雇用
・本社ビル内の喫茶店、売店が用意する朝食、昼食、飲み物の費用は会社負担
・第一子10万円、第二子20万円、第三子以降に１００万円支給
・育児休業は子が満４歳になるまで取得可
・事業所内保育所の設置（マイカー通勤可、駐車場代は会社負担）
・通算で２年間の看護休業取得可

経営者が書いた本のなかで福利厚生制度が紹介されたケースは初めてではないでしょうか。ヒューリック

は、社員の満足ややりがいの調査で評判になる会社があると実際に訪問し、良い制度はどんどん採用するそうです。

伊藤忠商事ではがんにかかった社員へのケアの制度があります。がんにおびえることなく、負けることなく、働き続けられる環境を支援するという思いで「がんとの両立支援施策」を推進しています。

・予防：国立がん研究センター中央病院と提携し、40歳以上の社員は定期的に特別がん検診を義務化。検診費用は全額会社負担。検診結果に応じて早期の精密検査を実施

・治療：国立がん研究センター専門医による即時治療。高度先進医療費を全額補助

・共生：社内の相談窓口を担う両立支援コーディネーターの設置（主治医、社内の保健師や産業医、職場メンバーと連携強化）、療養中の社員が在職中に死去した場合の子女育英資金制度（小学校入学から大学院卒業までの学費支給）の水準引き上げ、社員の配偶者や子どもの就労支援

福利厚生制度はどの会社にもあると思います。しかし、ヒューリックと伊藤忠の制度には社員への心がこもっていると強く感じます。社員の方々も同様の共感を持たれていると思います。

法則2で紹介した『ニューズウィーク日本版』の「日本の働きがいのある会社トップ50社」は、日本にある企業ということで日本企業だけでなく外資系企業の日本支社も対象になっています。50社のうち、ベスト10の順位は以下のとおりです。

1. グーグル

2. 中外製薬

3. リクルート
4. セールスフォース・ジャパン
5. プルデンシャル生命保険
6. アビームコンサルティング
7. P&Gジャパン
8. ソニーグループ
9. 日本マイクロソフト
10. デロイトトーマツコンサルティング

50社の大半は外資系企業、コンサルティングファームで、伝統的な日本企業の影は薄いです。こうしたなかで中外製薬がグーグルに次いで2位にランキングされていることは、特筆すべきことだと思います。

中外製薬は社員意識調査に社長を含む経営者が熱心に取り組む会社として有名です。単に調査を行うだけでなく、社員へのコミュニケーションのあり方など細かい気配りをされ、経営陣もそうした会話に熱心に関与する独特な雰囲気を持つ会社であると思います。

ソニーも社員エンゲージメントに深い関心を寄せます。エンゲージメント調査の結果は、経営陣の業績評価の項目にもなっていて、その結果の良し悪しは賞与の額にも影響するということです。社員エンゲージメントの結果を経営者の報酬に連動させる企業としては、米国のフェデックスなどが有名ですが、日本にはそのような企業は少ないと思います。

この他、調査対象企業では野村総合研究所が13位、伊藤忠商事が16位、トヨタ自動車が30位に入ってます。

皆、ハイカラではなかった

ハイカラな会社とは欧米から渡来し、流行するブームに乗り、先進性を謳う会社です。ＥＳＧ、ＳＤＧｓ、ＤＸ、ＤＥ＆Ｉ、ジョブ型雇用、女性活躍推進などの取り組みを表面的に実施し、世間にアピールする会社です。コーポレートガバナンス・コードの求めに応じ、役員候補者のスキルマップを形式的に表示している会社です。人的資本経営が重要だと言われれば、統合報告書に綺麗なメッセージを書き込む企業です。

トヨタ自動車の取締役候補補のスキルマトリクスには、以下の項目が含まれています。

・企業経営
・ガバナンス
・グローバル
・財務・会計
・環境・エネルギー
・ソフト・デジタル
・技術開発
・生産
・スポーツ・モータースポーツ
・**人材育成**

このスキルマトリクスの最後の項目、人材育成にトヨタ自動車の個性が強く出ています。

図表11 | トヨタ自動車:取締役・監査役のスキルマトリクス

		企業経営	ガバナンス	グローバル	財務・会計	環境・エネルギー	ソフト・デジタル	技術開発	生産	スポーツ・モータースポーツ	人材育成
内山田竹志	取締役会長	●	●	●		●	●	●	●		●
早川茂	取締役副会長	●	●	●		●				●	●
豊田章男	取締役社長	●	●	●	●	●	●	●	●	●	●
James Kuffner	取締役	●	●	●		●	●	●			●
近健太	取締役	●	●	●	●						●
前田昌彦	取締役	●	●	●		●	●	●	●		●
菅原郁郎	社外取締役	●	●	●		●	●				●
Sir Philip Craven	社外取締役	●	●	●						●	●
工藤禎子	社外取締役	●	●	●	●	●	●				●
加藤治彦	監査役	●	●	●	●						●
安田政秀	監査役	●	●	●				●	●		●
小倉克幸	監査役	●	●	●	●						●
和気洋子	社外監査役		●	●	●	●					●
小津博司	社外監査役		●	●	●						●
George Olcott	社外監査役	●	●	●	●						●

出典：2022年、第118回定時株主総会招集ご通知（トヨタ自動車）

人事の諸施策のなかでも採用、評価、配置、処遇などと比べて人材育成は難しく、時間がかかる活動であり、愚直な努力の継続が求められます。そして、取締役、監査役15名の全員がこの項目には「肯」のマークがついていてほほえましい感じになりました。

人材育成は人的資本経営の一丁目一番地ですが、スキルマトリクスのなかに人材育成という項目を見ることはほとんどありません。調査対象にした15社のなかでこの項目があるのは、トヨタ以外にはコマツだけでした。人事という項目が入っているケースは全体の2割くらいで、その場合も人事、労務・人材開発という広い切り口が一般的です。図表11にトヨタ自動車のスキルマトリクスを掲載しました。

伊藤忠商事が新たに掲げる経営理念は「三方よし」です。企業行動指針は「ひとりの商人、無数の使命」となっています。商人魂を原点に個の力を発揮してほしいという願いが込められています。ソニーはエンジニア魂を謳い、KANDO（感動）という言葉を大切にします。いずれもハイカラでなく、いい意味でバンカラです。

トヨタ自動車は「豊田綱領」を永遠不滅の心構えとして打ち出しています。テルモは、北里柴三郎博士の写真と創業メンバーとなった思いを語っています。中外製薬は関東大震災で多数の負傷者が出たとき、医薬品が不足して人を救えなかったことが創業の原点であったことを語っています。

最後に「あまり目立たないＣＥＯ」という法則10の最後のフレーズについて説明します。ＣＥＯが目立つケースは、選択と集中、事業ポートフォリオの大胆な組み替え、巨額な投資やM&Aを行った場合です。過去の否定、破壊に挑むＣＥＯも話題にのぼり目立つことになります。今回、取り上げた15の企業のＣＥＯは、このような取り組みはあまり行いませんでした。社員のポテンシャルを信じ、社員を勇気づけ、成長への愚直な取り組みを継続した、だから世間の話題になることもなく、目立つ機会がなかった、ということです。

第5章

成長できなかった伝統大企業に学ぶ

本章では困難な改革に挑んだにもかかわらず、成長という果実を得ることができなかった伝統大企業の軌跡を振り返り、成長の10の法則と照らし合わせながら、挫折の背景を考察します。

成功の反対語は失敗ではありません。成功の反対語は、挑戦しなかったことです。そうした意味では、これから紹介する企業は皆、挑戦しました。**法則10で紹介した薩摩藩の評価基準を物差しにすれば、5段階の5ではないが、4であることは間違いありません。**経営者や社員の努力は大変なものです。私のような第三者が軽々と述べることではないかもしれません。5段階評価の1、単に評論し批判する意図はまったくありません。学びを得ることが目的です。

全体を通して言えることは、**一見すると小さな思い違い、小さな判断や無意識の行動が結局は大きな違いを生んでしまうということです。成功と失敗は本当に紙一重、それは神様がサイコロを振って決めてしまうことのようにも思います。**しかしアインシュタイン博士が、ハイゼンベルク博士が提起した量子力学における「不確定性原理」を批判して言った「神はサイコロを振らない」という有名な言葉を思い起こし、その紙一重の分かれ道がどこにあったのかを、探ってみたいと思います。

ビジョンは正しい、しかし実行できなかった東芝

今から20年以上前の1999年9月1日、アーサー・D・リトルというコンサルティング会社が主催したトップマネジメント・シンポジウムで二人の著名な経営者が行った講演の内容を、私はよく覚えています。最初の講演者は、富士ゼロックス（現富士フイルムビジネスイノベーション）の小林陽太郎会長でした。小林氏のテーマは日本企業における組織改革の重要性でした。ポイントは以下のとおりです。

1. 日本企業は「秩序」を重視してきたが、これからはダイナミズムが必要
2. ダイナミズムは「面白さ」から始まる
3. 異才、異能な個を活かす経営が必要
4. 協働感、共鳴感が必須
5. 真の変革者は目立たない。変革者は組織の随所で地道な努力をしている

小林氏の言葉は20年経った今でも、まったく色あせないものです。しかし、このビジョンを実行できた企業は少ないです。

もう一人の講演者が、東芝の社長であった西室泰三氏です。聴衆に配布された資料から講演の骨子をまとめると次のようになります。

1. 21世紀のメガトレンド：グローバル化、デジタル・ネットワーク化、サービス化
2. 東芝の課題：専業メーカーからの攻撃、**コーポレートガバナンスの不全**、収益力の低下
3. 東芝の経営の仕組みの革新：カンパニー制、小さな本社、**監査機能の強化**

4．事業構造改革：選択と集中、ハード中心からサービス事業の強化
5．企業風土と文化の改革：俊敏と変革を常態にする文化の醸成、情報武装化、強い専門店集団へ

20年前に西室氏が描いたビジョンと戦略は今、振り返ってみても「選択と集中」以外はまったく誤謬のない素晴らしいものであったと言えます。20年をかけてそれが一貫して実行されていれば、東芝の姿は今と違ったものになっていた可能性があります。当時、東芝は200名の精鋭からなる監査グループの設置を検討していました。これはGEがジャック・ウェルチ氏の時代に導入したCAS（Corporate Audit Staff）を参考にしたものだと思います。CASはGEのエリートリーダーを育てる登竜門になっていました。

ちなみに、この時代はGEの成功があまりにまぶしかったため、世界の経営者はGEを礼賛し、GEを模倣しようとしていました。今から振り返ればGE的な経営は20世紀末に使命を終えていたのですが、20年前のその時に身を置いていれば、仕方がないことだったと思います。

1980年代の東芝は、半導体とノートパソコン（dynabook）で一世を風靡しました。GEがベストプラクティス調査運動で世界中の優秀企業を調査したとき、東芝はトヨタ自動車と並んで学びの対象になっていました。第一線の社員、それを束ねる部門長クラスの方々がパワーを持っていた印象が強いです。バブル崩壊後の10年を耐え、西室氏は21世紀に向けて前掲のビジョンを発信していたのです。

本当に小さなほころびが巨大な組織を滅ぼしてしまう例は、歴史を振り返れば少なくありません。

東芝で起きたパソコングループでの不適切な経理の問題（調達した部品を台湾メーカーに一時的に売却して利益をかさ上げしたこと）は、オリンパスの不正経理のように経営者が主導したものではありません。しかし、不適切な経営に手を染めた社員がいたことは事実です。当時の経営陣にはそのような意図はなかったと思いますが、結果的には社員を威圧する存在になっていたのだと私は考えます。

土光敏夫社長の時代（１９６５～72年）の東芝には、目標未達の事業部にその理由を説明させるチャレンジという言葉があったそうです。自分たちでつくった目標を達成できなかったのはなぜかを経営者が部下にチャレンジし、理由を問うというまっとうな姿勢であると思います。

それが２０００年代後半に入ると、経営トップが部下に要求する高いハードルの必達目標に変質したと言われます。１９８０年代の米国の低迷の一因であったトップダウンの目標管理、ピーター・ドラッカー氏が激しく批判した悪しき目標管理を東芝は採用したのです。このことは、後で説明する日産自動車の２００６年以降の低迷を導いた Commitment & Challenge というトップダウンの目標管理と同様の誤りであったと思います。

東芝はこの問題をきっかけにつまずきます。買収したウェスチングハウスでの巨額債務問題も発覚します。東芝は上場を維持するために一部の攻撃的なプロ投資家も受け入れ、彼らの横暴な行動によるガバナンスの崩壊という負の連鎖に入っていきます。投資ファンドのなかには、東芝を丸ごと買収し、解体的なリストラで企業価値を短期的に上昇させ売り抜くという画策をする人たちも出てきます。

神も悪魔も細部に宿る、英語では The Devil is in details と God is in the details の二つの表現があります。東芝は The Devil is in the details の罠にはまってしまいました。組織のなかの小さなほころびが、会社全体を揺るがすことになったのです。経営者のトップダウンの圧力がもう少し弱ければよかったのだと思います。

私は当時の東芝の経営者の話を聞いたことがあります。明確なロジック、構想力、そして自信を持った立ち振る舞いは、反論の余地を与えない力がありました。そして、その方は、経営者の考えを組織全体に浸透させることが重要なテーマであると述べていました。企業の主役はリーダーである経営者である、と強く信じておられたのだと思います。

法則９で紹介した米国企業が次期ＣＥＯ選抜の過程で必須の条件とした「社員が安心してものを言える」雰囲気は感じませんでした。

20世紀型経営を継続したパナソニック

東芝と同様、パナソニックも１９８０年代に繁栄を謳歌しました。１９８４年に記録した営業利益５０００億円は、現在も超えることができない記録になっています。当時のパナソニックを率いていたのは山下俊彦氏でした。松下幸之助氏が下位の取締役から社長に抜擢した方です。東京オリンピックで金メダルを獲得した山下治広選手が得意とした跳馬の山下跳びをもじってこの抜擢は「山下跳び」と言われていました。

パナソニックの１９９８年の売上高は、トヨタ自動車と並ぶ約8兆円でした。ソニーの売上高は６・５兆円でした。サムスン電子の売上高はパナソニックの10％程度、１兆円前後でその存在は見えないものでした。中国のハイアールも存在感はありませんでした。

パナソニックは２０００年代以降、成長できない会社になってしまいました。その根本原因は、パナソニックが無意識のうちに20世紀型の経営、ＧＥに代表される中央集権経営を踏襲したことにある、と考えています。ＧＥのジャック・ウェルチ氏は生産性の鬼でした。強力なトップダウンのリーダーシップによって、事業ポートフォリオの入れ替えと激しいリストラを継続していました。資本の生産性向上を至上とするアプローチです。

パナソニックの伝統は小事業部制です。現場の事業リーダーに事業責任を委譲する分権経営です。米国にもジョンソン＆ジョンソン、ニューコア、３Ｍ、エマソン・エレクトリックなど徹底的な小事業部制の会社があり、皆、素晴らしい成長を継続しています。小事業部制には機能の重複や事業部間の利害対立などの非効率もありますが、それを上回る効果、社員満足と顧客満足、イノベーション、すなわち企業の成長を実現する力があります。

松下幸之助氏は「自分には学力も体力もないから、人の力を活かすことで道を拓こう」とされたのでしょう。その姿勢が、ハーバード・ビジネススクールもケースとして取り上げた小事業部制という組織運営のイノベーションになったのです。

パナソニックは２０００年代前半にＶ字回復を成し遂げます。リストラを中心とするＧＥ的な構造改革の成果です。私はその頃のパナソニックを見ていて、希望を感じていました。オフィス用パソコンのレッツノートや斜めドラム型洗濯機などユニークな商品も生まれ、トヨタ自動車と同様にグローバルな人材開発の取り組みも進んでいました。サムスン電子と同様、マーケティング力の強化も目指していました。

しかし、パナソニックは21世紀の経営、すなわち、第一線の社員の個性を活かし、彼らのミドルボトムアップのパワーでイノベーションを開発する経営、法則1と法則2で述べた社員の個を活かす経営に真剣な努力をされた形跡を確認することはできませんでした。トヨタ自動車のようにトヨタウェイをつくり、全世界に展開するという膨大な努力はされなかったように思います。

もちろん、社員の大切さ、権限委譲の重要性についてのメッセージは発信されていますし、人材育成のための様々な取り組みはされています。しかし、他社がしていないようなユニークな取り組み、他社がやっていても比較にならないような圧倒的なエネルギーの投入、経営者や幹部社員が先を争って研修の講師として演壇に立つような習慣は部分的にはあったと思いますが、全社的なものにはならなかったと思います。

パナソニックは2000年代に入ると、三洋電機、パナソニック電工を買収します。その買収は、これらの企業が持つ、技術や機能、顧客基盤を取り込み、シナジーを活かすM&Aに見えました。テルモのような買収した会社を応援し、さらに成長・発展させるM&Aではなかったように思います。

私はダイキン工業の井上礼之氏の著作や記事を精読していると述べましたが、パナソニックについても歴代経営者の著作や新聞、雑誌の記事はほとんど読んでいます。そこで語られてきたことは、事業ポートフォリオのあり方や戦略の方向、構造改革のテーマが中心でした。すべての社員のポテンシャルを信じ、社員の成長を通じて会社を成長させるという熱い思いを感じさせるメッセージは見当たりません。経済的な合理性が前面に打ち出され、人や組織の問題に淡泊であるという印象を感じました。

山下俊彦氏は小事業部制の魂を大切に守りました。山下氏はM&Aには一度も手を出しませんでした。M&Aを重ねるGEのジャック・ウェルチ氏をまったく評価しなかったと言われます。「事業を株と同じに見ている。人というファクターがない。あれで経営が良くなっても、感動しているのはウェルチさんだけでしょう」（『Wedge』2022年6月号）

パナソニックには「物をつくる前に人をつくる」という創業者が残した素晴らしい格言があります。パナソニックのこの姿勢を紹介する *Making People Before Products* という書名の本が、海外でも出版されています。

法則10で、トヨタ自動車の役員候補者のスキルマトリクスの基準の一つに「人材育成」という項目があり、候補者全員が「肯」となっていたことを紹介しました。パナソニックのスキルマトリクスの基準はどうなっているか、今年の株主総会招集通知書を調べてみました。基準は以下のとおりです。

・経営経験
・専門性（製造・研究開発・ＩＴ、財務・会計、法務、企画、ＥＳＧ）
・国際性・多様性

残念ながら、人材の育成に関係する項目は存在していません。専門性のなかに、人事という項目が入っていないことは、私にとっては大きな驚きでした。

パナソニックにおいて「人をつくる」という地下水脈は枯れてしまったのでしょうか。私はそうは思いません。直接、お目にかかったことはありませんが、代表取締役の一人である樋口泰行氏が書かれた『パナソニック覚醒』（日経ＢＰ）には、人の可能性を信じる熱い思いが語られています。

同じく代表取締役を務める本間哲朗氏は、本社の副社長執行役員であると同時に中国・北東アジア総代表として活躍し、「人をつくり、人を活かす」経営を実践されています。

法則4で紹介した松下幸之助氏が語ったと言われるメッセージを再度、引用します。木野親之氏による『松下幸之助に学ぶ指導者の三六五日』に書かれているものです。

「『経営理念が確立できればその事業は半分、成功したようなものや』幸之助は事業成功の三原則を次のように言っています

一、絶対条件　経営理念の確立　50％
二、必要条件　個性を最大限発揮できる環境条件　30％
三、付帯条件　戦略・戦術（戦術は好きなようにやったらいい）20％」

2000年以降のパナソニックを振り返ると右記の付帯条件である戦略と戦術が中心の経営、ＧＥのジャック・ウェルチ氏が目指した業務の効率化と資本の生産性向上を至上とした20世紀型の経営を継続したこと

が概観されます。

顧客起点の経営から外れたシャープ

シャープは1935年に設立された会社です。1990年代までは「目の付けどころが、シャープでしょ。」という広告のキャッチフレーズを体現する会社でした。ユーザーにとって便利なもの、役に立つユニークな商品を開発する力が、シャープの強みでした。天理の研究所に隣接された「生活ソフトセンター」は社員の3割程度が女性で、多様な視点からユーザーに便利で役立つ多くのヒット商品が開発されていました。

緊急プロジェクト、略して「緊プロ」という部門横断のプロジェクト運営の仕組みもビジネス界で評判になっていました。このプロジェクトのメンバーには、金色のバッジをつけることが認められていました。トヨタ自動車のBRプロジェクトと同様の取り組みでした。

そのシャープが2000年代に入ると違う性質の会社になっていきます。顧客起点・現場起点ではなく、技術・製品起点のプロダクト・アウトの会社になっていきます。その原因は二つあると思います。

一つは、液晶テレビの爆発的な成長でした。シャープは2000年代の前半、液晶のシャープとして一世を風靡し、「液晶の次も液晶」というトップダウンのスローガンで巨額な設備投資を進めていきます。もう一つは、韓国のサムスン電子などの海外の競争企業の突然の登場です。

シャープは、液晶テレビが成功したがゆえにサムスン電子などとの全面戦争を強いられることになります。規模の経済と生産性を求める戦争に参加していきます。そして最後は、レッド・オーシャンでの戦いにしのぎを削ることになります。この戦いはサムスン電子などアジアのメーカーが得意とするもので、シャープはじりじりと後退していきます。２０１６年には鴻海精密工業の子会社となっています。

もはや、往年のシャープはありません。往年のシャープはアイリスオーヤマにとって代わられたように思います。アイリスオーヤマには元シャープの社員が多く働いていると聞きます。

シャープはどこで間違えたのでしょうか。液晶で大成功し、一本足打法になったがゆえに他の選択肢がなくなった、という抗えない運命だったのでしょうか。

私は根本的な原因は、シャープの伝統であった顧客起点、現場起点の経営が液晶という巨大な技術を得たがゆえにトップダウンの戦略経営にとって代わられたことにあると思います。パナソニックと同様にシャープは、中央集権経営の罠にはまってしまったように思います。

2006年まで輝いた日産自動車

日産自動車が２０００年代の初頭に奇跡的な復活を遂げた原動力は、クロスファンクショナルチームという部門横断のプロジェクト活動でした。「事業の発展」「購買」「製造・物流」「研究開発」「マーケティング・販売」「一般管理費」「財務コスト」「車種削減」「組織と意思決定プロセス」という9つのテーマを掲げました。各プロジェクトのメンバーは10人程度で、活動期間は3カ月、合計２０００もの課題の提示と解決策の提案が行われました。その提案結果を経営委員会が判断し、決断の内容は経営の責任においてヒエラルキーを通じて実行されました。

私はこのチームに参加した日産自動車の役員の方に話を聞いたことがあります。「アイデアは現場にある」「社員をサイロから解放し、横につなげるとイノベーションが生まれる」「リーダーであるゴーン氏に対峙するときは自らも経営者の視点を持つ必要がある」「クロスファンクショナルチームは修羅場だが、明らかにメンバーの成長の場であった」「メンバーには実行の責任はなかった。だから躊躇せず、大胆な提案ができた」「実行の責任はラインにあることが明確だった」などダイナミックなプロジェクト活動の典型であったと言えます。

日産自動車のクロスファンクショナルチームというプロジェクトは、日本の大規模なプロジェクト運営の金字塔でした。これを超えるスケールのプロジェクトは、日本ではその後も生まれていません。カルロス・ゴーンというたぐい稀なリーダーと会社の危機的な状況の組み合わせが、なしたことかもしれません。

この活動は「日産リバイバルプラン（NRP）」と呼ばれました。1999年には4000億円の赤字を出した会社が、2001年には6000億円の黒字となったのです。2年間で1兆円の利益改善が成し遂げられたということです。

通常、このような検討は経営企画部が行うのですが、日産自動車ではヒエラルキーのなかで働く社員がプロジェクトに参加したわけです。彼らはラインでの仕事をしながら、同時にプロジェクトに参加しました。ヒエラルキーを守り、ヒエラルキーを超えるというアプローチを見事に実践したということです。

日産自動車は、その後も1年単位でのクロスファンクショナル・プロジェクトを継続していきます。日産180という大胆な計画も達成します。「1」は2005年までに世界の販売台数を100万台増やす、「8」は営業利益率を業界最高水準の8％にする、「0」は有利子負債をゼロにするという計画でした。

日産自動車は、2006年頃をピークに力を弱めていきます。巨大なV字回復のあとの長期低迷のトレンドにはまっていきます。その間、中国への進出、日本発の電気自動車であるリーフの開発を進めますが、停滞の流れを食い止め反転させることはまだできていません。その理由として、日産自動車が再生に成功し、存在感を高めたがゆえにルノーとのグローバルアライアンスのなかでの政争に巻き込まれていったことがあるのは、否めないと思います。

しかし、より根本的な理由は、トップダウンのヒエラルキー経営を継続し、財務主導の経営を進めた結果、人的基盤の厚みを持続的に喪失していったことにあると思います。東芝と同様にCommitment & Challengeという言葉が社内を支配し、第一線の社員による顧客起点のイノベーションが停止したのだと考えます。

社員の反発で挫折した三越伊勢丹の改革

三越伊勢丹は２００８年、三越と伊勢丹という業界トップ企業同士の統合によって誕生しました。平成の30年間を通して百貨店は、日本経済の低迷によるデフレ不況、ユニクロなどの新興カテゴリーキラーの台頭、百貨店の屋台骨であるアパレル産業の不振を受け、冬の時代が永遠に続くかのようでした。そうしたなかで三越伊勢丹は、抜本的な企業改革に挑戦します。

私の手元に『三越伊勢丹　ブランド力の神髄』（ＰＨＰ研究所）という本があります。２００９年に社長に就任された大西洋氏が書かれたものです。

その内容はイノベーティブです。バイヤーによる商品起点の経営から、現場の販売員による顧客起点の経営への転換を図ります。第一線の管理者層のリーダーシップの発揮に向けて意識と能力の改革に取り組みます。価格競争でなく付加価値競争を重視します。創造と破壊はすべて「現場」から始まるという信念をもとに世界一の百貨店になるという大きな目標を掲げます。

しかし、この挑戦は思いがけない形で突然、終止符が打たれてしまいます。構造改革の失敗、という理由で社長が実質的に解任されるのです。私は低迷する日本の百貨店業界における改革の旗手として強い関心を持っていましたので、そのニュースに接し、非常な驚きを感じました。

改革に成功したダイキン工業、村田製作所、テルモ、無印良品、りそな銀行や伊藤忠のように10年計画でじわじわと社風を変えるのでなく、V字的な回復を急がれたのでしょうか。社員全員とのコミュニケーションが十分に行われなかったのでしょうか。あるいは20世紀型のビジョナリーリーダーにとどまり、実行のプロセスのマネジメント、丹念に仕組みをつくり、時間をかけて仕組みを磨く作業に十分な注力がなされなかったのでしょうか。

「ハイカラでなく愚直。あまり目立たないCEO」という法則10に照らしてみると、目立つ社長ではありました。テレビにもたびたび登場され、社長自身が広報マンのように振る舞われていました。本当のところはわかりませんが、そうした社外へのメッセージが、構造改革で不安にさいなまれる多くの社員の疑心暗鬼を生んでしまったのかもしれません。

コーン・フェリーの源流にあるへイグループの時代に交流した同僚であるメアリー・フォンティン氏が『ハーバード・ビジネス・レビュー』に投稿し、米国の経済界に大きな影響を与えました。論文のタイトルは *Leadership Run Amok: The Destructive Potential of Overachievers*（やり手リーダーの暴走を防ぐ　達成動機のマネジメント）というもので、その主張はビジネス目標の達成を至上とするリーダーは組織風土を破壊し、短期的な成果を上げても長期的な成果を上げることができずに自滅するというものでした（『DIAMOND ハーバード・ビジネス・レビュー』２００６年11月号）。

使命感が強く、達成動機が強いリーダーには、次のような特徴があります。

・一度立てた目標は絶対であり、どんなことがあっても目標を下げることなどあってはならないと思う

・目標の達成が99％であったとき、悔しくて夜も眠れない
・部下が目標を達成するために細かい指示を出し、そのとおりに行動しているかを厳しく管理する
・修羅場の経験が人を育てると信じている
・高い目標に挑戦することは誰もが大きな喜びであると信じている

挑戦し、挫折した経営者は皆、私生活を犠牲にし、会社の成功のために一身を投げうってこられました。しかし、強い使命感、達成感がある一線を越えたとき、良い意味での遊びがなくなったとき、天使に出会うか、悪魔に憑りつかれるかの分かれ道が現れるのだと思います。第Ⅱ部第4章で述べた「威圧的でないＣＥＯ」の大切さを改めて認識しました。

第6章

成長10の法則を超えて

本書の主題である成長10の法則は「失われた30年」に繁栄した伝統ある大企業の特徴をまとめたものです。そして前章で考察した成長できなかった大企業はこの成長10の法則に反していたことも明らかになりました。しかし、ある経営者の方から、次の10年に向けて日本の大企業はこの成長の法則だけを追い求めればよいのか、それで十分なのか、という問いをいただきました。

この問いに答えるためには、高度経済成長期以降に創業され、発展した新しい日本企業が成長10の法則とは異なる、あるいは10の法則を超える成功の法則を持っていたのか、ということも明らかにする必要があります。そこで以下の12の会社を分析しました。

・京セラ
・オリックス
・セブン‐イレブン・ジャパン
・キーエンス
・ファーストリテイリング
・セコム

・日本電産
・アイリスオーヤマ
・ニトリホールディングス
・東京エレクトロン
・リクルートホールディングス
・ソフトバンクグループ

高度経済成長期以降に創業され躍進した新興企業の特徴

結論を先に言えば、彼らの成功は10の成長法則でほとんど説明することができます。例外はソフトバンクですが、その特徴は後述します。

京セラは、１９５９年に稲盛和夫氏によって創業された60年以上の歴史を持つ企業です。２０２２年3月期の業績は売上高1兆８３８９億円、営業利益１４８９億円、時価総額は2兆７７５１億円となっています。多角化を標榜し、コンデンサーなどの電子部品、太陽電池モジュール、通信機器、複写機などを中心に多様な事業を営んでいます。選択と集中に努力をしたという形跡はありません。どの事業も必要な業績を上げていたのでその必要がなかったのだと思います。

京セラと言えばアメーバ経営という言葉が有名です。会社の事業の流れを俯瞰し、工程に分解し、それを疑似的な利益責任単位にするというものです。現場起点の自主経営の考え方として有名なもので、法則6で説明したトヨタ自動車のＴＰＳやテルモのセル活動に似ています。

オリックスは、１９６４年に創業された58年の歴史を持つ会社です。２０２２年3月期の業績は売上高２兆５２０３億円、営業利益３０２０億円、時価総額は3兆９７８億円となっています。リースの会社からスタートし、保険、金融、不動産、今日ではエネルギー事業や水族館、空港の運営に至るまで事業を多角化しています。京セラと同様、選択と集中に努力した形跡はありません。その必要がなかったのだと思います。

この新規事業を開発し、発展させる経営の形は、非エレキ事業を大規模に発展させたソニーと同様です。オリックスもソニー同様、第一線のマネジャーによる自発的な創造活動を会社が応援したと言えます。オリックスは中小企業に焦点を当て彼らの相談相手という立場を重視してきましたが、これは伊藤忠商事やヒューリック、野村総合研究所のアプローチに似ています。

セブン‐イレブンは１９７３年に創業され、50年の歴史があります。現在はイトーヨーカ堂、セブン銀行、そごう・西武などを傘下に持つセブン&アイ・ホールディングスのグループに属しているので業績は公開されていませんが、グループの大黒柱です。

セブン‐イレブンの成功は、ユーザーが表現しないニーズを探索する執着心とビジネスプロセスの効率を徹底的に磨き上げる組織力によるものです。ＰＯＳシステムによる売れない商品の早期発見、高頻度の小口配送による店舗の在庫負担軽減の仕組みを確立しています。毎週金曜日、全国のフィールドカウンセラー（店舗経営者への相談員）を東京・市谷の本社に集める大規模会議も有名です。法則6で説明したトヨタ自動の業務プロセスの開発、法則7で説明した徹底した顧客志向の経営、法則10の愚直な経営を実践しています。

キーエンスは１９７４年に創業されます。セブン‐イレブン創業の1年後です。２０２２年3月期の業績は売上高７５５１億円、営業利益４１８０億円、時価総額は12兆５０００億円。トヨタ自動車（31・5兆円）、ソニー（14・5兆円）に次ぐ水準です。

キーエンスはＦＡセンサーなど検出・計測制御機器を開発、販売する会社ですが、顧客への高付加価値営業の仕組みが圧倒的な力になっています。製品を売るのでなく、製品を通じた顧客にとっての付加価値、オペレーションの効果や効率を明らかにし、ソリューションを売る営業です。徹底的に標準化された営業のプロセス、営業が獲得した情報を活用して新たな商品開発に結びつけるプロセスも有名です。法則6で説明したトヨタのＴＰＳや法則7で説明した大和ハウス、ダイキン工業、コマツの顧客起点の経営に似た特徴を持っています。

ファーストリテイリングは１９６３年に創業されます。２０２２年8月期の業績は売上高2兆３０１１億円、営業利益２９７３億円、時価総額は6兆５３４１億円となっています。「気の利いた普段着」という斬新なユーザーコンセプト、および開発、生産、販売を一気通貫する業務プロセスの効率で大きな成果を上げます。これは、無印良品の「華美を捨てる」というコンセプトに焦点を当て、社員参加で業務プロセスを改善する活動に似ています。業務プロセスを磨くという意味では、トヨタ自動車にも似ています。

ファーストリテイリングという社名は、マクドナルドのファストフードにちなんだもののようです。柳井正氏は、マクドナルドが開発したファストフードの本質は食材の高速加工プロセスであると認識し、普段着の高速加工プロセスというイメージを思いつき、それを社名にかぶせたということです。

セコムは１９６２年に創業されます。創業時の社名は日本警備保障でした。２０２２年3月期の業績は売上高1兆４９８億円、営業利益１４３４億円、時価総額は1兆９７０４億円となっています。人々があまり意識しなかった安心という新しいニーズを直感したことが、成功の出発点でした。これは中国で見えないニーズに着眼し、天井文化を開発したダイキン工業に近いものがあります。

セコムのもう一つの成功要因は、人による警備からセンサーとシステムによる警備に転換した業務プロセスの改革にあります。１９６６年には企業向けのオンラインセキュリティシステムを開発しています。まだ日本に情報システムという言葉もなかった時代ですので、相当に先見性を持った会社です。ＩｏＴの仕組みに早期に着眼し開発したという意味では、コマツに似るものがあります。

日本電産は１９７３年に創業されます。２０２２年3月期の業績は売上高1兆９１８１億円、営業利益１７１４億円、時価総額は5兆１５３０億円。２０００年頃はマブチモーターと同様、１０００億円規模の会社でした。その後、20年を経て日本電産は20倍の規模に成長し、モーターの世界大手企業に成長しました。買収企業を効果的に活かして発展するアプローチは、テルモのグローバル化の軌跡に重なります。買収した企業を活かすという意味では、ダイキン工業や信越化学の経営にも似る部分があります。

アイリスオーヤマは１９７１年に法人化されます。ホームセンターを販路とするガーデン用品やペット商品の開発から始め、現在では家電商品の開発と販売に大きな成果を上げています。法則6で説明した仕組みづくり、法則7で説明したユーザー起点の経営を徹底しています。法則9、法則10で説明した社長と社員との交流が観察されます。

ニトリは１９６７年に創業されます。２０２２年2月期の業績は売上高８１１５億円、営業利益１３８２億円、時価総額1兆４６８８億円。日本一の家具・インテリア商品を製造販売する会社に成長しました。ニトリの強みは、法則7で説明したユーザー起点の商品開発の仕組み化にあります。このアプローチは、無印良品に似ています。またトヨタ自動車と同様に問題発見、問題解決の文化を大切にし、社員の意識と行動の標準化に努めています。

東京エレクトロンは１９６３年に創業されます。２０２２年3月期の業績は売上高2兆３８億円、営業利益５９９２億円、時価総額9兆３９３３億円。徹底的な品質重視の経営で、世界4位の半導体製造装置メーカーに成長しました。品質重視の経営でグローバルに展開するという意味では、トヨタ自動車やコマツの先例があります。

リクルートは1960年に創業されます。2022年3月期の業績は売上高2兆8717億円、営業利益3789億円、時価総額は7兆9608億円。大学新聞専門の広告代理店としてスタートし、人と人、人と企業の出合いをつくるというミッションを掲げ、第一線の社員が様々な事業機会を発掘し、開拓してきた会社です。江副氏が創業8年目につくった「自ら機会を創り出し、機会によって自らを変えよ」という有名な社訓を実践します。

デジタル化、デジタライゼーションの時代の潮流を先取りし、2010年代の後半からはM&Aを通じた海外事業の展開に乗り出し、成功します。リクルートについては多くの本が書かれていますので、本書での説明は控えますが、成長10の法則のすべてを実践してきた会社と言えます。

ソフトバンクグループは1981年に創業されます。2022年3月期の業績は売上高6兆2215億円、税引前利益は8695億円の赤字、時価総額9兆2315億円となっています。ソフトバンクグループの繁栄は、10の法則では説明できません。

ソフトバンクグループから学ぶべきこと

ソフトバンクの経営モデルは、日本企業には稀有なものです。それはGAFAやBATHなどが使うモデルそのものです。一般的に経営モデルには三つの形があります。

・機能モデル

・プロセスモデル
・ベンチャーモデル

機能モデルは、開発、生産、販売、管理の機能が分業し、ノウハウを蓄積し、商品の品質やオペレーションの効率を持続的に向上させ、企業全体のパフォーマンスを最大化する伝統的な企業運営のモデルです。ダイキン工業、コマツ、大和ハウス、中外製薬は、このモデルに属します。新興企業では、キーエンスが機能軸を中心にする分業でノウハウを蓄積し、改善・改良するモデルを追求しています。

プロセスモデルは、機能を横断するプロセスが主導する形です。開発における主査制度や工場運営のTPS、組織横断の改革を主導するBRの仕組みを多用するトヨタ自動車は、このモデルに属します。ただし、トヨタ自動車では機能軸でのノウハウ蓄積、人材育成、改善・改良もしっかりと行っていることも認識する必要があります。

ベンチャーモデルは、社員が自発的に新規の事業や製品を持続的に創出する形です。ソニーや村田製作所、野村総合研究所はこのモデルに属します。新興企業では、オリックスがこのモデルに属します。

しかし、2000年代に入ると新しいモデルが生まれ、2010年代には隆盛します。このモデルについて定着した呼称はありません。米国ではプラットフォーミングとかエコシステムという言葉で表現されることがあります。この表現ではこの新しいモデルの本質を浮き彫りにすることが難しく、私はコミュニティモデルと呼びます。

コミュニティとは、共通の目的、利害を持つ人々が集まり、集団で行動することで参加メンバーが便益を得る活動です。その原形は、消費者による生活協同組合あるいは農業や漁業などに従事する生産者による協同組合です。いずれも、個々の消費者や生産者が個別に努力しても成し遂げられない消費や生産の活動を効率化するという利益がありました。社会への影響力を高める効果も期待されました。

コミュニティモデルは、協同組合の考え方を全方位に発展させるものです。生産者と生産者、生産者と消費者、消費者と消費者を結びつけ、参加する企業や人々に付加価値を生み出すコミュニティを開発するというモデルです。インターネットという通信手段が、従来は想像できなかったコミュニティの形成を可能にしたのです。

グーグルは「調べたい」という世界中の人々のコミュニティをつくり、そこに広告を掲載したいという生産者を参加させたのです。メタ（旧フェイスブック）は、友情を深めたいという人々のコミュニティをつくりました。アマゾンは面倒な買い物を嫌う生活者が共同で利用するソフトウエアを開発しました。AWSというアマゾンのクラウドサービスは、中小企業者によるコンピュータシステムの協同利用組合と言うことができます。

近年の日本では、多くの企業で共創プロジェクトという形で他社との協力を探索するアプローチが目立ちます。これは、1990年代にP&Gが先鞭をつけたオープンイノベーションです。コミュニティモデルは単に誰かと協業するということでなく、様々な人や企業をコネクトしてコミュニティをつくり、新しい付加価値を享受する経済圏を創造するものです。オープンイノベーションを包含するより広く深い概念です。

ソフトバンクグループは、このコミュニティモデルに取り組んでいる会社です。私は、ソフトバンクが毎年開催するソフトバンクワールドに参加しています。2021年9月に開催されたセッションのテーマは、世界の英知をコネクトし、日本社会の課題を解決するというものでした。ソフトバンク・ビジョン・ファンドが投資している米国、中国、世界各国のベンチャー企業と日本企業を結びつけ、日本社会の課題である、労働力の減少と労働生産性の停滞を解決し、日本の競争力を復活させようとするものです。

スイスのビジネススクールであるＩＭＤが63カ国を対象に行っている調査があります。調査が開始された１９８９年から92年までの3年間、日本の競争力は連続して世界1位でした。しかし、その後は低落が続き、２０２２年は34位になっています。特にビジネスの効率性というカテゴリーでの評価が極端に低くなっています。この点については、第Ⅲ部第４章で改めて述べます。

講演に登壇した孫正義氏は、スマボ（スマートロボット）の活用が日本の復活の鍵になり、ソフトバンクは通信の会社からスマボ活用により日本企業の生産性向上に貢献する会社になるとの熱弁を振るっていました。同社会長の宮内謙氏は、ご自身の新しいポジションをChief Connection Officerと命名され、外国企業と日本企業のビジネスマッチングの先頭に立つとの意気込みを語っていました。

「社会課題を解決するためのＤＸ」に必要なコミュニティモデルの創造

アリババは、中国の中小企業者に中国ではなく世界の消費者に商品を売る機会をつくりたいという思いで事業を始めた会社です。しかし、その後、世界の消費者だけでなく中国の津々浦々で生活する中国人の消費者と生産者を結びつけるというビジョンが加わります。そして、そのビジョンを実現するためにｅマーケットプレイスであるタオバオを設立するのです。

読者の皆様はご存じだと思いますが、中国には「独身の日」という世界最大のショッピングイベントがあります。11月11日、お一人様を意味する１が４つ並ぶ日、ということで独身の日となったそうです。

アリババはこの日に発生する巨大な注文をさばくため、ソフトウエアの開発企業、商品の配送業者のグローバルなコミュニティをつくっていくのです。商品をつくり売るのであれば、一つの企業で対応することができます。しかし、社会課題を解決しようとすれば、一つの会社だけで必要を満たすことはできません。

今、ＥＳＧやＳＤＧｓは、多くの企業のビジョンメッセージに盛り込まれています。社会課題の解決は10年前まではＣＳＲ（Corporate Social Responsibility）と言われ、企業の付随的な責任という位置づけでしたが、今は企業の事業そのものになっています。様々なパートナーが参加する共同体をつくり問題解決をしていくこと、これがコミュニティモデルの神髄なのです。

アリババだけでなく、バイドゥ、テンセント、ファーウェイ、中国の成長企業は皆、コミュニティモデルを運営しています。ＧＡＦＡも同様です。これからの10年、地球と人類の維持に貢献できる企業だけが存在を許される時代になります。車の電動化は、エンジンがモーターになり燃料が石油から電気に変わるというだけの話ではありません。自動車会社、部品メーカー、ＡＩ、通信、充電ステーション、企業と行政、様々な関係者が自発的に協業する経済圏を創造するという未踏の挑戦です。

この挑戦は、成長10の法則だけでは成就しません。成長10の法則は必要条件、そしてコミュニティモデルを構想し、それを支える人材、プロセスと組織文化をつくりあげることが十分条件になります。

今、日本ではＤＸという言葉が氾濫しています。前述したようにデジタル化、デジタライゼーションを超えデジタル技術を使ってＸ（十字路）を超えるということが、ＤＸの本質です。Ｘはローマ数字の10です。しかし、何を目的に何を変えるのか、どのような社会価値を創造するのか、というメッセージはあまり語られることがありません。このメッセージがなければ、ＤＸは何も生み出しません。

その意味で「スマボで日本の労働生産性を高め、日本の競争力を復活する」というビジョンを掲げ、難解なコミュニティモデルに挑戦するソフトバンクは、日本企業としては唯一無二の存在であると思います。

どの日本企業からも学ぶことができないこと、マーケティング

最後に成長10の法則、ソフトバンクのコミュニティモデルの開発からも学ぶことができない日本企業の共通のボトルネックについて述べます。

日本企業の最大の弱みは、マーケティングにあります。第Ⅰ部第1章で少し触れたことですが、1980年代の日本企業の最大の強みは製造における品質管理、最大の弱みはマーケティングと述べました。そして、当時、米国企業の最大の弱みは品質管理、最大の強みはマーケティングとされていました。テルモの和地氏、りそな銀行の細谷氏は、マーケティングの重要性を社員に説いていました。

マーケティングはMarketingの片仮名表示です。この言葉にも日本語訳が存在しないのです。販売促進という言葉はありますが、これはSales Promotionです。販売促進は、自社の製品、サービスをより多く販売するためのセグメンテーション、価格政策、広告・宣伝やPR戦術を考える活動です。

少し脱線しますが、日本語訳のない英語は要注意です。そのまま片仮名で表示され、意味が誤って理解され、日本企業の発展を妨げている言葉を列挙します。

・グローバル：日本ではインターナショナル（国際化）やマルチ・ナショナル（多国籍化）と同じ意味で解釈されました。グローバルは地球規模で考える、すなわち国境や人種の違いを超越するアプローチです。日本企業でこのことを明確に意識し、地球規模と翻訳した会社はダイキン工業でした

・ジョブ：物理的な作業（タスク）でなく、問題を解決して誰かに貢献することですが、この意味は正しく伝わっていません。そのため、ジョブ型が進むと社員はサイロ化し、連携や協力ができなくなるとい

う批判が生まれるのですが、本来、ジョブ型が進めば社員は自然に連携し、協力することになるのです。通常、問題は一人では解決できないからです

・チーム：一人では達成できない難しい目標を異なる能力を持つ人々が一定期間、協働し、結果を出し、結果を得れば解散する。これがチームの定義ですが、日本では仲間や家族というイメージで捉えられています

・パフォーマンス：成果だけでなく成果につながるプロセスの美しさ。「虚妄の成果主義」という言葉は、パフォーマンスの意味を狭く誤解しています。パフォーマンスは結果（リザルツ）だけを意味するものではありません

・マトリクス組織：異質の機能が融合し、新しい価値を創造する組織。マトリクスとは数字の行列だけでなく、女性の子宮、生命を育てる場所を意味します。日本では上司が複数いる厄介な組織というイメージがあります。しかし、イノベーションの実現には、マトリクス組織の運営が不可欠です。ＩＢＭのルイス・ガースナー氏はこのことを必死に唱えていました。テルモの和地氏、ヒューリックの西浦氏もこのことを説いていました

・デジタルトランスフォーメーション：デジタル化（業務の機械化）、デジタライゼーション（データの共同利用）、デジタルトランスフォーメーション（新しい顧客価値の創造）が混同されて使われています

このような例を挙げるときりがないので、本題に戻ります。世界にはマーケティングが企業の総合芸術になっている会社があります。米国のＰ＆Ｇ、コカ・コーラ、ナイキ、アップル、欧州のＬＶＭＨやユニリーバ、ネスレなどがその例です。成長10の法則を導いた15社もマーケティングカンパニーとは言えません。ソ

フトバンクの洒落たロゴや白い犬が主役になる宣伝は秀逸ですが、これは販売促進の域にとどまるものです。

マーケティングという言葉の定義については、様々なビジネス書で紹介されるピーター・ドラッカー氏の「マーケティングとは新しい需要の創造であり、経営者の最大の責任である」という言葉が有名です。

マーケティングの分野での世界的な思想家は、フィリップ・コトラー氏です。ノースウェスタン大学ケロッグ・ビジネススクール教授で、近代マーケティングの父と言われています。コトラー氏は、マーケティングの進化を次のように整理しています。２０１０年に出版された『コトラーのマーケティング３・０』（朝日新聞出版）から紹介します。

・マーケティング１・０：製品中心のマーケティング。機能の価値を訴求。産業革命以降の２００年間

・マーケティング２・０：消費者志向のマーケティング。製品の機能でなく、感情的な価値も含めた消費者満足の訴求。20世紀最後の数十年間

・マーケティング３・０：価値主導のマーケティング。世界をより良い場所にすることがマーケティングの目的。そのため、製品・サービスでなく企業のミッションの表明が重要になる。マーケティングは企業の総合芸術です

コトラー氏は２０１７年には『コトラーのマーケティング４・０』（朝日新聞出版）を執筆しています。その内容は、３・０の考え方を発展させ、前述したコミュニティモデルの展開とそのためのデジタル技術の活用について様々なメッセージを発信したものになっています。ＤＸを唱える企業はまず、コトラー氏の理論をしっかりと勉強することから始める必要があります。

ＤＸはマーケティング力のある会社にとっては強力な武器になりますが、マーケティング力のない会社には無用の長物になります。

実業家への回帰

大企業成長10の法則の実践、コミュニティモデルの開発、マーケティング力（新しい需要の創造）の獲得には、企業リーダーが大きな川を越える必要があります。高度経済成長期以降に設立され、発展した企業の特徴は成長10の法則でほぼ説明できると述べましたが、経営者の特徴については触れませんでした。成長10の法則で紹介した企業のリーダーは皆、サラリーマン経営者でした。トヨタ自動車の豊田章男社長は創業家の出身ですが、保有する株式は発行済み株式のわずか0・2％でオーナー経営者とは言えません。しかし、日本企業の未来を拓くリーダー像をこれまでの延長で考えていいのか、という問いがあります。

結論を言えば、これからのリーダーは経営者という枠を超え、実業家としての志、思考や行動を獲得する必要があるということです。京セラの稲盛和夫氏、ソフトバンクの孫正義氏、ファーストリテイリングの柳井正氏、日本電産の永守重信氏、アイリスオーヤマの大山健太郎氏、ニトリの似鳥昭雄氏は実業家です。GAFAやBATHのリーダーも実業家です。欧米の伝統企業の経営者も実業家としての資質を磨いています。

次の10年がこれまでの10年の延長であれば、優れた経営者を目指すのでよいと思います。しかし、インターネットという通信のテクノロジーがビジネスの覇者を変えた2000年前後と同様、2020年代は新しい変革期に入っています。AI、ブロックチェーン、仮想空間というソフトウエアのテクノロジーが次の変革を駆動していきます。炭素との闘いは、ビジネスのあらゆる局面を変えていきます。再び、実業家が活躍する時代に入っています。

経営者と実業家の違いは何か。経営者は業績の向上を目指します。実業家は顧客や社会への価値創造、イ

ンパクトを目指します。私はこんなチャンスを見つけた、私はこんな問題を見つけた、皆さん、喜んでください、これが実業家の原点です。

この志の違いは、思考の方法、リーダーシップの形、行動の様式に大きな違いを生み出します。経営者から実業家への移行は容易ではありません。しかし、日本企業の次の10年の発展のためには、この河を越えるリーダーを量産しなければなりません。そのために何をしたらよいか、重要な指針を第Ⅲ部第４章「経営者をつくり直す」で説明します。

PART III

第Ⅲ部

会社をつくり直す

第Ⅱ部で述べた大企業の成長10の法則、および次の10年に求められるコミュニティモデルの開発のために、多くの企業は何をすべきでしょうか。日本企業に欠落するマーケティング・ケイパビリティやＤＸを実現するために企業は何をすべきでしょうか。まずは一つひとつの法則をベンチマークとして、自社の現状を診断してください。

ここで、重要なことが一つあります。それは、それぞれの法則に沿っているかを感覚的に判断するのでなく、どこまで深く徹底的にやっているかを判定するということです。図表12にそのための判定シートを作成しましたので参考にしてください。

物理学に閾値《いきち》という概念があります。英語ではThresholdといいます。ある反応を起こさせるための最小限のエネルギーという意味です。井戸を掘るのであれば、水質が良くない浅井戸でも7～10メートルくらい掘らなければ水源に届きません。水質が安定する深井戸では20～30メートル掘る必要があります。数メートル掘ってやめてしまえば、そのために投入したエネルギーは何の成果も生まない無駄な努力になるということです。

法則7で述べた「顧客志向」であれば、ある程度やっているという水準はほとんど無価値であると言えます。競争企業もやっているからです。尋常でない水準で行っているか、で判断してください。法則9の「ＣＥＯが研修講師になる」もその頻度、程度で判定してください。日本でも多くの人が知る米国の超一流企業のＣＥＯは、過半を超える時間をこのために割いています。研修の場は最高の情報源であり、最高の気づきを得る機会であると語っています。

多くの日本企業が復活するためには、部分的、漸進的な取り組みではなく、「会社をつくり直す」という覚悟での長期的な活動が必要です。制度や仕組みを一気に「ガラガラポン」するのでなく、テルモや村田製

図表12｜判定シート(サンプル例)

やっているかでなく、どこまでやっているかが重要。少なくとも（5）のレベルに到達していなければ、努力は成果につながらず、水の泡になる

顧客第一（法則7）		発展段階
1	スローガンがある	・経営理念、バリューステートメントに顧客第一というメッセージが存在する
2	顧客のフィードバックを得る	・顧客の意見を聞く仕組み（満足度調査など）があり、運営されている
3	顧客と会話する	・機械的な調査だけでなく、顧客を訪問し、会話し、生の声を聞くルーティン活動が存在する
4	顧客からヒントを得る	・顧客の意見、質問、なにげない行動を観察し、顧客の問題、悩みを感じる習慣がある
5	改善のプロセスがある	・顧客の問題を集約し、考察し、改善に反映するプロセスがあり、作動している
6	社員全員が顧客を意識する	・スタッフ部署に「社内顧客」という言葉はなく、社員全員が「顧客」の役に立とうとする
7	経営者が関わる	・経営者は顧客と会話し、顧客から学ぶ時間を計画的に確保し、学びを得ている

研修（法則9）		発展段階
1	スローガンがある	・経営理念、バリューステートメントに人材育成を語るメッセージが存在する
2	時流に沿ったプログラムを開発する	・時流に敏感に反応し、専門家を招いて研修する（最近では「コーチング」「1 on 1」「心理的安全性」など）
3	強制参加としない	・応募を原則にする。応募者は事前準備、フォローの義務を負う（コンプライアンス研修のみ全員参加義務）
4	改善のプロセスがある	・研修の成果を集約し、考察し、改善に反映するプロセスがあり、作動している
5	内部講師を原則とする	・役員が部長を教え、部長は課長を教え、課長は社員を教える（外部機関に依存しない）
6	事業に貢献する	・研修で得た知見、手法、ノウハウがビジネスに貢献する事例が蓄積されている
7	経営者が関わる	・経営者は研修に講師として参加する時間を計画的に確保し、参加者から学びを得ている

作所のように十年の大計として取り組む必要があります。ダイキン工業の井上氏が述べているように、組織は感情の体系であり外科的な手術には限界があるからです。第Ⅲ部では、日本企業が取り組むべき5つの活動を提案します。いずれも「言うは易く行うは難し」という表現が当てはまるものです。

- ・課長力を復活させる
- ・イノベーションの体制とプロセスをつくる
- ・社員全員が顧客起点（ユーザー・イン）に愚直に取り組む
- ・経営者をつくり直す
- ・人事部をつくり直す

これらのテーマは今日、取り組まなければ明日、困るというものではありません。しかし、今日、取り組まなければその企業は２０３０年には消滅していると思います。第Ｉ部第1章で１９９０年代前半の米国企業の苦闘を紹介しました。伝統的なコンピュータ業界で消滅しなかったのはＩＢＭだけでした。日本政府・日銀による異次元の低金利政策と株式の買い支え政策によって、日本企業の業績と時価総額は相当の下駄を履かされています。これが未来永劫続くことは不可能です。２０３０年には消滅するというのは大げさだと思われる読者も多いでしょうが、私は真面目にそう思っています。次の10年にはこの下駄がはがされていくからです。

この5つのテーマを見て、ＤＸが入っていないことに疑問を持つ読者がおられると思います。ＤＸは、マーケティング・ケイパビリティを持つ会社だけが実現できるものです。マーケティングという企業の総合芸術を極めるためには、この5つのテーマへの取り組み、土壌を耕し、肥沃な土地をつくり、しっかりと根を張るための取り組みが必要だからです。そうすれば、DXが実現すると考えてください。

こうした地道な取り組み、法則10で述べた愚直な活動がなければ、DXは根なし草のようになってしまいます。DXは短兵急な目標にすべきものでなく、5つのテーマに取り組んだ果実として自然に生まれるものと考えてください。

第1章 課長力を復活させる

課長という言葉の意味は、誰もがイメージできると思います。しかし、実際に課長というポストの名称が存在する企業を見つけるのは難しくなりました。社長、本部長、部長というポストはほとんどの企業に存在しますが、課長は絶滅危惧種のように見えます。多くは、片仮名のマネジャーやグループ・リーダーという言葉に置き換わっています。そしてその役割は、経営からトップダウンで下りてくる目標を部下に割り振ると同時に自らもプレイヤーとして課の成果に直接貢献することが中心です。

一方、企業に滅私奉公する若者も減少し、パワーハラスメントやコンプライアンスの縛りはますますきつくなり、課長は上司と部下の板挟みになっています。高度経済成長期の日本企業では、課長は課長様と言われ、椅子の肘掛けには白いカバーがつく、社員にとって憧れのポストでしたが、今や課長になりたくない、という若手社員が増えていると聞きます。

しかし第Ⅱ部第1章で述べた三つの法則を実現するためには、第一線で顧客に対峙し、オペレーションの中心で部下をモチベートし、イノベーションをドライブする課長級の社員のパワーを解放することが、必須の条件になります。

本章では、１９８０年代までの日本企業の成長と繁栄のエンジンになった課長力の復活を提案します。ソニーの盛田昭夫氏が述べた繁栄した時代の日本企業の課長の姿を改めて引用します。

「米国企業の課長は上司から指示されたことしかしない。ソニーの課長は自らのアイデアを実現するために組織を縦横斜めに動かしている」（盛田昭夫『学歴無用論』朝日新聞社）

第一線のマネジャーが企業発展の原動力になるという考え方は、エドワーズ・デミングが70年前に日本に伝え、ピーター・センゲが１９９０年にラーニング・オーガニゼーションという言葉で病める米国企業にトップダウンの戦略経営からボトムアップの社員参加経営への変革を迫った内容にそのまま合致するものです。

ジョブ型の人事制度のなかで課長の役割を再定義する

経団連は２０２０年1月21日、「経営労働政策特別委員会報告」を発表しました。新卒一括採用、終身雇用、年功序列を柱とする日本型雇用の見直しに言及し、「ジョブ型」雇用を提起しました。日本経済新聞が実施した社長１００人へのアンケートでは、ジョブ型雇用を導入しているもしくは導入を検討している企業は63％にのぼるとのことです。

日本企業の課長は、前述したようにオペレーショナルな実務を担うプレイングマネジャーであることが多いと思います。欧米では、１９９０年代に組織のフラット化という取り組みが始まりました。２０００年の前半には日本でも流行しました。ピラミッド型の組織から文鎮のような組織にするということです。社長から第一線までの距離を短くし、情報伝達と意思決定の迅速化を進めるという趣旨です。

距離を短くするということは正しいのですが、日本企業で実際に起きたことは、重層的な経営層（社長、

課長はプレイヤーとして業務を執行してほしいということでした。フラット化の本質は経営層のフラット化ですが、多くの日本企業で起きたことは現場のフラット化でした。

副社長、専務、常務、執行役員）と部長職は温存され、結局、削減されたのは課長職でした。

フラットは英語の flat の片仮名表現です。我々がよく知る flat は「平坦な」という意味で、階層を減らすということですが、別の意味もあります。それは「元気がない、生気がない」というものです。I feel flat という表現があります。退屈でつまらないという感情を表す表現です。

前述のように最近、多くの企業で聞くことは、課長になりたがらない社員が多いという残念な状況です。多くの企業の課長職はつまらない割にやけに忙しい、そしてそれほど報酬が上がるわけでもなく、権限が大きく広がるわけでもない、魅力のない仕事だと思う社員が多いのだと思います。本来、フラット化（階層を減らす）すべきは経営層です。この点については後述します。

これからの課長のジョブの中心は、専門知識を使って取り組むべき問題を発見し、その問題を解決するためにリーダーシップを発揮し、マネジメントを行うことです。プレイヤーとして慣れ親しんだ仕事は、やりやすく愛着もあるので、プレイングの方に傾斜しがちです。そうならないように注意しなければなりません。第Ⅱ部で紹介した野村総合研究所では、プレイングマネジャーでなく、マネジングプレイヤーという表現を使い、マネジングの重要性を強調していたそうです。

これまで課長は中間管理職と呼ばれ、ヒエラルキーを通じてトップダウンで下りてくる経営の目標を達成するための中継基地の役割を果たしてきました。経営の目標を理解し、与えられた目標を達成することが主たる役割であり、その達成のために自らも担当者として仕事をするプレイングマネジャーとしての働き方が主流になってきました。

顧客の創造、イノベーションと成長は、経営者が決断、命令しても実現できないことです。経営者ができることは、①M&Aを通じた事業構造の改革、②組織と人のリストラ、③キャッシュフローのマネジメント、④資本政策を駆使したROIの向上の4つです。いずれも容易なことではありませんが、経営者が決断し、自らの権限で実行することができます。

しかし、多くの経営者から聞く言葉は、社長に就任してから様々な改革に取り組んできたものの、結局、現在に至るまでもぐら叩きを続けているということです。もぐら叩きとは、不採算事業の整理やリストラです。企業が成長していれば、前向きのポジティブな投資活動ができるのですが、成長の停滞はキャッシュフローを枯渇させ、経営者を無限のリストラ地獄に引きずりこんでいきます。

この状態を救うことができるのが、第一線のリーダーである課長です。日本企業の経営のパラダイムシフトを、その中心にいる経営者に期待することは難しいと思います。新しいパラダイムシフトは辺境から生まれるものです。その主役になりうるのは、辺境にいる課長です。課長がこの新しい役割をしっかりと認識することが、企業をつくり直す出発点になります。

会社はジョブの意味を正しく伝える

なぜジョブの意味を正しく理解する必要があるのか。それは、多くの日本企業、ビジネスパーソンのジョブに関する認識が誤っていて、このままではジョブ型雇用は無意味な制度になってしまうばかりか、社員の主体性を奪い、組織のサイロ化を進め、企業の業績の足を引っ張ることになる可能性が大きいからです。

ジョブの意味を考えるために、タスクと対比させてみるとわかりやすいかもしれません。**タスクが機械的**

もしくは物理的な作業を意味するのに対し、ジョブは問題や機会を発見し解決する、付加価値を創造する、誰かに貢献することを目的とし、それを実現するための活動全体を意味します。

タスクとジョブの違いを理解するために、よく引き合いに出されるのが、「3人の石切り工の話」です。旅人が旅の途上で石切り工に何のために石切りをしているのかを尋ねたところ、1人目の男は「生計のためだ」と答え、2人目の男は「国で一番上手な石切りになるためだ」と答えた。そして3人目の男は「多くの人が安らぎを求める寺院をつくっている」と答えたというのです。

最初の2人の男は自分のためだけに作業（タスク）をしているのに対し、3人目の男は人々のために意味のある仕事（ジョブ）をしていることを、この寓話は物語っています。

ジョブとは何かを考えるために、私がビジネスパーソンとしてのキャリアを始めた頃の印象深い二つのエピソードをお話ししましょう。

最初の経験は東京・日本橋にある野村證券本店営業部で株式の営業をしていたときのことです。自席で『会社四季報』をめくりながら自分なりにお客様に推奨する投資先の企業の研究をしていたときでした。突然、爆竹が破裂したような大きな音がしたので、思わず目をつぶり体を硬直させました。それからおそる目を開けると、目の前に竹刀を持った上司が立っていたのです。そしていきなり私はこう言われました。

「おまえの仕事は街を歩き、毎日100枚の名刺を配り、3カ月で靴の底に穴をあけることだ！」

それが当時の私のノルマでした。私はその指示を忠実に実行し、靴の底に穴があいた頃、ノルマは達成されました。上司の熱血指導により、私にもお客様がつき始めました。その上司からはその後も「考えるな！歩け、歩け！」と指導されました。

二つ目の思い出は、野村證券からマッキンゼーに転職したときのことです。配属はニューヨーク事務所。

入社して2日目、私はウォールストリートにある銀行のプロジェクトの担当を任命されました。

そこでプロジェクトマネジャーから言われたことは、「明日、彼らのオフィスに行き会議のファシリテーション（司会）をしてきなさい」ということでした。ファシリテーションの方法もわからなければ、英語も流暢ではない私への無理難題でした。

なんとか切り抜けた翌日、マネジャーから報告を求められました。会議参加者、討議内容など把握している限りのことを話したのち、最後にマネジャーから一言、「それで君が見つけた問題は何だったね？」と尋ねられました。私はファシリテーションをタスクとして捉え、マネジャーはジョブとして私に仕事を委ねたのです。

そのとき、上からの指示を忠実にこなす野村證券時代のノルマがタスクであり、マッキンゼーでの問題発見の仕事がジョブであると理解できたのでした。

タスクの多くが今後、機械やＡＩに代替されていくと予測されています。これまでは、熟練度を上げて職人技を磨けば、能力ある人として評価されてきましたが、これからは付加価値を生み、イノベーションと企業の成長に貢献する人が評価されるようになります。課長は企業にとっての重要なテーマであるＳＤＧｓ、コンプライアンス、リスク管理、ＤＸに主導的に貢献することになります。図表13にその内容を整理しました。

コロナ禍によるリモートワークの拡大は、会社や顧客のオフィスへの移動、形式的な会議や訪問など不要なタスクを強制的に消滅させます。ジョブを理解し、ジョブを行う課長は、無駄なタスクがなくなり、効率と生産性が高まります。しかし、ジョブができない課長、タスクしかできない課長は、存在すら許されなくなります。リモートワークは、課長の実力の差を浮き彫りにする恐ろしい力を持っています。

社長は課長の役割の達成を支援する

社長の目線で、どうすれば課長の新しい役割の達成を支援できるかを考える必要があります。会社の組織はピラミッドに例えられることが多いと思います。社長はピラミッドの頂点にいて、その下には事業や地域、機能を統率する本部長がいます。本部長の下には部長、そして部長の下には課長（多くの日本企業では課長という呼称は減っています）という存在があります。このヒエラルキーは、会社方針の徹底には力を発揮します。

第Ⅱ部で述べたようにGEの1981〜2001年の約20年の歴史に代表される過去の経営のパラダイム——競争を叩き潰す、効率と生産性を追求する——という企業運営には、ヒエラルキーは力を発揮してきました。しかし、顧客起点の経営を進め、イノベーションと成長を実現するためには、ヒエラルキーはまったく役に立ちません。

それではどうするか。トップダウンの経営から脱却し、ミドルボトムアップの経営を推進するマネジメントプロセスをゼロベースで開発する必要があります。今、ほとんどの日本企業にはこのプロセスが存在しないので、ゼロベースという表現を使いました。その内容は次の第2章で説明します。

ミドルボトムアップという言葉は、企業再生の請負人である米国人の友人が語っていたものです。このプロセスを導入すると、赤字にあえぐ企業の大半が2年くらいで大きく復活するそうです。私自身も成功事例をいくつか知っています。ミドルボトムアップは、盛田昭夫氏が語っていた組織を縦横斜めに動かす課長のイメージと同じです。企業の成功の法則は、時代を超えて不変なのだと思います。

このような状態が実現すれば、経営者は経営理念の確立、ガバナンス、企業インフラの開発に注力し、課

図表13｜ジョブ型課長は付加価値を生み貢献する

SDGs	ジョブ型課長であれば自分が社会や環境にいかに貢献するかを自発的に考える	タスク型課長はSDGsは経営のテーマだと考える
コンプラ・リスク	ジョブ型課長にとってコンプラ違反やリスク、不祥事は自分の成果を妨げるものであり、主体的に対応する	タスク型課長にとっては回避動機が働き、関与を避ける
DE & I	ジョブ型課長は成果を達成するため、最適な人材を最適な場所に確保することに真剣に取り組む	タスク型課長は自分のサイロに閉じこもるのでDE & Iに関心がない
OKR	ジョブ型課長はObjectiveやKey Resultsを真剣に考える。それを見つけるのは容易ではがないが	タスク型課長は目標設定は自分の役割ではないと考える
DX	ジョブ型課長はDXは自分のジョブを達成する武器になると考え、積極的に学ぶ	タスク型課長はDXは自分を代替えする脅威であると考える
コンプラ・リスク	ジョブ型課長は無駄な作業や時間を減らし、ジョブに集中するので生産性が向上する	タスク型課長は作業や時間の減少は報酬減になると考える

ジョブ型課長：誰か（通常は顧客）のために問題を発見し、解決し、貢献する存在

タスク型課長：指示された作業を淡々とこなす存在

図表14｜トップダウン経営から両輪の経営へ

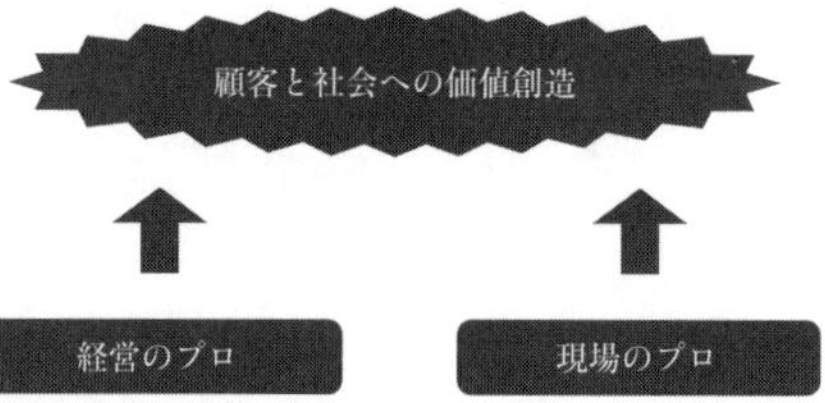

	経営者の役割	課長の役割
守り 収益の 確保	・事業構造の改革（選択と集中） ・そのための M&A ・資本政策による ROE の向上 ・経費構造の改革 ・そのためのリストラ ・そのための機械化と自動化（守りの DX） ・収益とキャッシュフローの確保 ・株主とのパートナーシップの開発	・会社共通の経営目標の達成 ・コンプライアンス、リスク管理の現場での実践
攻め 事業の 成長	・企業の使命と存在する目的の定義 ・イノベーションをファシリテートするマネジメントプロセスの設計と運営 ・シャープなヒエラルキー（意思決定者の明確化）の維持 ・組織共通の病（悪しき官僚制、無駄な仕事、サイロ化）の克服への執念深い努力の継続 ・社員をGuideし、Inspireし、Empowerする	・顧客満足による需要の拡大 ・無駄な作業の排除による生産性の向上 ・チーム活力向上による業績向上 ・機能横断するプロジェクト運営 ・イノベーションの DCPA（まずやってみて、様子を見て、そのうえで計画し、実行する） ・そのためのデジタル技術の活用（攻めの DX） ・DE & I、SDGs の現場での実践

注：課長はタイトルを意味するものではなく、第一線で顧客・社会と向き合い、部下を束ね、リードする存在です。多くの企業では課長という名称は使われなくなり、グループマネジャーやリーダーと呼ばれます

長は顧客への対応、生産性の向上、イノベーションの開発に注力するという両輪の経営が作動します。図表14にそのイメージを描きました。

ピラミッドを90度、回転させる

お客から見えるのは具体的な製品です。お客が感じるのはサービスです。お客にとって企業組織は完全なブラックボックスです。また、ブラックボックスでよいのです。その企業がどのような組織の構造になっているかは、お客にとってまったく関心のないことだからです。

しかし、お客が受け取る価値は、機能を横断した様々な活動の総合芸術です。お客の目線は横の線、企業人の目線は縦の線になります。企業の目線とお客の目線に90度のズレがあるのです。ピラミッドを90度回転させるというのは、お客の目線に沿った機能横断プロセスを設計するということです。これはテルモの和地孝氏が説いていたことです。

お客に対峙する課長がお客の発するメッセージを感じる、他の機能の課長とメッセージを共有し、問題意識を持つ、そしてその問題意識について社長と直接、会話するというプロセスです。

そこには本部長も部長も存在しません。第一線の課長と最高責任者との直接のコミュニケーションが必要なのです。ダイキン工業の井上礼之氏が説いた下意上達のプロセスが正しく作動することが重要です。

消費財を提供する企業には、お客様相談センターがあります。消費者は商品に何か問題があると連絡をとろうとしますが、どこに連絡してよいか戸惑うことが多いものです。代表電話にかけると自動音声で選択する番号が示されますが、目的とする部署はなかなか出てこない。最後は諦めることもあります。コンタクト先が幸運に見つかっても形通りのコミュニケーションがほとんどです。言葉遣いはていねいで担当の名前まで伝えてくれるのですが、これらのセンターには共通点が一つあります。情報の伝達、質疑応答で終わり、会話が存在しないのです。会話がなければ意味のある情報を得られません。

お客様相談センターのスタッフがお客様と会話し、問題があればその製品の企画や開発に関わったスタッフにすぐ連絡し、連絡を受けたスタッフは顧客を訪ねる。問題を解消するために自主的に横展開し、解決する。そして大きな問題は社長に相談する。

このようなプロセスの実現は不可能なのでしょうか。このプロセスが作動している会社はゼロではありません。そういう企業には顧客が存在し、成長を続けています。その結果、素晴らしい業績を上げているというのが実際です。

課長公募制を本格的に導入する

2000年代の中盤、第一次安倍内閣のとき、公務員制度の総合的な改革に関する検討が行われました。そのテーマの一つに「公募制の導入」がありました。総理が指示する特定の政策課題について担当メンバーを公募する、あるいは外務省が毎年100ポストを公募するなどが話題になっていました。

金融機関でも営業店の支店長や課長の公募制度を導入するなどの事例があります。目的は課長級社員のモチベーションの向上でした。しかし、課長という役割はヒエラルキーの中継点になり、課長という肩書きも消えていくなかで、課長公募制は勢いを持って広がることはありませんでした。

社員の動機づけという意義を否定する意図はありませんが、本章で提案する課長の公募制は、社員の動機づけが目的ではなく、課長の役割の根本的な変革を実現することが目的です。

公募制の本質は覚悟を求めることです。課長の公募制を制度として活用し、大きな成果に結びつけている日本の企業の例はあまり多くありません。一つ、興味深い会社があります。それはフェデックスです。

この会社は、1971年に米国のアーカンソー州で創業されました。人口は今でも300万人程度の小さな州です。しかし、この州には世界最大の小売業であるウォルマートの本社もあります。また、クリントン元大統領が州知事を務めていたことでも知られています。

創業者のフレッド・スミスは、ハブ・アンド・スポークシステム（集荷した荷物を数カ所の中継地点に集め、そこから再配送するシステム）で「翌日には届く」小型小包という潜在ニーズを予感しました。29歳のときです。もう一つの特徴は、事業を運送業でなくサービス業と定義し、サービス力でお客を顧客にするという経営を進めたことです。フェデックスの2022年の業績は約10兆円の売上高、営業利益は約8000億円、従業員は世界で40万人の会社になっています。

フェデックスは、サービス力を顧客価値と定義する会社です。最も重要な役割は第一線のマネジャーであると認識します。社員は管理職に覚悟を持って応募しなければなりません。この会社が成長モードに入った1980年代、会社がマネジャーに用意した檄文のようなガイドブックがあります。その内容は次のようなものです。

・アメリカ合衆国憲法、人権宣言をひも解き「人間の尊厳」がその中心になっていることを謳う
・さらに、高名な心理学者であるエイブラハム・マズローの理論を紹介し、人間の最も高度な欲求は「認められたい、充足感や達成感を得たい」という欲求、承認欲求であることを説く
・そして労働者は命令されるよりも導かれることを望む、マネジャーは、部下の上司は自分ではなく、本

当の上司は顧客であることを決して忘れてはならない、顧客からの承認が部下である従業員をモチベートする力になることを訴えていく

一般的には、このような文章は広報部門の作文であったり、テレビコマーシャルのコピーであったりします。実態のない空虚な言葉で終わるのが普通です。

管理者に登用する基準とプロセスも、フェデックスでは極めて厳格に運営されます。従業員のエンゲージメントを高めることができるマネジャーの性質は何か、多数の事例を研究します。最初は200あまりの項目がリストアップされたそうです。最終的には9項目に絞りこまれ、マネジャーへの登用の基準になります。その基準をどれだけ満たしているか、充足されない項目は何か、それが明らかになれば昇格の前に研修が行われます。最後はすべての項目が満たされることを条件に決定が下されます。結果が不合格の場合、6カ月の猶予期間を持って再挑戦の機会が与えられます。マネジャーに昇進するとさらに厳しい研修が長期間継続します。マネジャーへの昇進前、昇進後の養成のプロセスに投入されるエネルギーは、普通の企業の感覚からすると尋常でないレベルです。

公募制の本質は、機会の平等な提供です。公募制を徹底している国々は、いわゆる民主主義国家です。代議士や自治体の首長、大統領や首相など国の長を選挙で選ぶ。このことは誰も当然のことと認識しています。日本で選挙で選ばれるためには、一定の条件を満たす必要があります。一つは日本国民であること、もう一つは年齢です。日本の場合、衆議院議員は満25歳、参議院議員は満30歳、都道府県知事も満30歳です。

課長への応募資格をどのように定義するか、企業は基準を設ける必要があります。国籍が条件になることはないでしょう。年齢の基準は必要でしょうか。フェイスブックを創業したときマーク・ザッカーバーグは

19歳。アップルを創業したときスティーブ・ジョブズは19歳。デルを創業したときマイケル・デルは19歳。GAFAで最も高齢な創業者はアマゾンのジェフ・ベゾスで29歳でした。このように考えれば、課長への応募資格に年齢や経験年数を含める意味はないと言えます。

公募制の本質は、応募の自由と自己責任です。私が参加しているコーン・フェリーが提供するサービスの一つに社員満足度調査があります。日本企業で見られる共通の特徴は、満足度と組織階層の高さに相関があるということです。部長層の満足度と現場第一線の満足度を比較すると部長層が圧倒的に高い、という傾向が見られます。そして組織の上位者は現場社員の満足度の低さを問題にし、原因を考え、対策を打とうとします。

なぜ第一線の社員の満足度が低いのか。その原因の究明のために私自身も関係者にインタビューを行い、背景を探る活動に折に触れて参加してきました。社員満足度が低いケースには、以下のような共通の特徴があります。

・上意下達で上から降ってくる目標に翻弄されている
・意味がないと思われる資料の作成や報告に忙殺されている
・作業が中心で何のための作業かわからない

要するに自分が選んだ仕事ができていない、ということです。

顧客起点の経営の主役になり、しかも応募の自由があれば、この問題は解決するはずです。自分の好きな仕事、自分がやりたい仕事をしている限り、人は幸せでいられます。成功と失敗は紙一重です。成功の反対語は失敗ではありません。失敗の反対語は成功ではありません。成功、失敗の反対語は挑戦しないことです。

企業は社員に挑戦の機会を与え続ける、この一点に集中すれば、あとは自由と自己責任の原則に任せればよいのです。

課長のための自主的目標管理研修の勧め

必要なのは、会社の戦略目標、財務目標をヒエラルキーを通じてトップダウンで第一線に落とし込む目標管理ではありません。顧客起点の経営の主役であるというボトムアップの自主的目標管理です。そのエッセンスは以下のとおりです。

・役割責任の確認
・解決する顧客の問題の定義
・成果の実現を測定するＫＰＩあるいはKey Results
・部下が活躍する風土の開発案
・他部署との協業のアプローチ
・上長への提案
・目標の自己管理のための方針の伝達

課長の役割は、お客の問題を感じ、解決策を考え、その実行のために良い風土をつくり、組織を縦横斜めに動員する目標管理です。

ＫＰＩの適格な定義には習熟が必要です。目標ではなく、目標を達成するための成功要因を深く考えることが求められます。日本企業のなかでは、リクルートなどがＫＰＩによるマネジメントを有効に活用していると聞きます。アマゾンやグーグルでもこのアプローチを重視しています。

良い風土をつくることは、役割責任の達成の十分条件です。課長一人で大きな成果を上げることを期待するのは難しいです。まずは部下の応援を得ることが必要です。

課長主導の問題解決プロジェクトの奨励

社長はすべての課長の目標管理計画をレビューしてほしいと思います。そして、大きなポテンシャルを感じるテーマがあれば、それを会社の公式プロジェクトとして認定してください。第Ⅱ部第３章で紹介したトヨタ自動が１９９３年に始めたＢＲは良い参考になります。

本章では、戦略経営、効率と生産性、経営リーダー育成のＧＥの古いパラダイムを捨てることを述べましたが、ＧＥが現場力の強化という視点で行っていたワークアウトプログラム（付加価値の低い仕事の廃止）やベストプラクティス調査運動（優れた企業の真似をする）、シックス・シグマ（顧客起点の業務プロセス改善プロジェクト）には、引き続き有効なエッセンスが詰まっています。

課長の役割には、資料の作成や社内の調整など多くの不要不急の仕事がこびりついている可能性もあります。そうした仕事を一掃するためのプロジェクトを実施したいとの課長からの提案があれば、ワークアウトプログラムの活用を検討してください。このプログラムは１９８０年代の後半、ＧＥが大企業病と闘い、官僚的な企業文化の打破を目的に導入した第一線のマネジャーたちが参加する不要不急な業務撲滅のための3日間のプログラムです。

このプログラムは、現在でも多くの企業が活用しています。ジョンソン&ジョンソンの日本法人の社長を経てカルビーのCEOとなり業績を大きく向上させた松本晃氏が、積極的に活用していました。1999年にエクソンとモービルが合併し、エクソンモービルが誕生したとき、リー・レイモンドCEOはFirst Line Managerの大切さを訴え、彼らが良い仕事をできるように付加価値の低い仕事を一掃する努力をしました。

良い事例を研究するための企業訪問プロジェクトについても、課長から提案があれば、実施を検討してほしい。異業種交流のように他社から何かを学べるだろうという漫然とした期待でなく、的を絞って、この会社からこのテーマについて学ぼう、ヒントを得ようという明確な期待を持った企業訪問プロジェクトです。

課長の報酬を倍増させる

最後に重要なテーマを提起します。それは課長の報酬を世界標準にすることです。日本企業の報酬政策は、終身雇用、年功序列のパラダイムから抜け出していません。日本企業と欧米やアジアの企業の報酬政策を比較すると、一般職では日本企業の方が高く、管理職以上になると欧米やアジアの企業の方が急速に高くなるという傾向があります。課長級であれば30〜40%、部長級であれば40〜50%、役員級では60〜70%程度、外国企業の方が高くなります。

アジアの諸国では、若いときは日本企業で働いて良い教育を受け、管理職になると欧米系の企業に転職する、日本企業をステッピングストーンにするという残念な状況が生まれています。

ここ数年、国内でもジョブ型の人事制度を導入し、課長職のジョブサイズを測定し、他の日本企業の水準をベンチマークする企業は多いと思いますが、日本企業をベンチマークすることは適当ではありません。米国のケースでは、ＭＢＡの卒業生は課長級のポストで入社します。初任給は日本円に換算すれば２５００万円から３０００万円の水準になります。ポテンシャルがある社員には、ストックオプションなどの報酬が加算されます。部下の昇進や給与を決める権限も持つようになります。課長は、経営者になるスタート台なのです。

本章では、課長公募制を提案しました。しかし、今のままでは応募しようとする社員は少ないと思います。人はお金のためだけに働くのではありません。しかし、本章で述べたプレイヤーに比べて課長が担う飛躍的に大きな職責に応じたフェアな報酬は必要です。課長の報酬を倍増することを検討していただきたいと思います。

経営層をフラット化する

課長が思う存分に仕事するためには、日本企業に伝統的な重層的な構造をフラット化する必要があります。社長、副社長、専務、常務、執行役員、部長、課長という役位による7階層は、悪しきヒエラルキーを増長させるものです。会社によっては、副部長、部長補佐などの役位が追加されて10階層にもなるケースもあります。課長をできる限りヒエラルキーの圧力から解放する必要があります。

前述したように多くの日本企業は、フラット化の本来の対象である重層化した経営層ではなく課長層をフラット化するという過ちを犯してしまいました。

通常の大企業の規模（売上高数千億円）の会社であれば、課長から社長まで3階層程度が目安になります。売上高34兆円のトヨタ自動車では専務、常務、執行役員、部長、次長は幹部職（約2000人）という一つの階層になっています。課長から社長までの役位は、4階層になります。

日本ではジョブ型人事制度と言わず、ジョブ型雇用と呼ぶケースが多いと思います。ジョブ型人事制度は採用、育成、配置、評価、報酬、解雇のすべての人事システムを包含するものです。システムの一部である「採用」だけに焦点を当てることは誤りです。人事システム全体をつくり直すという覚悟で取り組んでいただきたいと思います。法則2で紹介したみずほ証券が成功した理由は、採用だけでなく人事制度全般にわたる包括的な取り組みを進めたからです。

第2章　イノベーションの体制とプロセスをつくる

どの企業にも、今の顧客と事業を維持し、短中期の業績を確保するためのマネジメントプロセスが存在します。台頭するプロ投資家の要請に応えるため、四半期ベースの精密な業績開示が必要になったからです。体制としては、ＣＦＯをリーダーとするファイナンスのチームが中心的な役割を果たします。

マネジメントプロセスの中身も企業による違いはなく、ほとんど同じです。１９７２年、ＩＢＭのドイツ支社で働いていた5人のエンジニアが創業したＳＡＰはこのことに目をつけ、ＥＲＰというパッケージ化した経営管理ソフトを開発しました。セールスフォース・ドットコムは、今期の需要を予測し、営業を管理する汎用的なソフトを開発しました。営業活動を管理するプロセスも会社による違いはないからです。

この二つの会社は、短中期の業績を管理しなければならない、という経営者のニーズに応え、世界中にビジネスを広げ、大きく発展しました。

一方、イノベーションを通じて新たな顧客と事業を創造し、成長するための体制とマネジメントプロセスをつくり、磨き上げる企業はあまりありません。財務数値の管理とは異なり、イノベーションは曖昧模糊としたものであり、捉えどころがないものだからです。今日取り組まなければ明日困るテーマではない、重要だが緊急度は低いという理由で先送りになるのです。

しかし、法則６と法則８で述べたように、成長と繁栄を実現した企業には、体制および仕組みとプロセスが存在しています。本章では、これからの日本企業がイノベーションを通じて成長を実現するために、開発すべき体制とマネジメントプロセスのあり方を説明します。

・経営者主導のトップダウンの取り組みは止める
・すべての社員がミッションに目覚めるワークショップを継続する
・イノベーションと成長にコミットする経営チームをつくる
・イノベーションと成長をドライブするマネジメントプロセスをつくる

経営者主導のトップダウンの取り組みはやめる

まず、効果のないアプローチを紹介します。それは、経営者が主導するトップダウンの取り組みです。前述したとおり１９７０年代、高度経済成長が終わり、日本経済が成熟したとき、多くの企業が新規事業開発本部を設置し、事業の多角化を計画しました。しかし、目立った成果は上がりませんでした。その企業にとって新規事業であっても、計画した事業は世の中に既に存在し、歴史と経験、ブランドを持つ多くの企業がひしめいていたからです。

イノベーションを伴わない新規事業では、後発企業に勝ち目はありません。そして、トップダウンの試みでイノベーションが生まれたことはありませんでした。法則７で述べたように、イノベーションは頭で計画するものではなく、顧客に憑りつき「これはおかしい」「こんなものがあったらいいのに」という心の思いから始まる起業家的活動だからです。

もし、新規事業本部やイノベーション本部、DX本部を設置し、そこに精鋭と言われる社員を投入するようなことをされていれば、即刻、取りやめてください。優秀な社員の時間とエネルギーの無駄使いになります。このような取り組みの帰結は、事業を買うM&A、あるいは他社との提携そのものが成果物になるようなアライアンスです。つまり、アライアンスを組むことが自己目的になってしまうということです。

自力で成長するケイパビリティがない組織が、M&Aやアライアンスによって成長した例はありません。もちろん、一時的に規模が拡大したという例はありますが、しばらくすると買収した会社の事業が低迷し、縮小してしまうからです。最悪の場合、高値で買収し、のれんが毀損してしまいます。

投資ファンドから又買いする場合は要注意です。プロの投資家であるファンドが売り手に回るのは、その事業の将来性にそれほどの期待を持っていないからです。彼らは投資収益を上げるためにできるだけ高く売る義務を持つのです。

一方、自力成長するケイパビリティを持つ企業のM&Aやアライアンスは、成功の確率が高いようです。ソニー、テルモ、ダイキン工業がその事例です。ソニーは音楽事業への参入にあたってはCBSと協業、生命保険事業への参入にあたってはプルデンシャルと協業します。ソニーには、アライアンスを上手に使うケイパビリティがあるようです。自動車事業への参入にあたりホンダと提携するのは、このケイパビリティを活かす意図があると思います。

創業から70年以上の歴史を持つという基準を満たさないため、今回の研究対象には含まれませんが、リクルートや日本電産がその例だと思います。まずは自力成長できるケイパビリティをつくることが先決です。序章で引用した諺ですが、急がば回れ、Make Haste Slowly です。

すべての社員がミッションに目覚めるワークショップを継続する

法則1で述べたように、イノベーションは社員全員参加の経営が出発点になります。イノベーションは第一線の社員から生まれます。

コマツのコムトラックスは、パワーショベルの盗難を防ぐためにGPSをつけるというアイデアにとどまらず、センサーをつければより良いアフターサービスになると気づいた社員がいなければ生まれませんでした。

ダイキン工業の中国での天井文化開発というアイデアは、現場を回り人が混み合う中国の食堂のありさまを感じた社員がいなければ生まれませんでした。野村総合研究所のシステム共同利用プログラムは、自前でシステムを買えない中小企業者の思いを感じる社員がいなければ生まれなかったはずです。

イノベーションは草の根運動です。彼らを組織の歯車から解放し、言われた仕事でなく、問題意識を持ち、自発的に仕事をつくる、すなわちミッションに目覚めさせることが必須の条件になります。

ミッションは使命と訳されます。私はこの訳は適切でないと思います。使命というと誰かから使わされたもの、与えられたものという受け身の印象があるからです。

私は誰もが知る日本企業の経営者が言われた「自分は使命感で仕事をしている」という言葉が記憶に残っています。

頭脳明晰で素晴らしい人格者ですが、仕事を楽しんでいるという感じはありませんでした。「これを知る者はこれを好む者に如かず、これを好む者はこれを楽しむ者に如かず」という紀元前500年頃の孔子の有名な言葉を思い起こした次第です。

ミッションは誰かから与えられた使命ではない、自分の思い、伝えたい感情を言葉にしたものです。街を歩き、人と語らい、感じた自分のやりたいことがミッションです。そのようなミッションには熱量があり、自分を動機づけ、人を動かす力を持つものになるのです。

私は第一線の社員やマネジャーの人々がミッションを語るワークショップに数多く参加しています。私はいつも次の5つの質問をします。

①　あなたの仕事は何ですか。どのような活動をしているのですか
②　なぜ、その仕事をしているのですか。目的は何ですか
③　お客様は誰ですか。誰に貢献しているのですか
④　お客様は何を求めていますか。何に喜び、何に困っているのですか
⑤　お客様のどのような問題をどのように解決するのですか

セッションの参加者が20名とすれば、①の質問には全員が答えます。②③の質問になると明確に答える人は減ります。そして④⑤の質問に答えられる人は数人、場合によってはゼロもあります。

ミッションは、①から⑤への答えを自分の言葉で語るということです。そして⑤の答えからイノベーションの芽が育つのです。すべての社員がミッションを持つ、ということは容易なことではありません。しかし、時間がかかってもこの5つの質問を投げかけていくことで少しずつ、ミッションに目覚める社員の数は増えていきます。

すべての社員がミッションに目覚めるためには、このようなワークショップを地道に運営することです。ワークショップの実施や運営は簡単なことです。ただし、愚直に継続することが絶対的な条件です。

イノベーションと成長にコミットする経営チームをつくる

このワークショップを愚直に継続すれば、社員からイノベーションのアイデアが発信されるようになります。彼らのアイデアを活かすためには、経営チームの豊かな想像力が必要です。短中期の業績管理のプロセスのなかで枯れてしまった、経営チームとしての想像力を取り戻す必要があります。

多くの企業経営者が「縦割り組織の弊害」を訴えますが、経営陣が縦割りになり、チームとなっていないケースに遭遇することは少なくありません。ここで私はチームという言葉を使っています。以前にも書いたとおり、チームは、一人ではできない大きな、難しい目標を達成するために必要な個性を持ったメンバーが協力して活動することです。経営会議のような意思決定を目的とする機関ではありません。

私は、事業の成長という多くの日本企業にとっての最重要テーマに取り組むためには、特別な経営チームを設定するのが得策であると考えます。このチームが成功する必要条件は、次の三つです。

- Real Team であること。日々のオペレーションに時間を使いながらも、「成長か死か」という本当に強い思いを持つチームであること
- チームのメンバーは必要な力量を持つこと。イノベーションに必要な直感力、多くの人を巻き込む感性の力、いわゆるＥＱに優れたメンバーで構成すること。ロジカル思考力、緻密な分析力はあっても

よいが必須ではありません。会社の機会や脅威について独自の見解を持ち、成長に向けての自らのミッションを語れることが条件
・チームのメンバーが会社の課題と目指す方向に共通の理解を持ち、同じ言葉で語れること

したがって、メンバーは同じ役位や組織図上の位置ではなく、これらの条件を満たすメンバーで構成する必要があります。そのメンバーのなかには課長級の社員が含まれることもありえます。このチームの目的は決断でなく、良質の判断をすることにあるからです。

繰り返しになりますが、短中期の業績の確保は経営者の役割ですし、経営者にはそのための力量と権限が備わっています。しかし、イノベーションの創出と成長の実現は、経営者だけではできないことなのです。

イノベーションと成長をドライブするマネジメントプロセスをつくる

財務成果の確保と同時に企業の長期的な成長を実現し、そのためのマネジメントプロセスを効果的に使った会社として参考になるのは、先に紹介したエマソン・エレクトリックです。１８９０年に交流モーターを製造するために誕生した長寿企業で１３２年の歴史を持ちます。65期連続増配というすごい記録を継続しています。１９９０年代までのパナソニックやジョンソン&ジョンソンなどと同様、小事業部制も継続しています。プラントの制御、水力・風力発電管理の自動化ソリューション、住宅や商業施設の冷凍空調などのソリューション、ＩｏＴなどの多様な分野に事業を広げています。

エマソンはマネジメントプロセスの重要性を認識し、磨き上げてきた米国の会社です。既に紹介しました

が、エマソンの中興の祖と言われるチャールズ・ナイト氏が書いた『エマソン　妥協なき経営』（ダイヤモンド社）の第1章のタイトルは、「エマソンの成功の秘密：マネジメント・プロセス」となっています。そこでは、エマソンが１９９３年に行った成長のためのマネジメントプロセスの開発について書かれています。ここでは、同書の第８章の内容を要約します。

・最高経営レベルの計画プロセスの変更：１９９２年、エマソンは投資家の最大の期待は今期の利益ではなく成長であることを深く認識し、経営計画を「今期の利益を確保するための計画」と「成長するための計画」の二つに明確に分ける決断をします

・１０００の成長プログラムの策定：１９９２年から97年までの5年間でエマソンは三つのカテゴリーの成長プログラムの策定を行います

―事業ごとに市場のリーダーになるためのベースラインの成長プログラム

―追加的な成長のための事業単位独自のプログラム

―追加的な成長のための本社の支援を受けられるプログラム

6年間で１０００のプログラムが作製され、厳しく取捨選択され、実行されます

・役員ワークショップによる成長の確度を高める知恵の創出：１９９７年に始めたアプローチです。それまでは事業単位ごとに成長計画を考えていましたが、事業を横断した役員全員のワークショップ（エマソンでは円陣でなく馬蹄形。ホワイトボードを置く場所が必要なため）を実施します。過去5年間で「できたこと」「できなかったこと」の整理を行い、その場で強力なアウトプット（アイデアと行動計画）を創出する施策です

・成長のアイデア創出のプロセス：他事業の関係者、外部の識者を加えた構造化された質問に答えるプロ

セスを導入
―この事業のこれまでの成長と進化についてどう評価するか
―これまでの成長を阻害する要因として何を経験したか
―この事業のコアコンピタンスは何か
―この事業のこれまでの競争のルールは何か
―この業界で起こりつつある新たなトレンドは何か
―競争企業はどのような価値を創造しているか
―これまでの会話から想像される脅威と機会は何か

エマソンはこの取り組みを通じて二つの課題を発見しました。一つはマーケティングの不在、二つ目は新しいビジネスモデルを構想する本気度の不在でした。

年に一度の役員合宿で終わらせない

創業後70年以上という条件に合わないので今回の調査の対象にはなりませんでしたが、アイリスオーヤマはプロセスを大切にする企業として有名です。大山健太郎会長は次のように語っています。

「宮城の地に移り住んでからの私は、利益を出す仕組みづくりを来る日も来る日も考えました。経営者人生をかけて、今に至るまでその仕組みづくりに没頭していると言ってもいい」（大山健太郎『いかなる時代環境でも利益を出す仕組み』日経BP）

第Ⅱ部で調査した15社のなかで仕組み、プロセスに最も着眼したのは無印良品でした。ただ、無印良品だけでなく、トヨタ自動車、ソニー、ダイキン工業、テルモや中外製薬にも会社独自の考え方と仕組みがありました。

多くの日本企業もイノベーションや成長に関心がないわけではありません。ほとんどの企業が毎年一回、「役員合宿」と称して経営陣が将来を語り合う場を持っています。本社を離れた場所、カジュアルな普段着、寛いだ雰囲気で行われますが、会話自体が寛いだ談話になり、時間とエネルギーの無駄になるケースもあるようです。

さらに困ったことは、その準備のために優秀なスタッフが多大な時間を使い、詳細な資料を作成するという無駄が行われているということです。このような会議で、スタッフが作成した厚いパワーポイント資料とプロジェクターを使用することを許してはいけません。資料が必要であれば、参加し説明する役員自身がつくるべきです。

第3章

社員全員が顧客起点（ユーザー・イン）に愚直に取り組む

顧客第一主義、という言葉が存在しない企業を見つけることは難しいです。どの企業にもお客を大切にするという趣旨の理念や行動指針は存在します。しかし、それを実践する企業は非常に少ないことは、法則7で述べたとおりです。お客との関係には、次の4つの段階があります。

① 行きずりの客：たまたまお店や商品に遭遇したので購入したというお客
② 一見の客：企業の宣伝や広告、知人・友人の紹介や口コミを聞いて初めて商品を購入したお客
③ **顧客：買った商品やサービスが気に入ったので継続的に購入するリピーターになったお客**
④ 招かれざる客：その商品やサービスに感動し、企業が困ったときはその企業を支援しようと考えるお客（現在では迷惑な客、歓迎されない客という意味で使われるが、中国の『易経』が伝える本来の意味は困ったときの助けになる客人）

企業は最低限、③のレベルを目指す必要があります。そのためには、社員全員が顧客起点（ユーザー・イン）意識と行動を共有する必要があります。

本章で述べることは、すべての社員に求められることです。マーケティングや営業、商品企画や開発といった機能に限定する話ではありません。顧客起点の経営とは、社員全員が顧客起点で考え、行動することです。研究開発、製造、物流などの事業機能、人事、財務、総務、経営企画、すべてのコーポレート機能も当然に対象になります。顧客との物理的な距離には相違がありますが、心理的な距離に相違があってはならないのです。

人事に関係する仕事をされている方はご存じだと思いますが、ミシガン大学デイビッド・ウルリッチ教授は、企業の人事運営に大きな影響力を持つ人物です。１９９０年代に彼が提唱した新しい人事の役割は、従来の米国企業の給与やベネフィットの事務的な管理、従業員組合のマネジメントを超え、事業部門を社内顧客とし、彼らの戦略実現を支援するパートナーになるというものでした。欧米企業ではＨＲＢＰ（Human Resource Business Partner）という役割が重要になりました。

このウルリッチ氏の最近の主張は、人事の顧客は社内の顧客でなくリアルな顧客であり、顧客価値の創造に向けて人材や組織の課題を発見し、解決するというものです。社員の全員がリアルな顧客を意識し、考え、行動するということです。

私は近年、中国の企業と交流する機会が多いのですが、社員全員がユーザー・インの意識と行動をとるように努力する企業が多いのに驚きます。ハイアールはそのことを経営理念で表明しています。

これからの企業で働くすべての社員は、以下の５つの行動を実践する必要があります。

1. 顧客との接触を点から面にする
2. 顧客の欲求を直感する

3．顧客の成功に夢中になる
4．顧客起点のワークプロセスをつくる
5．顧客と協力して希望を叶える

顧客との接触を点から面にする

私たちはどうしても提供する製品やサービスの視点で顧客を見てしまいます。その結果、顧客との接触は点になってしまいます。

生命保険会社の伝統的な営業が一つの例です。大半の営業パーソンは保険を売ることに集中します。そして受注に成功し、契約が結ばれれば、そこで顧客との関係は終わります。もし、二度目の接点があるとすれば、それは次の新商品が発売され、会社から顧客訪問をプッシュされるときです。新商品の説明をすることが目的ですので、アポイントがとれればそれで十分なのです。

顧客との接点は点で終わります。線になりません。面になることはほとんどありません。なぜでしょうか。それは顧客と会話する理由がないからです。

私の知り合いに業界で名を知られた生命保険の営業パーソンがいます。彼は高い業績を継続的にあげるトップセールスです。彼の行動を見ると保険のセールスではなく、ライフ・パートナーという言葉が自然に浮かんできます。

彼は海外によく出かけます。地球の旅鳥のようです。私は単なる趣味かと思っていましたが、彼にとって、海外旅行は仕事です。富裕層の顧客は海外旅行によく出かけます。彼によればパック旅行にものたりなさを感じる人も多いそうです。彼は世界を回り、顧客になにげないアドバイスをします。イスタンブールに行ったら、このレストランがおすすめです、ガイドが必要ならこの人は信用できます、などと囁くのです。

コミュニケーションの回数が増え、継続します。話題が広がります。顧客との接触が線になり、面になり、その後は確率の自然法則が働き、顧客の方から必要なときに保険の相談がくるのです。

顧客の声なき声を聞くためには、顧客との接触が面にならなければなりません。そのためには話題が必要です。話題はコンテンツという言い方もできます。ＧＡＦＡに代表される米国の新興企業が毎日のように買収や提携を行うのは、単一の商品やサービスでは顧客との接触が点で終わるからです。コンテンツが増えれば点が線になり、線が面になることを、彼らは知っているのです。その結果、さらに多くの情報が集まり、コミュニケーションの質が高まり、結果として顧客起点の企業になり成長していくのです。

顧客の欲求を直感する

数学には、必要条件と十分条件というロジックがあります。必要条件はNecessary Condition、十分条件はSufficient Condition です。

顧客起点はこれまで見てきたように、人間が持つ根源的な欲求を感じるところから始まります。それは計算と分析では到達できないものです。この直感力は必要条件です。１９７０年代、家電産業の王者、松下電器産業にソニーが挑んでいたとき、ソニーはモルモット（実験に使われる小さなネズミ）と呼ばれ、松下電器産業は「マネシタ電器」と揶揄されました。

しかし、日本全土に張りめぐらされたナショナル・ストアのチャネル力は、家電量販店が出現する1990年代までは圧倒的な力を持っていました。この物理的なチャネルの支配力が競争上の優位になる時代においては、顧客のニーズの直感力は顧客起点の必要条件ではなかったのです。

しかし、インターネットが物理的なチャネルの価値を破壊しました。良いものはすぐに売れる、そして勝者が総取りします。優れたモルモットになることは、顧客起点の必要条件なのです。

人間の根源的なニーズ、普遍的なニーズは何でしょうか。アマゾンが捉えた「便利さ」、グーグルが捉えた「知の探究の容易さ」、フェイスブックの「友達」、アップルの「格好良さ」。その他、いろいろあります。「生きたい」「安心したい」「希望を持ちたい」「勝ちたい」「美しくありたい」、そして「暇を潰したい」などなど。

「生きたい」は、地球上に存在するすべての生き物に共通する普遍的なニーズです。150億年前に誕生した地球に生命が生まれたのは40億年前。恐竜が繁栄した1億5000万〜9000万年前まで地球は、破壊的な変動を繰り返してきました。すべての生き物は「生きる」ための壮絶な闘いを繰り返してきました。そのなかには、生き物の必要条件である「核酸」とそれを覆うタンパク質の殻だけに身を削ぎ落とし、宿主の細胞に寄生することで生き延びるウイルスという存在もあります。

「安心したい」も人類の普遍的なニーズです。哺乳類の祖先、小さなネズミが恐竜時代の最後に生まれたとき、彼らは安心できる場所を必死に探しまくっていたと思われます。私たちの多くが蛇を恐れるのはネズミの脳の中枢に残った記憶が影響しているという話を、ある科学者から聞いたことがあります。2020年代には、「安心したい」は「生きたい」と並んで重要なニーズになります。先ほど、マネシタ電器という失礼な表現を使ったパナソニックには、「安心・安全」という価値観があります。多くの商品・サービスの紹介にこの言葉が使われています。

「希望を持ちたい」も、人類の普遍的なニーズです。ギリシャ神話に出てくるパンドラという女性が人間界に持ってきた箱の話はご存じでしょうか。パンドラの箱とは触れてはいけないもの、開けてはいけないものを意味します。この箱には多くの災いの種が入っています。

パンドラが箱の蓋を開けるとその種が一斉に飛び出しました。争い、疾病、悲観、不安、憎悪、犯罪、欠乏などすべての災いが、人間界に解き放たれます。しかし、箱のなかに最後に残ったものがあります。それは希望です。この普遍的なニーズは、映画・演劇・音楽の世界で多くの人々が取り組んでいるテーマです。

「勝ちたい」も普遍的なニーズですが、「希望を持ちたい」と比べると危うい面を持っています。パンドラの箱から飛び出した「争い」に通じる面があるからです。サッカー、野球、様々な格闘技を見る観衆は、勝つという快感を求めているのです。古くはギリシャのオリンピック、ローマの闘技場、スポーツの世界はこのニーズを満たすものです。ゲームの世界も勝ちたいという人間の欲求を満たすものです。チェスは紀元6世紀頃にインドで始まり、その後、ペルシャ、アラビアを経て欧州に広がったと言われます。また、中国、朝鮮を経て、日本には11世紀、平安時代に到来したと言われます。

「美しくありたい」も人類古来のニーズです。1820年、エーゲ海のミロス島で農民の手によって発掘された大理石の女性像は、ミロのヴィーナスと命名され、ルーブル美術館に鎮座することになります。この像がつくられたのは紀元前1世紀頃と言われます。宝石の歴史は人類の歴史とともにあります。青緑色のトルコ石には5000年の歴史があると言われます。日本でも翡翠が縄文時代の遺跡から発掘されています。

「暇を潰したい」はどうでしょうか。英語のスクールの語源は、ギリシャ語のスコラからきていると言われます。スコラとは暇という意味です。暇な時間からアリストテレスやソクラテス、プラトンなどの偉大な哲学者が生まれているのです。労働を離れた時間が人間に知的なインスピレーションを与えるということです。

アマゾンは、買い物のための無駄な時間を徹底的に除いてくれます。ＡＩやロボットも記憶や計算、肉体的な作業の時間を除いてくれます。暇な時間がますます増えます。このニーズに企業はどのように応えていくのか、興味深いテーマです。

顧客の成功に夢中になる

私はGive and Takeという言葉を好みません。Give, Give, Give and Givenという言葉が好きです。Give and Takeと言えば、結局、Takeを優先させるのが普通です。ただし、Give, Give, Give and Givenは「お客様は神様です」ということではありません。お客に迎合し、言いなりになるということではありません。顧客の成功を支援する、この目的に向かって夢中になって努力をするということです。そのためには、顧客の成功を定義することが出発点になります。

あるエレクトロニクス部品を製造販売するメーカーの優秀な営業パーソンの話です。今は営業ですが、以前は工場の製造現場でキャリアを積んできました。

彼にとって直接の顧客は、設計部門の技師であり購買部門の担当者です。他の営業パーソンと同様に直接の顧客との関係の深耕を行います。彼のユニークな点は、顧客の工場を訪ね、現場の工員と会話し、自社が提供する部品の使いやすさについて聞きこみをするのです。彼も製造現場の経験があるので会話は弾みます。そして問題を見つけると自社の開発、製造部門に注文をつけ、改良を迫るのです。

自社の製品、サービスを買ってもらうのではなく、自社の部品を使って良い製品をつくってほしい、その一念が彼の行動を駆り立てているのです。部品にとっての真実の瞬間は、部品が組み立ての工程で使われるその瞬間です。この営業パーソンは、真実の瞬間にエネルギーを傾注しているのです。

このような営業パーソンは少ないですが、どの会社にも存在します。しかし、普通の会社であれば例外として存在するということです。これを例外でなくすべての営業パーソンの標準的な行動にしたのが、キーエンスです。長い年月をかけての取り組みと聞いています。

ある優秀な金融機関の営業パーソンは、顧客企業の財務部門には当然、足を運びます。しかし、同時に経営企画や事業部門の関係者との会話に努力をしています。金融機関の営業は通常、業界、業種別の担当になっています。彼にどんな会話をしているのか、聞いてみました。答えは少し意外でした。その顧客の業界の話ではなく、まったく異なる他の業界の参考になる話をするそうです。

理由を聞くと「ビジネスでは同様の現象が業界を横断して一定の時間差で伝播していきます。他の業界で起きた良いこと、悪いこと、それを早く察知すれば、意味のある対策を打つことができます。自分はそれに貢献したいのです」と彼は言うのです。

顧客の成功に夢中になる、はきれいごとに聞こえるかもしれません。競争に勝つ、効率と生産性を追求するという過去のパラダイムでは、顧客に過度に執着することはご法度でした。しかし、顧客起点の経営を進めるという新しいパラダイムではそれが普通のことになると考えるべきなのです。

顧客起点のワークプロセスをつくる

顧客との接触を面にする、顧客の成功に夢中になる、そうした行動を普通にする。そのためには、社員の行動に関する規律とワークプロセスの設計が必要です。ビジョンの力は人を一時的に鼓舞することはできますが、具体的な行動にはつなげることはできません。指示し、命令するだけでは長続きしません。仕組みが人の行動を変える力を持つのです。このことをトヨタ自動車の大野耐一氏は訴えたのです。これが法則6で説明した「人を責めるな、プロセスを責めよ」という有名な言葉の起源です。

同様に法則6で紹介したように『無印良品は、仕組みが9割』という本では、松井忠三氏が主導した取り組みが紹介されています。MUJIGRAMという全体で2000ページに及ぶ膨大なマニュアルの最初には、自分の仕事はどのような顧客にどのような価値を提供するのか、それを記述することが行動の規律として示されています。

ワークプロセスをつくるということは、企業の製造部門や物流部門では普通に行われています。事務部門やシステム部門でも当たり前のことです。街のレストランでも食材を美味しい料理にするための段取りがあります。同様に顧客の問題を発見する、発見した問題を既存の商品・サービスの改善、新しい商品・サービスの創造につなげるプロセスをつくってください。

顧客と協力して希望を叶える

企業の販売促進においては、顧客の協力を得るケースが見られます。

BSの民間放送では、比較的高齢の視聴者を想定した健康維持のための食品やサプリメント、運動に関する広告が多く流れています。まず、消費者やその家族が登場し、その商品がいかに素晴らしいかを笑顔で語るのです。そして広告の最後には共通のメッセージが流れます。「なんと！」という言葉で始まる値段の大幅なディスカウント、そして何時までに注文すればさらにおまけの値引きが……という定番の流れです。

法人に向けてコンピュータのシステムソリューションを売る会社では、実際のユーザーを講師として招いて行う高級ホテルでのセミナーが販売促進の定番です。シリコンバレーのハイテクカンパニーによく見られるアプローチです。これらは皆、新規のお客を開拓する手段になっています。

しかし、お客を顧客にする、顧客をさらに強固な顧客にするために、顧客と協力して希望を叶えるというアプローチは少ないです。顧客と協力して製品を開発するという考え方は、競争に勝つというこれまでのパラダイムではありえない話です。スティーブ・ジョブズが指揮していたアップルの秘密主義は、今でも語り草になっています。しかし、時代は変わりつつあります。第Ⅱ部第6章で述べたように、企業はコミュニティのメンバーになり様々なメンバーと協力して社会への価値を創造する時代になっているのです。

日本にも興味深い事例があります。ネスレ日本が2012年に始めたネスカフェ アンバサダーというプログラムです。企業のオフィスのオープンスペースには、缶コーヒーや清涼飲料のベンディングマシーンがあります。しかし、もう少し美味しいコーヒーを飲みたいというコーヒー通の社員もいるはずです。ネスレ日本は彼らをボランティアとして招き、コーヒーマシーン（ネスカフェ・バリスタ）の管理とオフィスの同僚への案内をお願いするのです。

このマシーンはネスレが新規事業として世界的に導入し、話題になったものですが、ヤマダ電機やビックカメラの店頭に置くだけでなくお客のオフィスに置くというアイデアは、日本固有のものです。アンバサダーの報酬は、同僚からの感謝です。スターバックスに行かなくても自分たちのオフィスで美味しいコーヒーを10分の1の値段で飲むことができれば、喜ばない人はいないと思います。

すべての商品・サービスは、顧客に価値を提供するために存在します。そのように考えれば、既存商品の改良や用途の拡大、新しい商品・サービスの開発は初期の段階から顧客と協業することが当然になります。

顧客と恋におちる

企業は商品の開発にあたり、消費者調査を行います。まず、マクロ的な調査を行い、全体の傾向を理解します。そして消費者への突っ込んだインタビューを行います。フォーカスグループ・インタビューと呼ばれ、外部のエージェントが調査対象者を集め、お膳立てすることが多いです。

ある企業でのセッションに同席していたのですが、質問の大半が競争企業の商品との違い、優劣についての情報を得ることに集中しており、ファシリテータもそのように誘導していました。私は『イノベーションのジレンマ』を書いたクレイトン・クリステンセン氏がこの場にいれば、怒り出すのではないかと思いながら聞いていました。顧客はなぜこの商品を買ったのか、何がしたかったのか、を浮かび上がらせる会話が存在していなかったからです。

ベンダーに委託した消費者調査、ベンダーがアレンジしたフォーカスグループ・インタビュー、ペルソナ（対象顧客の抽象化された人物像）の設定、そして4P（Product, Place, Price, Promotion）の企画というイベントがそれぞれ独立して作動し、顧客が何に喜び、何に困っているのか、顧客の真実の瞬間に身を置いて会話するという姿勢、行動がほとんど観察されないのです。お客に寄り添う、お客の困りごとを解決する、という美しい言葉がむなしく響くケースが少なくありません。その結果はレッド・オーシャンでの不毛な消耗戦です。

なぜ顧客と会話しないのか。私の仕事の一つは、人材のアセスメントです。様々な業界、様々な分野の人材に会い、インタビューを行います。何に関心を持ち、どのように考え、人や組織にどのように関わり、影響を与えるのかを聞いていくのです。そして、その人の強みや課題を明らかにし、その人にお伝えするという仕事です。

会社が優秀だという人材、評判が良いという人材には、共通の特徴があります。与えられた目標を達成する意欲、結果を出すコミットメント、社内の複雑な問題を整理し、調整する力、ぶれない胆力、公平無私の姿勢、などなど。しかし、一つほとんど観察されないものがあります。顧客と恋におちるほどの姿勢や行動です。

GEを率い、世界最高の経営者と言われたジャック・ウェルチ氏の発言のなかに「顧客と恋におちるな」というものがあります。ある日本企業の経営者の方は、この発言を聞いたとき、ウェルチ氏についてのイメージが一気に崩れたと語っていました。

私はこの発言が気になり、GEの1980年から99年までのアニュアル・レポートのウェルチ氏の巻頭言のタイトルを調べてみました。以下のとおりです。少し長くなりますが、ご容赦ください。

・1980年：世界のニーズに対応する事業の創造
・1981年：柔弱な経済情勢から抜け出す4つのポジショニング
・1982年：「未来」のための4大経営革新
・1983年：官僚主義の打破、スリムで機敏な組織へ生まれ変わる
・1984年：企業文化を不良事業部門から学ぶ
・1985年：上層組織をスリム化し、全従業員に共通の価値観を持たせる
・1986年：人と事業を共通の価値基準で統合する
・1987年：戦略的買収／パートナーシップを駆使して市場を制覇する

・１９８８年：ＧＥの２原則に従う戦略――買収と投資、そして組織改革
・１９８９年：勝利のための改革運動――ワークアウト
・１９９０年：ワークアウトによる競争優位が「境界のない企業」を創造する
・１９９１年：ワークアウトで不況を乗り切る
・１９９２年：小企業精神の融合とその成果
・１９９３年：能力を無限に開発する三条件――境界のない行動、スピード、ストレッチ
・１９９４年：三つの行動規範の徹底――境界のない行動、スピード、ストレッチ
・１９９５年：伝統的大企業の強みを維持し、小企業の精神を宿す
・１９９６年：シックス・シグマによる品質へのこだわり、そしてサービスという次なる事業機会
・１９９７年：改善する能力に終わりはない――シックス・シグマの徹底
・１９９８年：三つのイニシアティブ――グローバル化、製品サービス、シックス・シグマ
・１９９９年：カスタマーフォーカスとeビジネスへの取り組み

ＧＥは経営資源の戦略的な集中、生産性と効率の追求、経営リーダーの育成にすさまじい努力を継続し、圧倒的な勝利と業績を上げました。しかし、巻頭言にカスタマーという言葉が登場したのは、１９９９年でした。そして２０００年以降、ＧＥは長期低迷の時代に入ります。

ＧＥがＩｏＴのコンセプトをいち早く提唱し、事業化に挑んだにもかかわらず成果を上げることができなかったのは、製品・サービス起点の姿勢が強く、顧客起点のアプローチが十分にできなかったからだ、とあるＧＥの元幹部が語っていたのを思い出します。

「顧客と恋におちる」というのは極端な表現であることは承知しています。言いたいことは、顧客と会話す

るということです。しかし、顧客を好きにならなければ会話も始まりません。往年の輝いていたGEの歴史をここで長々と紹介したのは、ビジネスパーソンの意識のなかに実は、顧客第一という意識はほとんど存在しないという現実を、冷静に受け止める必要があるからです。

リチャード・ドーキンスが1976年に書いた*The Selfish Gene*（邦訳『利己的な遺伝子』紀伊國屋書店）は、世界に衝撃的なメッセージを送りました。すべての生物、そして生物と鉱物の中間に存在するウイルスは自らの複製をつくるという利己的な行動を機械的に継続する存在であるという主張です。それゆえ、顧客起点で考え、行動するということは相当に難しい、そのことを自覚したうえで顧客を好きになり、会話するという習慣を確立してほしいと思います。

最後にアマゾンのジェフ・ベゾス氏が1997年から20年以上にわたって書き続けた「株主への手紙」の見出しの言葉を列挙します（『Invent & Wander ジェフ・ベゾス The Collected Writings〔ダイヤモンド社〕からの引用）。アマゾンは法則7でも紹介したようにCustomer Rulesを社是とし、社員に求める行動基準の第1条にCustomer Obsession（顧客に憑りつく）を掲げる会社です。

- 1997年：長期がすべて
- 1998年：こだわり
- 1999年：先の先を見据えて事業を築く
- 2000年：長期を見据える
- **2001年：顧客基盤が最も価値ある資産**
- **2002年：お客様にいいことは株主にもいい**
- 2003年：長期志向

・２００４年：財務について話をしよう
・２００５年：意思決定
・２００６年：新規事業を成長させる
・２００７年：伝道者たち
・２００８年：お客様起点で考える
・２００９年：目標を定める
・２０１０年：基本ツール
・２０１１年：発明の力
・２０１２年：最大の競争相手は自分
・２０１３年：「あっ」と言わせる
・２０１４年：３つのビッグアイデア
・２０１５年：ひとつの大勝ちが多くの実験をまかなう
・２０１６年：二日目をかわす
・２０１７年：高い基準の文化をつくる
・２０１８年：直感と好奇心と、さすらう力
・２０１９年：永遠に拡大を続ける

20世紀を代表する経営者、21世紀を代表する経営者の視点の違いを感じさせるものです。大きな違いはありますが、それは時代が生み出したものです。ジャック・ウェルチ氏が１９９５年にゼロから事業を始めたとすれば、ジェフ・ベゾス氏と同じメッセージを発信したかもしれません。

第4章 経営者をつくり直す

第Ⅱ部で説明した、失われた30年に成長した企業と成長しなかった企業を改めて比較すると、経営者の資質についての重要な示唆が得られます。それは次のように整理できます。

・V字回復を成し遂げた経営者はその後、長期の低迷を導く
・中央集権経営は社員に圧力をかけ、風土を破壊する
・繁栄した企業の経営者は骨太のテーマを直感している
・彼らは計画を固定せず、臨機応変に修正している
・彼らは社員を信じ、社員の成長を会社の成長に結びつける

V字回復させた経営者がなぜ長期の低迷を招くのか、考えてみました。2000年代の前半、「破壊と創造」という言葉が流行しました。そして、**今、思うことは「破壊」と「創造」はまったく異なる活動であり、経営者に求められる能力が根本的に異なるということです。そして破壊に必要な能力は創造を阻むということです。**

破壊に求められる能力は、「決断力」と有無を言わせず従わせる「強制力」です。強制力は、人に恐怖心を持たせる場合と「この人の使命感や構想力にはかなわない」という畏敬の念を持たせる場合があります。いずれの場合も、破壊は経営者個人のパワーに依存するものです。

創造は組織全体の総合芸術、すべての社員のパワーを結集させる作業です。「決断力」や「強制力」は無用です。特に「強制力」は創造を阻む悪しき力です。創造には、緻密な分析が弊害になります。**合理主義も創造の敵になります。創造は理屈を超えたものです。創造に求められる能力は、曖昧模糊としたなかで心が生み出す直感力です。**

直感力に優れた経営者に率いられた会社で有名なのはソニーです。ウォークマンで若者文化を刺激した盛田昭夫氏、自身はクラシックのオペラ歌手であったにもかかわらず、キャンディーズなどアイドル路線の音楽をヒットさせた大賀典雄氏、Digital Dream Kidsという秀逸な言葉を発信した出井伸之氏、そしてKANDOというキャッチフレーズの力を想像した平井一夫氏。皆、直感力に優れたリーダーでした。

中国がまだ小さな経済圏（日本のGDPの3分の1）であった20年前に中国の消費大国としてのポテンシャルを感じたダイキン工業の井上礼之氏、コマツの坂根正弘氏、伊藤忠の丹羽宇一郎氏、無印良品の松井忠三氏も直感力に優れたリーダーでした。

テルモの佐藤慎次郎氏は、私が実施したインタビューのなかでも骨太のテーマを描く直感力の大切さを語っていました。ヒューリックの西浦三郎氏は、銀座の経済価値と中小企業で働く社員への快適な環境をつくる必要を直感しました。

過去および現在のデータを集め、分析し、判断することはオペレーションの効率を上げるには有効ですが、新しいことに挑戦する際にはデータはないので勘を働らかせるしかないのです。大賀氏は「鼻がきかないやつは何をやらせてもだめなんだ」と言っていたそうです。

直感力は創造の必要条件ですが、それだけでは創造は実現しません。計画をつくり、組織を通じて実行する力量が必要です。ここで重要なのは、既存の事業を漸進的に向上させる通常のオペレーションにおける「計画と実行」と創造のための「計画と実行」は、大きく異なるということです。

前者は、時間をかけて精密な計画をつくり、ヒエラルキーを通じて上意下達で実行するスタティック（静的）なアプローチになります。**後者は、すぐに計画をつくり、すぐに実行し、その結果を見て計画を修正するというダイナミック（動的）なアプローチになります。**

経営者は関係する社員と対話を重ね、直感を改め、計画を修正し、実行する形になります。計画し、実行するのでなく、計画と実行が同時並行で進むというイメージです。

中国のアリババの経営計画策定のエピソードが話題になったことがあります。午前中、経営陣がブレインストーミングし、その結果を戦略企画担当のリーダーがまとめ、午後には社員に発信するという異次元のスピードですが、アリババだけでなく世界のテックカンパニーでは当たり前のことになっています。

組織図をつくって整然と実行するという既存事業の深耕に有効なアプローチではなく、組織ケイパビリティ、すなわち人を確保し、動機づけ、新な組織文化をつくるという力量が必要です。

人や組織に淡泊な経営者は、創造のステージで成果を生み出すことは難しいです。高いレベルのEQが大切な能力になります。そして、そのようなリーダーが持つ共通した資質が、**社内、社外を問わず、地位や立場にこだわらず、交流し、直感を得る、そして実行に向けて人を勇気づけ、モチベートする力量です。その力量の根本が、対話力なのです。**

ダイキン工業の井上礼之氏は「組織は感情の体系である」という興味深いメッセージを発信しています。

組織を組織図と捉えるのでなく、様々な人々の思い、妬みや恨み、そして希望が渾然一体となった不可思議な存在であることを認識し、組織を手なずけるための試行錯誤をされてきたのだと思います。

本章ではまず「直感力」と「対話力」というこれまでまったく見過ごされてきた経営者の重要な力量を高めるために何をなすべきか、説明します。

前掲の野村総合研究所による「次世代経営人材に関するアンケート調査」（２０１０年実施）では、重要な経営技能のカテゴリーで問題分析力が43・5％（2位）、論理的思考力が28・8％（5位）となっていましたが、直感力という項目はなく、結果は０％、誰も重視しなかったことになります。今、同じ調査をすれば、おそらく異なる結果になると思います。

「対話力」は、経営技能というよりは人間的資質の範疇に入ります。野村総合研究所の調査では「決断力・度胸」が1位で54・7％、「責任感・不退転の決意」が36・5％（3位）となり、「対話力」は20位までの「冷静沈着」（0・4％）にも入っていません。こちらも実質ゼロと言うべき結果でした。

そのうえで本章では、三つ目の重要な能力を取り上げます。それは、第Ⅱ部第6章で述べた10の成長法則に加わるコミュニティモデルの運営に必要となる「ネットワーク力」です。

本書は失われた30年に成長した伝統ある大企業の特徴を明らかにすることが目的ですが、根本にある目的は、次の10年における日本企業の繁栄要因を探ることです。**ネットワーク力は、次の世代の経営者に必須の力量になります。**しかし、ネットワーク力は前掲の野村総合研究所の調査では、経営技能としてランクインしていません。直感力、対話力と同様に重要な力量としてまったく認識されていなかったと言えます。

直感力にはアナログ思考が必要

第Ⅰ部第3章でデジタルと対比して紹介したように、アナログは類推を意味します。未知のものに遭遇したとき、自分が知っていること、経験したこととの類似性や共通点を探り、未知のものを理解し、判断するということです。過去に起きたこと、今、世界で起きていることを知り、それとひも付けて自分の現場で起きていることについてインスピレーションやイマジネーションを得る思考方法です。

アナログは切れ目なく連続するデータです。アナログ時計は針が円盤を一周し、おおよその時間を知らせる。デジタル時計は分刻み、秒刻みで正確な時間を示す。アナログ思考について『広辞苑』では、物事を割り切って考えないことと定義しています。個々のデータを単独で捉えるのでなく、他のデータとのつながりを視野に入れて考える思考と定義しています。これに対してデジタル思考という言葉があるとすれば、それは物事を割り切り、個々のデータを独立して扱い、データのつながりや類似性を否定する考えです。

１９８０年代の後半、日本の株式市場が右肩上がりの大活況を呈していた頃、多くの企業で財テクという言葉が流行りました。資金を預金で寝かせるのでなく株式、債券、不動産などに投資し、資産の運用を効率化し、本業以外の利益を拡大するというものです。

トヨタ自動車や花王、オリックス、イトーヨーカ堂、三菱商事など流行に乗らなかった企業もありますが、その数は少なかったです。

財テクに踊った多くの企業は１９９０年代に辛酸をなめることになりますが、彼らが踊ってしまった理由は何か。それはデジタル思考で今の株価上昇だけに目を奪われ、過去の似たような経験を学び、そこから類推するアナログ思考ができる経営者や経営企画、財務部門のスタッフがいなかったということです。

17世紀のオランダで起きたチューリップバブルをご存じでしょうか。オスマン帝国に派遣されていたオランダ大使が美しいチューリップに魅了され、研究の対象としてオランダに持ち帰ったことがきっかけとなり、国内で栽培のブームが広がる。そして球根への需要が高まり、ある時点から球根の価格が加速度的に上昇する。庶民の年収に相当する金額にまで値上がりが続き、そしてバブルは一気に破裂するのです。

フランスでは18世紀に米国の植民地会社（ミシシッピ会社）への株式投資が巨大な投機ブームを引き起こし、そのバブルの崩壊が国民を困窮させ、フランス革命につながったという説もあります。まさに歴史は繰り返すのですが、未知の状況に遭遇したとき、私たちはその状況だけに注力するデジタル思考に陥りがちです。過去をひも解き、類似性を探り、判断するという思考、アナログ思考を活用することは難しいようです。

アナログ思考の意義を認識し、ビジネスパーソンの育成に活用したのが、ハーバード・ビジネススクールです。１９０８年に設立された世界最古のビジネススクールの一つです。戦略、マーケティング、営業、会計・財務といったビジネスの基本機能に加え、起業家精神、リーダーシップ、組織・人材マネジメントなど、様々なテーマのケースが業種、国を超えて作成されています。政府や非営利組織の経営までもケースの対象になっています。全世界で毎年３００～４００種類のケースが作成されています。２００２年1月には日本にもリサーチセンターが設立され、日本企業については約１００社のケースが作成されているようです。

ＭＢＡの学生は2年間で５００～６００種類ものケースを読了することが求められます。ある卒業生は「筋力がトレーニングによって鍛えられる感じです」と語っています。アナログ思考の神髄は、まさにトレーニングのように世界の森羅万象を疑似体験し、それにひも付けて自らの現場で起きていることを考える、ということです。ハーバード・ビジネススクールの創立者たちは、この価値に着眼したのだと思います。

アナログ思考の原形

阪急グループの創始者、小林一三氏は、日本が生んだ偉大なイノベーターと言われます。大衆都市文化を創造するというビジョンを描き、鉄道、住宅、百貨店を一体化し、システムとして展開した起業家ですが、そのシステムの一環として宝塚歌劇団をつくったことでも世に知られています。個々の事業を独立して考えるのでなく、つながりを意識するアナログ思考がうかがえます。

その小林一三氏の話の一つに、5つの「かん」と第六勘というものがあります。第六勘は戦国武将、武田信玄の参謀であった山本勘助の勘をとった言葉です。

5つの「かん」とは以下のものです。

・観：他人の目でなく自分の目で見る。真の姿を見ようとする
・看：変化を見る。看護とは患者の容体の変化を見るという意味です
・鑑：状況を分析し、吟味する。絵画や骨董品などの美術品の真贋を鑑定する鑑です
・関：その状況と他の状況の関係を見る
・感：そして何かを感じる

小林一三氏は、この5つの「かん」があって、最後に第六勘、すなわち閃きが生まれるといいます。何もしなくて突然にすごいアイデアが閃くことはないのです。

ＩＢＭには有名はTHINKという言葉があります。しかし、THINKの前にやるべきことがある、というのです。それはRead、Listen、Observe、Discussの４つです。過去に起きたことは本に書かれています。まずは本を読め、です。でも今、起きていることはまだ書かれていません。ですから人に聞け。そして、興味を持ったら自分の目で見に行く。そのうえで同僚と会話する。この４つを行って初めてTHINKだそうです。

内容は異なりますが、良い閃き、良い思考のためにはそこに至る連続的なステップ、アナログなステップがあるということです。

ヒューリックの西浦三郎氏は、１年間で２００冊の本を読むそうです。私は海外の経営者、米国や欧州、中国のリーダーと交流する機会が多いのですが、夜のディナーに招かれると緊張します。昼間の会議はビジネス中心なので何の問題もなく消化できますが、夜のディナーになると突然、プライベートな会話になり、そこで教養の差を見せつけられることが多いのです。

教養は読書量に相関します。米国のワシントンＤＣにはアスペン研究所という、経営者が読書を通じて対話し教養を深める場所があります。富士ゼロックスの小林陽太郎氏の尽力で日本にも支部が存在しますが、欧米や中国の経営者の読書量は相当なものです。

このように考えると、ロジカル思考や分析思考は持って生まれた能力、頭の良さであり、努力によって大きく高まるものではない一方、アナログ思考、直感力は読書、人との会話、様々な経験の蓄積が生み出すものので、努力によって培われるものと言えます。とすれば誰にでも向上の余地がある、ということで勇気づけられます。

パワーポイントを拒否する

少し脇道にそれるかもしれませんが、パワーポイントというソフトウエアを使用することのリスクについて語ります。

パソコンがビジネス界に浸透し始めたとき、アプリケーションソフトは文章作成ソフトと表計算ソフトの二つでした。文章作成ソフトの嚆矢としては、ジャストシステムが1985年に発売した「一太郎」が有名です。表計算ソフトの嚆矢は、ロータス1-2-3です。ジェームス・マンジというマッキンゼー出身者が、1990年代初頭に開発しています。そして今、ビジネスパーソンの多くがプレゼンテーションのために手放すことができないソフトウエアが、パワーポイントです。1987年にマイクロソフトがリリースしています。

パワーポイントそのものに責任があるわけではないのですが、パワーポイントは美しい図柄や絵、色彩のアピール力を持つがゆえに一枚一枚のスライドの作成に没頭し、それが仕事になってしまう危険性があるのです。

全体として何が言いたいのかというストーリー、柱となる思想が消滅し、100ページを超えるスライド集になることもよく見られます。スライドの美しさに魅了されたのか、プレゼンターも聴衆に背を向け、スライドの方を向いて説明するという光景に遭遇した読者もいるのではないでしょうか。

ストーリーのないパワーポイント資料は無用の長物であるだけでなく、アイデアの結合、発展、イマジネーションを阻害する力を持っています。

アマゾンはパワーポイントの作成を禁止した会社として有名ですが、P&Gやエクソンモービルなどの伝統企業のなかにもパワーポイントを使わない会社が存在します。トヨタ自動車も華美なパワーポイントは好みません。無印良品の松井忠三氏も、パワーポイントの使用を控えていたそうです。

私の米国人の友人で企業再生のプロフェッショナルの次の言葉が、記憶に残ります。

再生の対象になる業績不振の会社の共通点の一つは、厚く、豪華なパワーポイント資料の存在です。パワーポイントは資料作成という作業の時間を増やし、発想のための時間を抑制します。また、作業の時間を短縮しようとすれば、他人がつくった資料をそのまま大量にコピペするということになり、独自の発想を抑制することになります。

議論でなく対話の力を磨く

ビジネスの世界で仕事をする人にとってコミュニケーションスキルは必須の武器です。ではどのようなコミュニケーションスキルを高めればよいのでしょうか。**これまでは、議論の力、それを支える説明の力が求められました。これからは、対話の力の重要性が増します。**

対話は二人が向かい合って話すことです。英語ではDialogueが相当します。議論は二人でなく大勢の人が参加するのに対して、対話の参加者は二人です。

明確な目的、テーマがあるわけでなく、参加者はよもやま話をする。それだけで終わることもあります。しかし、その対話のなかから新しい発見があるかもしれない。日本のビジネスパーソンは夜、飲み会に参加しながらそのような対話をしていたと思います。

私自身にも経験があります。野村證券で営業部に所属していたときのことです。毎晩、部内での会議があり、その日の成果と明日の課題、営業なのでその頃はノルマと言われた目標が各人に指示される。プレッシャーを感じる会議でした。そして、その後、毎晩の飲み会があります。飲み会では雑多な話になりますが、そこで翌日の営業へのヒントが得られたことが少なからずありました。

対話には深い歴史があります。古代ギリシャの哲学者のプラトンの著作は「対話篇」という形で書かれています。プラトンは紀元前４００年頃に活躍し、ソクラテスの弟子でアリストテレスの師であったと言われます。シチリア島にその後のアルキメデスにつながる数学者、技術者のグループを訪ね、そこでヒントを得てアカデメイアという学校を開いたことで知られています。そこではソクラテスを中心に数々の登場人物が言葉を交わし、思索を深めていました。対話はギリシャ語で dialogos、それが英語の dialogue になったのです。

ペストが大流行し、西ヨーロッパの人口の約3分の1が亡くなったと言われた14世紀、イタリアのフィレンツェの郊外に逃れた10人の紳士淑女の10日間の対話を綴ったボッカチオの『デカメロン』は１０００ページに及ぶ大作です。この本はその後、イタリアで花開くルネッサンスの先駆けになったとも言われます。

日本には禅問答という言葉があります。禅宗の修行法の一つです。修行者が疑問を投げかけ、指導者がこれに答える一連の問答を通じて悟りを開くための対話です。しかし、禅問答の意味は、今日では予想しなかった方向に転じています。「何を言っているのか、他人からはわからない」「話がかみ合っていない」ように見える会話を「禅問答のようです」と言ったりします。

禅宗は宗教であることを超え、日本人の文化生活に大きな影響を与えています。平安時代の末期に臨済宗を開いた栄西が日本に伝え、北条時宗などの武士階級に好まれ、日本の武道、芸術、美術の精神の中核になっています。

「座禅を組む」「禅宗の開祖であるインドの菩提達磨（通称、達磨さん）」「庭園や茶道における『わびさび』」など日本人であれば誰でも知る言葉は、すべて禅に由来します。『禅と日本文化』という鈴木大拙氏が英語で書いた書は、１９４０年に日本語に翻訳され80年を経た今日でも読みつがれています。

禅宗の教えが日本文化の地下水脈に残っているとすれば、私たち日本人にはロジックと分析を超える21世紀型の経営への適合性が欧米の多くのビジネスパーソンより強くあると考えることができるのではないでしょうか。

対話を通じて学びを得る

業務の効率と資本の生産性、戦略を重視する20世紀型の経営においては、議論の力が求められました。『広辞苑』には、議論とは互いに自分の説を述べ合い、意見を戦わせることと定義されています。英語のDebateやDiscussionという言葉が相当します。

ディベートは文字通りの戦いです。目的は勝つことにあります。ロジックとそのベースになっている事実認識の正しさを競う競技のようなものです。米国ではディベートの大会があります。4年に一度の大統領選挙の年になると候補者が自らのビジョンと政策の正しさを国民に訴え、マスコミは常にどちらの候補が勝ったかの判定をするのが習わしになっています。

ディスカッションは戦いではありません。議論です。テーマについて参加者が自らの意見を表明します。勝ち負けを争うのではありません。しかし、意見の表明だけで終わるのではなく、どの意見がよいのか、選択を行うことが求められます。私たちが企業の活動において行う会議は、ディスカッションが中心です。経営会議のように物事を決定する必要がある場合は、ディベートの色彩が強まります。これらの会議では、結論を得ることが求められるからです。

日本企業では会議の無駄や非効率が問題になり、会社によっては効果的、効率的に結論を得るための運営ルールをつくり会議室に張ってあるケースもありました。以下はある伝統的な大企業で見かけた例です。

・会議の目的が事前に明確になっていること
・会議の前に事前の資料があり、参加者はそれを読んでいること
・発表者は簡潔でロジカルな説明をする準備をすること
・会議の開始と終了の時間をあらかじめ決めていること
・司会者、運営者を決めていること
・会議の決定事項を確認すること
・決定事項のフォローアップに期限と責任者を決めていること

日本の企業社会における会議には、対話の余地はありません。対話の機会が別につくられていればよいのですが、実際はほとんどないようです。多くの企業の経営会議や取締役会は決議事項が満載で、会議は流れ作業のように進んでいきます。経営者のカレンダーはほとんど社内会議で埋まっています。これからの経営者には、強い意志を持って対話の機会をつくることが求められます。毎月、3日間は何も予定のない空白の日をつくる必要があります。

人類の祖先は、1万年ほど前にベーリング海峡（当時は氷河期の後期で海面が低く、人が歩ける陸が続いていたそうです）を渡ってアメリカ大陸に到着しました。その頃、北米大陸にとどまったネイティブ・アメリカンの

人々が古代から伝えてきたワークショップを、日常的に行う習慣をつくってほしいと思います。

彼らは毎晩、焚き火を囲み、その日に見たこと、経験したことを語り合い、明日へのヒントを見つけてきたと言われています。聞くことを大切にし、話すことは一人に限られるというルールを持っていたとのことです。トーキング・スティックという棒を置き、その棒を持った人だけが話をし、周りの人は黙って聞くというルールです。

DE&Iは、公平という社会的な意義とは別に、アナログ思考を高めるという効果があります。違う知識と経験、違う視点や価値観を持つ人々が対話をすれば、アナログ思考のベースが格段に高まるからです。一人の知識、経験にパスワードをつけて別々に保管するデジタルなアプローチでなく、皆がつながって共有するアプローチが必要です。

第Ⅰ部第1章で紹介したピーター・センゲが示したラーニング・オーガニゼーションの考えでは、社員が協業するアナログ思考のプロセスをチームラーニングと呼び、重要な組織能力として強調しています。**いわゆるデジタル化は個人の思考のプロセスを分断するだけでなく、人々の思考の共有を分断する毒素を持っているので注意が必要です。**

コロナ禍でリモートワークが進み、それが常態になれば、対話の機会はますます消滅し、学びの機会が失われる可能性が大きいので心配です。

最後に大和ハウスの社長であった樋口武男氏が書かれた「心の玉手箱」（『日本経済新聞』２００７年2月26日付夕刊）から引用します。

「三十代の後半に山口の支店長になった。部下は70人ほど。それまでよく働いたと言う意味では自信があったし、私は張り切っていた。ところが、この部下達が全く動かない。……（中略）……実につらい時で、寝言でもわめき、怒りちらしていたそうである。……（中略）……半年ほどして、私は部下と話すことを始めた。毎日、一人、二人を呼んで一対一で話をした。全員から仕事はもちろん、プライベートな話も聞いた。支店の雰囲気は一変した。対話をすれば通じるということを、この時に初めて学んだ」

私は多くの経営者、経営者候補者のアセスメントを仕事の一つにしてきましたが、議論でなく対話を大切にする方に時々、お目にかかります。この方々の特徴は真剣に働き、難問を抱え、必死に突破口を探すなかで、ふと力を抜き、対話を始めることになったということです。単に人好き、話し好きではなく、人見知りする性格の方も多いという印象です。

好奇心がなければ対話は始まりません。これからは、感染症との闘いが継続するなかで職場という物離的な空間は縮小し、人が対面で向き合うことも抑制されていきます。そうであるがゆえに人との対話の時間、環境を優先的に確保していく必要があります。それは人のアイデアが密集する仮想空間かもしれません。ますます好奇心を燃やし、対話の機会をつくる努力をしてください。

ビジネスは書斎科学でもなく実験科学でもない、まさに野外科学であると考えれば、オフィスを出て街を歩くという行動も重要になります。対話すべき対象は、社内よりも社外が圧倒的に多いからです。

法則6で、無印良品が社員参加のマニュアル作成に取り組むきっかけになったのは、しまむらの社長であった藤原秀次郎氏との対話であったと紹介しました。しまむらは、店舗のパート社員（ほとんどが主婦）が良い仕事の仕方を研究し、彼女たちの知恵を結集させたマニュアル作成によって良い仕事の仕方を標準化し、改善・改良し、成長していった会社です。松井氏は様々な企業の人たちと対話し、多くの学びを得ているとのことです。

コマツの野路國夫元社長も、対話の大切さについて次のように語っています。

「社長になって痛感したのは、社外の人との対話を通じてこそ、事業や技術についてインスピレーションが生まれるということだ。お客様や商社、鉱山会社のトップ、ベンチャーの技術者と話すうちに、斬新なアイデアが湧きあがり、次のビジネスのヒントになる。社内の会議や報告だけでは、閃きが生まれることはまずない」（「私の履歴書」『日本経済新聞』２０２２年４月18日付朝刊）

ネットワーク力を磨く

ネットワーク力は日本語にすれば人脈力になりますが、あえてネットワーク力とします。人脈というと権力者とのつながりを意識しがちだからです。政界人脈は権力闘争の手段です。オリンピックやワールドカップの招致は、人脈力がその成功に影響します。

ネットワークは、Network のカタカナ表示です。Net は網です。Work は仕事です。道路網、接道網、通信網、人と人がつながる交流会、企業同士がつながる系列もネットワークです。ネットワークは人脈も含む広い概念です。

第Ⅱ部第６章で２０２０年代に重要なコミュニティモデルを紹介しました。**ネットワークをつくる力は、このコミュニティモデルを開発するために必須の能力です。**誰もが知る有名な米国ハイテク企業のＣＴＯを務める人から、次のような話を聞きました。

ＣＩＯとＣＴＯは似て非なるもので、ＣＩＯは今ある情報技術を使って効率が良く安全なデータ処理と活用の体制をつくる人、ＣＴＯは将来必要になりそうな技術を予見し、それを確保するための青写真を描く人、と述べていました。ＣＴＯには、ネットワークのメンバーになり、必要なときはネットワークを動かす影響力、人望や信頼を得る人間力が必要との趣旨を語っていました。

ＣＦＯにもネットワーク力が必須の能力になります。20世紀の経営では、経理部長は監査法人とのつながりがあれば十分でした。財務部長は金融機関とのつながりがあれば十分でした。しかし、これからのＣＦＯは、キャッシュフローのマネジメントに加え、企業価値向上への貢献、プロ投資家とのネットワークが求められます。

コミュニティモデルを開発するためには、様々な企業との互恵関係を築くネットワーク力が必要です。Ｍ＆Ａのグローバルな活用もますます重要になりますので、証券会社、特に欧米の投資銀行から信頼を得る人間力が必須です。

ＣＨＲＯには、社内人材のマネジメントに加え、コミュニティモデルをつくるための社外人材とのネットワーク力が必要です。自社の人材だけでコミュニティモデルをつくることは不可能です。彼らを評価し、鑑定し、必要な場合にはヘッドハンターになるような力量が求められます。さらに、自社の採用ブランドを高めるための総合的な計画をつくり、推進するという新しい挑戦が始まります。

ＣＦＯがプロ投資家の信頼を得ることに注力するのと同様に、ＣＨＲＯは社外の有力人材にとって魅力ある会社をつくらなければなりません。そのためには、ＣＨＲＯは社外にメッセージを発信し、広告塔のような存在になることをイメージする必要があるかもしれません。

ＣＥＯは、ネットワーキングの模範となる必要があります。経団連や経済同友会、ロータリークラブやライオンズクラブのメンバーとして他社のＣＥＯと交流するだけでなく、このような財界団体のメンバーになっていない企業、すなわち元気のよいユニコーン企業や全国の中小企業の経営者とのネットワークが重要です。

数年前、伊那食品工業という資本金9680万円、年商183億円の会社をトヨタ自動車の豊田章男社長が訪問したことが、話題になりました。伊那食品は年輪経営を標榜し、年功序列賃金を守り大切にしてきた会社です。トヨタ自動車の0・05％の規模の会社の経営に興味を持ち、ネットワーク力を発揮するCEOは稀有だと思います。

豊田氏はモリゾウという名前でレーシングドライバーとしても活動しています。ビジネスとは関係ないネットワークをつくっています。ちなみに豊田氏は経団連副会長への就任を辞退しています。

グローバルにネットワークを広げ、事業に活かした日本企業の経営者としては、ソニーの盛田昭夫氏が圧倒的な存在でしたが、同じソニーの出井伸之氏も世界に向けての日本の顔の一人でした。出井氏はソニー退任後もバイドゥやレノボの社外取締役を務めていました。武田薬品工業の長谷川閑史元CEOは、スイスのダボス会議でセッションのパネラーを務める活躍をされていました。私はそのセッションを拝聴し、長谷川氏の英語でのコミュニケーション力に感銘を受けました。

経営者から実業家へ

私が参加しているコーン・フェリーは、Executive Search を業務の柱の一つにしています。Executive とは経営者です。しかし、ここ数年、Executive Search に関与する同僚が別の言葉を使い始めています。それは Enterprise Leader という言葉です。日本語に訳すると第Ⅱ部第6章の最後に取り上げた実業家になります。

経営者という言葉は、アルフレッド・チャンドラー（経営史家）が書いた *The Visible Hand: The*

Managerial Revolution in American Business（邦訳『経営者の時代』東洋経済新報社）で本格的に取り上げられ、20世紀後半のビジネス社会の主役となってきました。しかし、21世紀の最初の20年を振り返ると、経営者の時代は終わりつつあります。

コーン・フェリーは図表15に示したように「経営者」と「実業家・開拓者」を区別し、これからの企業は実業家を確保しなければならないと主張しています。これは２０２０年代の世界のビジネス界の潮流であると言えます。

本章ではこれまで多くの日本企業が重視してこなかった「直感力」「対話力」「ネットワーク力」の重要性を提起しましたが、これらの三つの力量は実業家になるために磨かなければならないものと考えてください。そして大切なことは、経営能力が不要になったというわけではない、ということです。経営能力に加えて実業家能力を併せ持つ二刀流が重要であるということです。大企業の経営者になる方は皆、高い水準で経営能力を持っておられるので、もう一つの刀を用意することに注力していただきたいと思います。

では、この三つの力量が備われば実業家になれるのでしょうか。私の答えは、この三つでは説明できない動機や性格の特性がある、したがって十分ではないが、まずは日本企業の多くの経営者に不足する能力であるがゆえ、ぜひその獲得に取り組んでいただきたい、ということになります。

動機や性格の特性は努力によって変えることができるものではなく、努力の効果が期待できるこの三つの力量に焦点を当てていただきたいと思います。そのうえで実業家の資質を磨いていく、という順番で考えてください。

会社も伝統的な経営者像を前提とした後継者計画（Succession Plan）でなく、実業家への進展を支援するProgression Plan（よい日本語がないのですが、進歩計画と訳します）を運営する必要があります。このテーマはそ

図表15｜企業リーダーの役割

企業リーダーは両立することが困難な役割を同時に担うという難しいステージになっている。以前のように既存人材の選別（Succession）と登用というアプローチではなく、時間をかけての長期育成（Progression）という考え方が重要になっている

今を守るリーダー （経営者）		未来を拓くリーダー （実業家・開拓者）
・現在の延長で未来を想像する ・現在のビジネスモデルを進化させる ・新商品やサービスを量産する	Visualize （想像する）	・時流に先んずる ・可能性を想像する ・新しいビジネスモデルを創る ・新たな異質な世界を創る
・リスクを管理する ・今日の業績を上げる ・良い結果を継続する	Realize （実現する）	・今のパラダイムを破る ・殻を突破する ・未来を創る
・組織と経営プロセスをつくる ・ポストの成果責任を定め、責任を委譲する	Mobilize （人や組織を動かす）	・柔軟に学び続ける組織文化を創る ・異質なものを共通の目標に結びつける
・タレントを量産する ・エリートを育てる ・組織を統合し、共通の目標を達成する	Catalyze （触媒となる）	・新しいタレントを生み出す ・新しい能力を創る ・新しい生態系を養う

出典：Developing New Leaders For A New World, コーン・フェリーWhite Paper 2021

れだけで一冊の本になってしまうので、本書での記述は控えます。

クロトンビルを壊す

前節では、伝統的な経営能力が不要になったわけではないが、新たな力量を加える必要があると述べました。このことは経営者の開発で一世を風靡したＧＥにおいても大きなテーマになっていたので、その経緯を紹介します。

クロトンビル研修センターは、ＧＥの人材力、組織能力開発の司令塔であり、ＧＥの象徴とも言える存在でした。ジャック・ウェルチ氏が１９８０年代に厳しく激しいリストラクチャリング（40万人の社員を28万人に削減）を進めたときも、クロトンビルだけは聖域であると言い、経費の削減を行わなかったことは有名な話です。経営企画部は解体してもクロトンビルは強化したのです。

２０１２年頃、私はボストンでハーバード・ビジネススクールの教授と朝食をとっていました。勧められたハムステーキが随分美味しかったことを覚えています。そのときのことです。彼がふと漏らした言葉に私は何かの聞き違いではないかと思いました。彼はＧＥがクロトンビルを壊そうとしていると言ったのです。

私はすぐには反応できませんでした。あまりにも想定外な話でした。日本に戻ってから私は旧知のＧＥ関係者に面談を申し込み、話を聞くことにしました。もちろん、クロトンビルのことを直接、質問することは避け、最近の状況について意見交換したいというスタンスで会話を始めました。

しかし、彼の最初の言葉は「クロトンビルを壊す」というものでした。思わず、クロトンビルの何を壊しているのですかと聞くと、「とりあえず建物を壊している」というおかしな答えが返ってきました。そして

「建物は簡単に壊せるので」という納得感のある言葉が続きました。

その後、一年ほどが経過してGEの人事改革のニュースが新聞や雑誌で取り上げられるようになります。

GEが最初に活用し、世界の企業に伝播させたのは、ナイン・ボックス（パフォーマンスとバリューの二軸でつくられる9象限のマトリクス表）に社内の人材を当てはめハイポテンシャル人材を明らかにし、それをもとに人材の登用と育成を少し長期的な視点で進めるというシステマティックなアプローチです。ナイン・ボックスは、多くの企業のタレントマネジメントの中心に存在してきました。

しかしGEは、このナイン・ボックスを捨てるというのです。その理由は三つあります。

第一の理由は、ナイン・ボックス思考が人材力強化の妨げになるということでした。

ナイン・ボックス思考は、GEの社内に多くの優秀な人材がいて、そのなかで特に優秀な人材を選別し、育成すれば十分に競争力のあるリーダーを確保できるという暗黙の前提の上に成り立ちます。しかし、2020年代を見据えたメガトレンドに適応する人材が十分に社内にいるかを自問自答すれば、答えは明らかであるというのです。だからナイン・ボックスを捨て、素直な心でGEの未来に向けての人材力の過不足を考え、新しい人材獲得戦略を考えてみようということでした。

第二の理由は、パフォーマンスとバリューの二軸でつくられる9象限のマトリクス表では、これから求められる人材の力量を測れないということでした。

バリューは、他の企業ではコンピテンシーと呼ばれるものです。コンピテンシーは、過去から現在に至るハイパフォーマーの特徴をモデル化したものです。しかし、激しく変化するビジネス環境において求める人材のプロフィールは、相当に異なるものになるかもしれません。GEバリューコンピテンシーにこだわりすぎると、本当に必要な人材を見過ごしてしまう可能性があるということでした。

第三の理由は、ＧＥの社員が知らず知らずのうちに制度やツールに依存し、自分の頭で考え、判断する姿勢を失いつつあるのではないか、という心配にあったようです。私自身もラインの長としてナイン・ボックスに部下を当てはめることを経験しましたが、無意識のうちに会社から指示された配分の比率を是として人を箱に押し込み、それを済ませばひと仕事が終わったかのように思う自分に気づき、これでよいのかと自問自答したことがありました。

ジェフ・イメルトCEOの格闘と挫折

ＧＥのリーダー育成のための研修機関は、コーポレート・ユニバーシティの最高度の完成形でした。戦略経営、効率と生産性の追求、組織を動員する強力な経営リーダーの開発を重視するというパラダイムが意味を持って続く限り、ＧＥのシステムは完璧です。

ＣＥＯに至るまでには3階層の研修プログラムがありました。最上位の Executive 研修は４週間のプログラムでした。また、約１０００の利益責任単位があり、経営力の実践の場がありました。研修で終わるのでなく、研修の成果を活かすための経営ポストの連続的な提供が、見事なシステムを形成していました。

ジャック・ウェルチ氏は２００１年にＣＥＯを退き、ジェフ・イメルト氏が後任となります。イメルト氏は21世紀のＧＥを根本的に改革することを志し、就任時に次のようなメッセージを社員に発信しています。

・「すぐやる」よりも「夢を持つ」
・「規律」よりも「**イマジネーション**」
・「もっとやる」よりも「もっと知る」

・「速く」よりも「早く」
・「自分でやる」よりも「**他者を動かす**」
・「自分の成果」よりも「**相手を思いやる**」

イメルト氏は、GEの20世紀型のアプローチは21世紀には通用しないことを明確に認識していたと思います。イマジネーションは特に重視され、imagination @ work はコーポレートスローガンになり、世界中のオフィスの受付の壁にもこの言葉が掲げられていました。GEの社員がセミナーなどで使うプレゼン資料にも、このロゴが使われていました。

イマジネーションは直感力です。相手を思いやるは、対話力につながるものです。他者を動かすは、ネットワーク力につながるものです。

クロトンビルを壊す、というスローガンに見られるようにGEは考えられる手はすべて打ってきました。技術者の採用を容易にするため、本社を大学の街、ボストンに移します。ＩｏＴという言葉をビジネス界に広めたのも彼です。しかし、イメルト氏の取り組みは勝ち目のない格闘だったと思います。ジャック・ウェルチ氏の時代に創られたレガシー（遺産）が、あまりにも強靭であったのだと思います。

リスキリングでなくリボーン（世界最下位の経営慣行からの脱却）

最近、ＤＸやＳＤＧｓなどの新しいビジネス環境に対応するため、経営者を含めた社員のデジタルスキルやコミュニケーションスキルの再教育が必要であるという意味で、リスキリングという言葉が使われるようになっています。私はこの言葉に違和感を持ちます。第Ⅱ部で紹介した15社は例外中の例外であり、多くの日本企業はリスキリングという言葉で表現されるような穏やかなステージでなく、余命10年という深刻なステージにいると考えるからです。

スイスのレマン湖の河畔にローザンヌという小さな町があります。ジュネーブから湖の北岸を東に電車で60分程度かかる距離です。その少し先には、ネスレの本社があるヴェヴェイという村があります。ローザンヌには、そのネスレが１９５３年に創設した経営者研修センターを源流として発展したＩＭＤというビジネススクールがあります。ＩＭＤは１９８９年、世界の国々の競争力を調査するという試みを始めました。この調査はWorld Competitiveness Rankingと呼ばれ、今日に至るまで毎年、実施されてきました。

図表16をご覧ください。１９８９年から92年までの4回は日本が1位でした。その後、２０００年には24位に急落し、２０１０年には27位と低落を続け、２０２２年6月に発表された最新の調査では63カ国中34位になっています。アジアの国々のなかでの順位は10位になっています。

この33年間はちょうど、「失われた30年」に合致するので仕方ないという納得感を持ちますが、調査のカテゴリーごとに分析すると非常に深刻な結果が見えてきます。調査は大きく4分野で構成されます。分野ごとの順位は次のようになっています。

・マクロ的経済環境：20位
・社会インフラの整備：22位
・業績活動の効率：39位
・ビジネス活動の効率：51位

最も結果が悪いビジネス活動の効率をさらに分解すると、次のようになります。

・財務の健全性：18位

図表16｜日本の競争力

日本の順位	
1989年	1位
1990年	1位
1995年	3位
2000年	24位
2010年	27位
2020年	34位
2022年	34位

2022年　内訳	
マクロ的経済環境	20位
社会インフラの整備	22位
業績活動の効率	39位
ビジネス活動の効率	51位

ビジネス活動の効率の内訳	
財務の健全性	18位
労働市場の状況	44位
効率と生産性	57位
経営の慣行	**63位**

出典：IMD World Competitiveness Ranking

2022年経営の慣行　評価の視点

・企業の俊敏性
・市場の変化への対応
・機会や脅威への対応
・経営者への信頼
・取締役会の有効性
・会計監査の妥当性
・データの意思決定への活用
・顧客重視の程度
・起業家精神の発揮度
・社会貢献意識の程度
・管理職への女性の登用
・取締役会の効能
・失敗の許容
・起業家的行動や新規事業のオーナーシップを持つ社員の割合

日本は総合順位では63カ国中で34位と平均的な位置にいますが、経営の慣行では調査対象の63カ国のうち最下位になっています

・労働市場の状況：44位
・効率と生産性：57位
・**経営の慣行：63位**

経営の慣行が参加国中最下位という愕然とする結果です。経営の慣行は、以下の14の視点で評価されています。

・企業の俊敏性
・市場の変化への対応
・機会や脅威への対応
・経営者への信頼
・取締役会の有効性
・会計監査の妥当性
・データの意思決定への活用
・顧客重視の程度
・起業家精神の発揮度
・社会貢献意識の程度
・管理職への女性の登用
・取締役会の効能
・失敗の許容
・起業家的行動や新規事業のオーナーシップを持つ社員の割合

日本が最下位という結果に納得できない経営者も多いと思います。しかし、右記の視点の大部分は、経営者の責任で対応できることでもあります。調査結果を傍観したり無視したりするのでなく、素直に受け止め「生まれ変わる」という覚悟で取り組みを始めていただきたいと思います。

経営の慣行を評価する14の視点を参考に自社でできていること、できていないことをチェックし、直感力、対話力、ネットワーク力を最大限に発揮し、実業家のマインドセットで改革を始めてほしいと思います。

次の10年の難問――新しいステークホルダーの登場

次の10年、経営者につきつけられる難問があります。既に述べたように海外、特に米国では株主至上主義が頂点にまで達した感があります。業績を上げ、自社株買いを行い、高額の配当を求めるプロ投資家の期待に応えるため四半期ごとの短期業績の向上に邁進する経営者は少なくありません。それをプロ投資家が評価し株価が上昇すれば、収入の90％程度を株式報酬に頼る経営者も潤うことになるので、経営者とプロ投資家はWIN–WINの関係にあったと言えます。

米国では富の不平等が極限に達しています。ビル・ゲイツ氏、ジェフ・ベゾス氏、ウォーレン・バフェット氏の3人の資産が米国民の下位50％の大衆、約1億8000万人の人々の資産の合計とほぼ同等という驚愕の事実です。

また、企業はビジネスに集中すればよいという新自由主義の考えは、地球環境にはっきりと悪影響をもたらしています。毎年、米国南部を襲う巨大なハリケーン、オーストラリアや西欧諸国の夏の熱波と山火事、大雨による大洪水は当たり前になってしまいました。

ビジネスパーソンも急速に考えを変えつつあります。ブラックロックやバンガードなどのプロ投資家も企業に対して環境問題、社会問題への貢献を明確に求めるようになっています。もちろん、株主至上主義を唱えるプロ投資家も依然存在しますが、その勢力は急速に弱まっていくと考えられます。

では次の10年に力を持つステークホルダーは誰か。それは物言う株主でなく、物言わないステークホルダーである地球そのものです。なくなると地球が困る企業、地球が必要とする企業が存在を許される。競争に勝とうとするのでなく、他の企業、行政機関、非営利組織とコミュニティをつくり、協力して地球に貢献する企業を投資家も応援し、株価も安定的に上昇する、そのような時代が来ることを強く感じます。

そのときの企業リーダーは、実業家といっても公益実業家、２０２１年のＮＨＫの大河ドラマ「青天を衝け」の主人公になった渋沢栄一のようなイメージになるのかもしれません。彼の偉業を目指すことは大変なことだと思いますが、それは中期経営計画で掲げたＲＯＥ目標の達成に邁進することよりもずっと夢のある、元気が出る話かもしれません。そのようなリーダーのもとで働く社員は会社に誇りを持ち、エンゲージメントも当然に高まると思います。

第5章

人事部をつくり直す

日本企業の人事部は、新卒一括採用、終身雇用という高度経済成長期に生まれた人事運営の形を基軸に、時代の変化とともに必要な修正を加えてきました。

日本企業の人事運営の特徴は、人事部が人事制度の設計だけでなく、制度の運用に深く関わるということです。この形は日本固有なものです。海外の企業では、制度の設計は人事部の仕事ですが、制度の運用はラインの各部署が行い、人事部はそれをサポートするというのが一般的です。

デイビッド・ウルリッチ教授が提唱した人事の役割

1990年代に世界では人事の役割に革命が起こりました。ミシガン大学デイビッド・ウルリッチ教授が主導した流れでした。その主張は、1980年代までの伝統的な人事は①給与や福利厚生の制度設計と実務の運営、②社員が働く良い環境の整備を主たる役割にしてきたが、これからは③事業ラインの戦略パートナー、④変革のエージェントとしての役割が加わるというものでした。

第I部第1章で述べたように、欧米企業は1990年代に根本的な企業改革に取り組みました。人事部もその変革を支援するため組織の黒子でなく能動的な役割を果たすようになったのです。それが最も強く推進されたのが、ジャック・ウェルチ氏に率いられた１９９０年代までのＧＥでした。ＧＥの人事パーソンは事業ラインの戦略パートナーであり、変革の推進者でもありました。この頃のＧＥの代表的な取り組みは、次のようなものでした。

・１９８６年：コンピテンシーモデルの導入。Simple、Speed、Self confidenceという三つのコンピテンシーで構成されました。その後、ＧＥのコンピテンシーモデルは１９９３年、２００４年、２００９年と4度、改訂されていきます。いったんつくったら終わりでなく、ビジネス環境の変化に応じて改善・改良するエネルギーには関心しました

・１９８７年：ワークアウトプログラムの開始。無駄な仕事、作業の撲滅運動。三日間の合宿が全社で展開され、即断・即決、即実行がスローガンでした

・１９８８年：ベストプラクティス調査運動の開始。世界中の優良企業を訪問し、学ぶ。まず、真似しようという掛け声でした

・１９９３年：シックス・シグマの開始。ユーザー起点の業務プロセス改善活動。日本の柔道の黒帯をもじり、習熟した社員をKUROOBIと呼び社内講師、伝道者として活用する

多くの企業が、ＧＥを模範とした取り組みを積極的に行いました。事業ラインを支援するＨＲＢＰというポストが多くの企業の人事部で生まれ、それが普通になりました。

日本企業の人事の特殊性

こうした世界の潮流に対して日本企業の人事の動きは保守的でした。世界の人事部には存在しない日本企業固有の役割があったからです。

終身雇用において社員は会社に自分の一生を託すことになります。会社は外部との交流がない運命共同体になります。この閉鎖された組織のなかで社員が争うことなく、モチベーションを維持し、成長していくことは容易ではありません。組織の秩序と安定を保つためには、市場原理に任せるのでなく、計画経済的な運営が必要になります。

人事部は採用、配置、育成、評価、処遇、キャリア開発という人材マネジメントを進める大きな責任があり、その責任を遂行するための権限を持つことになります。人事部は、社員の信頼を集める存在になる必要がありました。人事部は良い意味でのエリートである必要がありました。西武ホールディングス社長の後藤高志氏はみずほ銀行の出身者ですが、人事部時代を振り返り、３０００人の行員の顔と経歴が一致しないと仕事にならないと語っています。

この日本企業の人事部が担う独特な役割は、ウルリッチ教授の視野には当然、入っていませんでした。日本企業の人事パーソンからすれば、戦略パートナー、変革のエージェントという新しい役割は理解できても、運用という世界に例のない大きな役割を持ちながら同時にそれらの役割を果たすというのは無理な話になります。

ラインからすれば、人材マネジメントは自分たちの責任ではないと考えます。ラインが人事運用に主体的に取り組む意識がなければ、人事がパートナーになるといっても機能しないのです。ラインには人事部への依存心があり、パートナーとして共同責任を負うという意識が希薄だからです。

人事部が制度設計だけでなく運用に主たる責任を持つという人事慣行をこれからも続けるのか、日本企業にとっては大問題です。

話題のジョブ型雇用は、日本企業の人事慣行に対する大きな挑戦です。これまで担ってきた採用、配置、育成、評価と報酬決定、キャリア開発に関する責任を人事部門が手放し、ラインに移管するということにつながるからです。しかし、欧米企業と異なり人材マネジメントを経験しないラインの管理者に突然、人材マネジメントを求めてもすぐには実行できない話になります。それなりの準備と訓練が必要です。

ラインに人材マネジメントを移管する

私は、3年計画でラインの管理者のマインドセットの変革を提案します。人材マネジメントは海外の企業の管理職では当たり前のことです。日本で活動する外資系企業の日本人管理職も普通に行っていることです。日本企業の管理職にとっても難しいことではありません。ただし、プレイングマネジャーという悪しき慣行がある会社は、強い意志を持ってプレイングを外さなくてはいけません。そのうえで、ラインに対する人材マネジメントの基本的な研修を徹底的に行ってください。

1on1ミーティング、コーチングセッション、キャリアアドバイザーなどの活動を部分的にラインに依頼するのでなく、**人材マネジメントをトータルでラインに移管することを検討してください。**

この活動は、第Ⅲ部第1章で述べた「課長力を復活させる」という指針と完全に一致するところです。

人事部員は皆、高度専門職になる

人材マネジメントをラインの各部署に移管した場合の人事部員の役割は、ウルリッチ教授が述べた戦略パートナーであり変革のエージェントになります。しかし、この役割は、**人事パーソンが専門家、ラインから見て役に立つ存在にならなければ果たすことはできません。すべての人事部員は、高度な専門職になる必要があります。**以下の8つのコースが考えられます。

- **アセスメント・コーチング**：行動観察インタビュー、心理統計テストなどのアセスメントツールの活用に関する知識を獲得し、社員の成長を支援する
- **組織開発アドバイザー**：エンゲージメント調査、ジョブ・クラフティングなどのツールとファシリテーションスキルを獲得し、組織活力とエンゲージメントの向上に貢献する
- **データ・アナリスト**：アセスメントやエンゲージメント調査から得られるデータを分析し、課題や機会を発見する。データ分析、活用のソフトウエアを探索し、アップデートする
- **リクルーター**：採用ブランドの持続的向上と採用のプロセスの設計、採用活動に従事する
- **報酬デザイナー**：社員の採用、確保のための報酬哲学、ポリシー、運営ルールの開発と改善・改良。経済的報酬だけでなく非経済的報酬を視野に入れる
- **研修デザイナー**：新しい技能の習得、コンプライアンスの向上のための研修に加え、企業の革新を駆動するプログラムの開発、社内講師の育成、社外講師とのネットワークの開発を行う

・Global 人事：外国人経営幹部、基幹社員の確保、育成のための制度とプログラムの設計と運営支援
・Executive 人事：将来の経営候補者の発掘と成長支援。取締役会との協働が必要になる

人事部員、地獄の合宿

これまでの人事部員は、社員の信頼を集める良い意味でのエリートである必要がありました。しかし、人材マネジメントの運用をラインに移管した場合、人事部員は社内コンサルタントとしての知見と技能で信頼を集める存在になる必要があります。マインドセットの変更と、知見やスキルの向上のための継続的な学習が求められます。

私はコーン・フェリーに参加し、コンサルタントとしてフルタイムの活動をしていますが、同時にボランタリーワークとして米国のビジネススクールであるウォートンスクールのExecutive Education Boardの理事会メンバーになっています。米国だけでなく中国、アジア、欧州のメンバーと一緒に次の10年の企業を支えるビジネスパーソンのあり方について意見交換をしています。そうしたなかで人事部門のスタッフのリスキリングがよく話題になります。世界の企業は一歩、先に進んでいるという印象を持ちます。

以前紹介した、サムスン電子が２０００年前後に行った人事部員の地獄の合宿（50日）を思い起こします。事業の成長は、社員の成長の総和です。人事部のこれからの役割は、社員の成長の支援、すべての社員が活躍する良い企業文化の開発にあることを肝に銘じて、学びを続けてください。

人材への投資を復活させる

１９８０年代までの日本企業は、人材への投資に熱心でした。前述のとおりパナソニックや日立製作所などの日本を代表する企業が大規模な研修センターを設立していました。欧米のビジネススクールに大勢の若手社員を派遣していました。私が参加したウォートンスクールでは、30名くらいの日本人学生が学んでいました。マッキンゼーの大前研一氏が主催したマッキンゼー・ビジネス・インスティテュート（3カ月間の世界一周の豪華な旅）には、日本を代表する多くの企業が社員を派遣していました。

学びとは異なる話ですが、社員運動会や社員旅行が多くの企業で実施され、社員のモチベーションアップに貢献していました。こうした活動は１９９０年代に死滅しました。逆に欧米やアジアの企業は熱心に行っています。あるドイツの世界的ＩＴメーカーは、ハワイ島の超高級ホテルを4棟も一括して借り上げ、全世界から家族同伴（配偶者、子ども、兄弟姉妹、祖父母も可）の懇親会を行っていました。夜のディナーパーティーでは世界の誰もが知るミュージシャンが演奏する豪華な祭典です。

今、多くの企業はＩＴシステムへの巨額の投資を行っています。しかし、人材への投資は微々たるものです。全盛期のＧＥは年間１０００億円の人材投資を行っていたと言われます。もちろん、お金をかければよいということではありません。**しかし、企業の成長を望むのであれば、人材を成長させるための投資は聖域と考えてください。リストラに邁進したジャック・ウェルチ氏も人材投資だけはカットしませんでした。**

設備、機械への投資は毎年、償却される無機質なコストです。そこからイノベーションと成長が生まれることはありません。人への投資だけが、顧客の満足とイノベーション、企業の成長を生み出すのです。

終章

日本企業の未来を切り拓く

本書を書いた目的は過去を振り返ることではありません。失われた30年に成長できなかった企業を批判することでもありません。成長した企業と成長しなかった企業の違いは第Ⅱ部第5章で述べたように、本当に微妙な違い、経営者と社員の両輪の経営を進めることができたかどうか、社員の個性を活かし、社員のなかに眠る巨大なエネルギーをどこまで解放することができたかにあるのです。

私たちは、2020年代の残された8年間を、過去30年の陰の時代から新しい陽の時代に反転させる必要があります。この終章では、成長10の法則を踏まえ、同時に第Ⅲ部で述べた日本企業復活への5つの指針を基軸に据えながら、次の10年に向けての日本企業の成長の姿を描いてみたいと思います。**内容はあくまで私自身の見解にもとづく希望と期待であり、個々の企業の公式の見解や計画を紹介するものではありません。**

日本企業として異次元の世界に飛翔する武田薬品

武田薬品工業は1781年に創業された240年の歴史を持つ老舗企業で、日本の医薬品産業のリーダーとして尊敬を集めてきました。2022年3月期の業績は売上高3兆5690億円、営業利益4608億円、時価総額は5兆5394億円。製薬業界の大規模な企業として健全な業績を上げています。

過去30年間は、武田薬品にとってどのような時代であったのでしょうか。前半の15年、2000年代半ばまでは、圧倒的な繁栄の時代であったと思います。ハイパフォーマーを幸せにするというスローガンにもとづくジョブ型人事制度を導入し、2002年には売上高1兆円超えを達成しました。成長は続き、2006年には営業利益4500億円を達成します。高血圧、糖尿病、胃潰瘍のような生活習慣病の領域でブロックバスター（売上高1000億円以上）となる製品が世界で活躍していました。

その後、武田薬品は異次元の世界に飛翔します。突然、海外企業の大型買収に打って出るのです。その背景は、好調な財務業績の裏に忍び寄る研究開発力の停滞でした。薬の開発は、自然界の薬効物質を化学的に合成するという伝統的なアプローチから、人間の疾病の構造を生命科学的に分析し医薬品を生み出すというアプローチに急速に転換していきます。このような開発では、巨大な投資が求められます。武田薬品は創薬の新しいテクノロジーと開発した薬を一気に全世界で販売し、投資を回収する必要に迫られます。

武田薬品は、2008年に米国のバイオ医薬品メーカーであるミレニアム・ファーマシューティカルズ、2011年にはジェネリック医薬品メーカーであるスイスのナイコメッドを買収し、新興国を含む世界の販売網を獲得します。買収金額は当時の金額でそれぞれ8900億円、1兆1800億円、合計して2兆円を超える支出でした。

バイオ医薬品の創薬力と世界での販売網を自力で開発するという選択肢は理論的には存在しますが、世界の競争相手の動きの速さを考えれば、武田薬品のM&A戦略は本当の意味での「時間を買う」戦略であったと思います。

2014年にはフランス人のクリストフ・ウェバー氏をCOOとして招聘します（現CEO）。もはや日本人では突然グローバル化した武田薬品をマネージできないという判断であったと思います。そして、ウェバー氏は当然のことですが、配下に多数の外国籍の役員をスカウトし登用します。武田薬品の経営陣はスカウトされてきた外国人が中心になります。

さらにウェバー氏は、２０１９年にはアイルランドの製薬メーカーで血液製剤や希少疾患の分野での大手企業であるシャイアーを、６兆２０００億円で買収します。日本企業の歴史のなかでは最大規模の買収です。第Ⅱ部で紹介したグローバル化に成功した日本企業、トヨタ自動車、ダイキン工業、テルモや無印良品は、日本人が経営の中心にいます。これに対して武田薬品のグローバル化は、スイス企業のようなグローバル化です。ネスレのように、一国で生まれつつも世界中の人が分け隔てなく活躍する無国籍企業、しかし、根なし草でなく、経営理念がしっかりと根を張る企業になろうとしているのだと思います。

武田薬品にはタケダイズムという言葉があります。２４０年の歴史を支えた経営理念をまとめたものです。その柱は誠実という言葉です。

それを支える公正・正直・不屈の三つの価値観があります。公正はFairness、正直はHonest、不屈はPerseveranceです。この三つの価値観は、国籍を超えて誰でも共通のイメージを持つことができます。しかし、誠実は難解な言葉です。

私は武田薬品の歴代経営者の発言を探していきました。そして武田薬品の戦後の繁栄を築いた武田長兵衛社長が『週刊ダイヤモンド』に寄稿した記事を見つけました。71年前の記事ですが、ここに書かれた内容が「誠実」という言葉の神髄ではないかと思います。

「私は『企業の経営は人にあり』と固く信じております。古くから用いられてきたこの言葉が、私には最も重要に感じられます。……（中略）……その為には良い人物が必要です。……（中略）……よい組織や良い機構を考えたり、つくり出すことは割合、簡単にできてもよい人を作りだすことは甚だ困難な問題で、一朝一夕にできることではありません。『勇将の下に弱卒なし』と申しますが、良い経営者のもとに初めて良い人が養成されることを考えれば、企業を経営する経営者の責務も甚だ重大だと言わざるを得ません。……（中略）……戦前であれば、課長級の人が長年真面目に働き、つつましやかに暮らして貯蓄に努めれば、20年後、あるいは30年後に退職する時には、借家の3、4軒も持って、気楽な余生を送りうる安定した時代がありました。しかし、戦後、あらゆる生活面のアンバランスのために企業内の人の心は根底からの安定を期しえません。……（中略）……真面目に働く人は余生をなんとか安心しておくれる道が開かれることを希望してやまない次第です」（『週刊ダイヤモンド』１９５１年9月15日号）

タケダイズムの源流には、「人に対して誠実」という真心があったのではないかと思います。

武田薬品は、日本企業のなかでもＤＥ＆Ｉに強い思いで取り組む企業として有名です。ＤＥ＆Ｉの本質は、すべての人の価値を信じ活かすことです。タケダイズムを今日的な言葉で表現すれば、ＤＥ＆Ｉとなると思います。

武田薬品には日本の武田という殻を完全に壊し、日本で生まれた真のグローバルカンパニーとして地球に貢献するという、これまで誰も挑んだことのない未踏峰を制覇していただきたいと思います。私がそのように考えるのは、日本企業の経営力が弱体化し、もはや日本人の経営者だけに任せることは大きなリスクであると考えるからです。人材の登用において国籍を問わない完全な実力主義を貫徹する日本に生まれた最初のグローバル企業としての先例を築いていただきたいと思います。

資生堂——グローバル・マーケティングカンパニーへの挑戦

資生堂は2022年に創業150周年を迎えます。誰もが知る日本の化粧品業界を代表するリーディングカンパニーです。しかし、1990年代から2000年代に入って日本国内の消費者市場が成熟し、成長力を失うなかで、資生堂もGDPの停滞と歩調を合わせるように成長を止めます。

中国への進出、商品構成の多様化などの努力を続けますが、2010年代前半の売上高は7000億円を下回り、利益率も低い水準が継続し、将来に向けての希望を見出せない状況でした。この資生堂が2010年代の後半、長期低迷から脱出し、成長への活路を見出します。

2014年にCEOに就任した魚谷雅彦氏は、資生堂を真のグローバルカンパニーに進化させるというビジョンを打ち出し、2019年12月期には売上高1兆1315億円、営業利益1138億円を達成します。

資生堂に注目するのは、日本企業に共通の難題になっているマーケティングカンパニーの企業体質をつくることに挑み、成果を上げつつあるからです。第Ⅱ部第6章で述べたように、マーケティングは今ある商品をいかに売るかという販売促進とは異なる概念です。ユーザーや社会の根源的な悩み、問題を見つけ出し、解決し、需要を創造するという全社的な取り組み、企業の総合芸術と言われるものです。

トヨタ自動車やコマツなど品質管理の面で世界に名をはせた会社はありますが、マーケティングで世界に名をはせた日本の伝統企業はまだありません。資生堂はこの前人未踏の頂に挑むことができる会社であると思います。

今、資生堂をリードしているのは魚谷雅彦氏です。魚谷氏は日用品メーカーであるライオンに勤務した後、シティバンクなどを経て日本コカ・コーラに入社、マーケティングのキャリアを本格的に深めていきます。コカ・コーラに入社した魚谷氏が取り組んだ重要なテーマの一つは、ジョージアというコーヒーブランドの地位のさらなる向上でした。しかし、ジョージアのシェアは既に40%を超えており、それ以上の成長の余地はほとんどないという困難な取り組みでした。

時代は1990年代、コンシューマー事業の市場は冷え込んでいました。活路はなかなか見つかりません。相当の苦労をされたと思います。試行錯誤を繰り返すなかで、同じように仕事に苦労する若い社員の気持ちに共感されたのだと思います。その結果、今でも伝説になっている飯島直子さんを起用した「お疲れ様」という心が癒やされるコマーシャルが生まれます。不可能と言われたシェア50%を超えるという成果につながります。

魚谷氏は日本人として初めて日本コカ・コーラの社長になります。その後、NTTデータや資生堂の顧問となり、2014年4月、資生堂の社長に就任します。魚谷氏が自身に課したミッションは、資生堂を真のグローバルカンパニーにする、というものでした。

単にグローバルカンパニーになるというのでなく、「真の」という言葉を加えたのはなぜか。私はそこに魚谷氏がそのキャリアを磨いてきた「マーケティング」という意図があったのではないか、と考えています。ユーザー・インの視点で世界の化粧品を使う人たちの多様な思い、言葉にならないニーズを探り当て、応えていくという明確な意思があったと思います。

魚谷氏の行動には、三つの特徴があります。一つは街を歩く、ということです。米国の経営者がよく使うフレーズがあります。ジョンソン&ジョンソンの社長を務め、食品会社のカルビーの社長に就任した松本晃氏が言うOffice is the most dangerous placeというものです。多くの日本企業の経営者のスケジュールは、社内の会議と儀礼的な顧客訪問で埋まっているのが普通です。魚谷氏はマーケティングの原点は「感じる」ということにあると認識しているのだと思います。

二つ目は、マーケティングは一部の部署や専門的社員の仕事でなく、社員全員経営によって生み出される企業の総合芸術であるという認識のもと、社員との対話を重ねていくPEOPLE FIRSTという活動です。テルモの和地氏、ダイキン工業の井上氏、りそな銀行の細谷氏、中外製薬の永山氏の行動に共通するものです。

三つ目は、DE&Iへの取り組みです。多様性でなく、他容性、すなわち様々な思い、考え、ニーズを受容し、創造的なアイデアを求めていくという、DE&Iの本質を追求する姿勢が観察されます。

パナソニック――中国から家電事業を復活

パナソニックは1980年代までは家電業界の王者でした。その後、時を経てパナソニックの家電事業は米国、欧州で縮小し、日本市場を最後の牙城として生き残りを図っています。2010年代に入ると、パナソニックはもはや家電の会社ではないBtoBの会社であると宣言し、家電事業の成長は諦めるかのようなメッセージを発信しています。パナソニックのコンシューマー事業の発展を考えることは、ノスタルジーなのでしょうか。

私はジョンソン&ジョンソンの経営者の言葉を思い起こします。ジョンソン&ジョンソンは医薬品や医療機器の会社ではあるが、祖業であるバンドエイドというコンシューマー事業のおかげで誰もが知る会社であり続けるという趣旨の発言でした。ジョンソン&ジョンソンは知らなくてもバンドエイドは皆、知っているというのです。3Mの事業を詳しく知る人はいないと思いますが、ポストイットを知らない人はいないと思います。

ブランドは人の心に宿るものです。B to Bの顧客も人間です。誰もが知るブランドは、究極の企業価値であると思います。ブランドをつくり、維持することは終わることのない旅路です。パナソニックという会社が創業以来、保ってきたブランドは失うにはあまりにも大きな財産です。このままでは、パナソニックというブランドは日本人だけが知るブランドになってしまう可能性があります。それはB to B事業にとっても良いことではないと思います。

私は、パナソニックの家電事業復活の鍵は中国にあると思います。ハイアールが中国発のグローバル企業になったように、パナソニックは中国から世界を目指すことで、家電業界の王者として復活する可能性があると考えています。

ハイアールは徹底したユーザー起点の経営で世界に進出し、近年ではGEの家電部門の買収を通じて米国で成長すると同時に三洋電機の家電事業を買収し、日本での事業基盤を確立しています。ハイセンスは東芝の家電部門を買収し、日本の消費者を開拓しています。

日本企業にとって、家電事業は「負け犬」のような状態ですが、中国の企業にとっては「金のなる木」であり「スター」なのだと思います。パナソニックの家電事業が提供するものは生活の必需品です。地球の市民が必要とするものであり、それを提供するのはパナソニックの創業の原点であると思います。

パナソニックにとって中国市場は本当に重要なマーケットです。有価証券報告書を見ると、2022年3月期のパナソニックの中国での売上高は9897億円です。トヨタ自動車の中国での販売は4兆円を超えると推定されますので、大きく差がついていますが、パナソニックはこの水準で満足すべきではないと思います。

中国が世界の経済に与えるインパクトは巨大です。自動車の生産、販売における中国のシェアは50％です。GMは欧州から撤退し、米国と中国を経営の二本柱にしています。フォルクスワーゲンにとって中国は最大の市場です。パナソニックが重視する車載事業にとって、中国での成功は死活問題になると思います。パナソニックが重視する住宅事業においても、中国全体で考えれば満たされないニーズが満載だと思います。

そして国民皆スマホ化、サイバーセキュリティの基盤開発、ＡＩによるデータ活用、どれをとってもデジタル領域の中国の技術力は米国に勝ると多くの専門家が述べています。国を挙げてのイノベーションの推進はとどまることがなく、シリコンバレーのように多産多死の世界で企業は戦っています。

様々な新しいアイデアが生まれています。『日本経済新聞』（２０２０年8月5日付朝刊）に、「中国で始まるライブコマース」というタイトルの記事が掲載されました。パナソニックは複数の工場にスタジオをつくり、パナソニックの社員が消費者に直接語りかけ商品の紹介を行うのです。

日本ではジャパネットたかたがやったアプローチですが、中国ではこれが大々的に進んでいるのです。将来は中国だけでなく、アジアにも広がる可能性があります。このモデルが実現すれば、既成の流通業者は存在意義を失っていくと思います。

アフリカという将来の巨大市場を見据えても、中国の影響力を無視することはできません。そのように考えると、パナソニックの成長は中国での成長なくして実現することはないと思います。第Ⅱ部で紹介したダイキン工業、コマツ、村田製作所、無印良品、伊藤忠は、中国での成功を成長の突破口にしています。村田製作所の中国での売上高は９９３８億円を超え、パナソニックと同等の水準です。前述した資生堂にとっても中国はグローバル化の橋頭堡になっています。

パナソニックの家電事業が中国から世界を制覇するためには、一つの絶対的な条件があります。それは日本人ではなく、中国人が主役になるということです。日本人が知る日本での事業モデルは、中国、さらには世界で通用する余地はありません。中国でハイアールやハイセンス、サムスン電子やＬＧグループとしのぎを削り、最高度のデジタルモデルを開発し、世界に打って出るという形です。

これは、前述した武田薬品が挑む完全無国籍経営に近いアプローチです。武田薬品では日本人の影がほとんど見えません。それは日本人を差別しているということではなく、適所適材を貫いたらそうなったということです。

私はコロナ禍前は毎月、中国を訪問し、中国企業の人たちと交流していました。今はリモートの形ですが、彼らの情熱、開拓者精神、好奇心と学習マインドには感銘を受けます。パナソニックのコンシューマー事業の成長、ひいてはパナソニックの成長が実現するかの鍵は、武田薬品の事例を参考に完全な実力主義、適材適所を進めることにあると思います。

中国企業の人事制度やシステムは日本企業よりも数段、先進的です。米国企業とほとんど同じです。伊藤忠の例を参考に中国語研修の機会を日本の社員に大胆に提供することも必須です。中国人幹部を育成し、家電事業のグローバルな経営に貢献する道を拓く必要があります。日本人中心の人事運営のパラダイムを破壊し、本当の意味でのＤＥ＆Ｉを実現する必要があります。

『日本経済新聞』（２０１５年11月13日付朝刊）に津賀一宏前社長のインタビュー記事が掲載されています。タイトルは「未来を拓く突破力」となっています。津賀氏は大胆に身を変える必要を述べ、海外で雇用した外国人が活躍して日本人に刺激を与えるような環境をつくっていくとの抱負を語っています。７年前の記事ですが、私はここに偉大なパナソニックの家電事業復活の活路があると考えています。

挑戦への狼煙を上げる富士通

第Ⅰ部第1章で述べたようにＩＢＭは１９９０年代の苦境を生き延び、ＩＴサービスのリーディングカンパニーの地位を保っています。２０２１年12月期の業績は売上高５７３億ドル、営業利益48億ドル、時価総額１１６０億ドルです。しかし、ＧＡＦＡＭの業績と比較すると大幅に見劣りします。過去５年間の業績は低迷し、事業規模は２０１７年から30％も低下しています。

一方、富士通も２０１０年代の中盤以降、厳しい冬の時代を経験しています。事業の規模も縮小し、困難な経営を強いられてきました。しかし、富士通は今、低落の傾向に歯止めを打ち、健全な業績を回復しつつあります。２０２２年３月期は売上高３兆５８６８億円、営業利益２１９２億円、時価総額３兆３６５８億円です。

しかし、富士通にはＩＢＭに伍して世界のリーディングカンパニーになる夢を捨てないでいただきたいと思います。世界１００カ国以上でビジネスを展開し、12万人の社員が働くグローバル企業です。富士通の遺伝子、富士通の歴史をさかのぼると私は希望を感じます。

富士通の源流は、古河電機工業とドイツのシーメンスの資本・技術提携による合弁会社として約90年前に設立された富士電機製造（現富士電機）です。古河の「ふ」とシーメンスの「し」を富士山の「富士」になぞらえて富士電機としたのです。生まれたときから国際企業であったのです。富士通は富士電機から生まれ、富士通はファナックを生み出しました。新しい事業が枝分かれしていくというダイナミックな歴史を感じます。

前掲のＮＨＫプロジェクトX で取り上げられた「日本のMr.コンピュータ」と呼ばれた池田敏雄氏が率いるチームの活躍の物語は、記憶に残るものです。１９５９年に社長に就任した岡田完二郎氏は「限りなき発展」というスローガンを掲げ、62年の年頭の辞では「コンピュータに社運をかける」と明言します。当時の事業の構成は通信が90％、コンピュータは10％でしたので大胆なビジョンであったと思います。そして世界に君臨するＩＢＭに挑戦していきます。世界標準になっていたＩＢＭ３６０シリーズの互換機の開発を進め、実現します。

幾多の試練を乗り越え、１９９０年代に入ると富士通はＩＢＭと同様にソリューションカンパニーへの展開を進め、グローバルに事業を展開していきます。第Ⅱ部で述べた15社のなかで世界に挑戦する、しかも世界のトップ企業に挑戦するという目標を掲げ挑戦した会社は、トヨタ自動車とソニーでした。私は、富士通も日本企業としては稀有な会社、最初からエベレストを目指す会社であると思います。

私の手元に一冊の本があります。２０１２年に刊行された『挑む力』（日経ＢＰ）です。なぜこの本に興味を持ったのか、それは一橋大学の名誉教授の野中郁次郎氏、ハーバード・ビジネススクール教授の竹内弘高氏が解説者、寄稿者として名を連ねていたからです。

この二人は *The Knowledge Creating Company*（邦題『知識創造企業』東洋経済新報社）という本を１９９０年代に米国で出版し、第Ⅰ部第1章で解説した米国アカデミアの人々の革新、20世紀型経営からの脱皮を刺激したまさにその人でした。そのエッセンスは、現場の第一線の社員が持つ暗黙知が企業の創造と成長の原動力になるというものでした。特に野中教授は「失われた30年」の最大の原因は米国の20世紀型経営を誤って導入したことにあると指摘し、データの分析や計画を重視する古い戦略論やトップダウンの経営を真っ向から批判しています。

この本は、スーパーコンピュータ「京」の開発をはじめ、「すばる望遠鏡」「東証の株式売買システム」「農業クラウド」「次世代電子カルテ」など富士通社員の挑戦の記録をまとめたものです。エバンジェリスト(キリスト教の伝道師)のような精神、多様で複雑なプロジェクトを運営する困難な活動が紹介されています。そして彼らの活動は現場起点です。しかし、ボトムアップでありながらオペレーショナルな改善ではなく、世界をリードするイノベーションを起こそうというものでした。

次の10年、世界の企業は地球と人類の生存への闘いに挑んでいきます。富士通は培った経験、技術の力でこの闘いに参加することができる企業です。富士通は通信という社会インフラの開発に貢献してきた会社だからです。

私は、過去数年間の富士通の人材や企業体質の転換への取り組みを興味深く見てきました。本書で述べてきた「個を活かす経営」の実践に大胆な舵を切り、人事制度全般で根本的な見直しをしています。近年、多くの企業が取り組む「ジョブ型雇用」の確立で先陣を切っています。

多くの読者はご存じだと思いますが、富士通は20年前、いわゆる成果主義の導入を試み、挫折を味わった経験があります。『内側から見た富士通』(城繁幸、光文社)という本が話題になりました。

そうした辛酸をなめたうえでの新しい改革です。第Ⅲ部第1章で述べたジョブの本質である知識と技術を蓄え、問題を見つけ、解決し、誰かに貢献するという精神をすべての社員が共有することを目指すものだと思います。

雇用の形態や処遇の制度という表面的な改革ではなく、富士通の源流にある挑戦者の魂を復活させ、すべての社員のパワーを全開にするための改革だと思います。富士通の社員ではない世界の挑戦者を富士通に呼び込む取り組みだと思います。この改革に成功し、富士通が世界にとってなくてはならない会社になることを願っています。

外商部門が牽引する三越伊勢丹の成長

百貨店業界はコンシューマー業界、エレクトロニクス業界と並んで非常に厳しい「失われた30年」を経験した業界です。30年前には10兆円あった業界全体の売上高は半分になってしまいました。今、最大規模の小売業界はドラッグストアです。業界規模の縮小は百貨店業界だけでなく総合商社でも起きていたことですが、総合商社は物を流通する口銭（手数料）の商売から投資会社に変身することで存在意義を保っています。規模は縮小しても質的には成長したのです。

百貨店業界は、小売事業を諦め、不動産事業に傾斜する流れにあります。事業の採算を考えれば致し方ないことだとも思いますが、それは百貨店で働く社員、百貨店で買い物をする消費者にとって嬉しいことなのでしょうか。私は、百貨店業界も総合商社のように規模は縮小しても質的に成長できる余地があると考えています。

百貨店というのは、日本独特の言葉です。米国ではデパートメントストアといいます。男性用の衣料、女性用の衣料、日用品など消費者が買いやすいように売り場を区分するという考え方です。これに対して三越から生まれた百貨店という言葉は、今日で言えばaからzまで地球に存在するすべての商品を提供するというアマゾンそのものです。百貨店とアマゾンの違いは、物理的な店舗があるかサイバー空間であるかの違いです。

「欲しいものが何でも手に入る」は、昔も今も変わらない消費者の欲求だと思います。そして「欲しいもの」には食品や日用品、あるいはロレックスなどのブランド品など消費者が何を買うかをはっきりわかっているものと「自分の困りごとはあるのだが、何を買ったらよいか、どうやって買ったらよいか、わからないもの」があると思います。

百貨店の資産は何でしょうか。高度経済成長期における日常を超える感動を与える店舗の価値は、確かに色あせています。消費者にとって商品を買える以上に店舗の価値が提供されているケースはアップルストアが挙げられますが、商品やサービスを超える店舗の価値を生み出すことは容易ではないと思います。私は世界の主要な都市の百貨店を折に触れて訪ねてきましたが、店舗そのものに消費者を誘う力があると感じるのは、ロンドンのハロッズだけです。もちろん、私の個人的な印象ですが。

店舗の価値が色あせているとすれば、百貨店の資産が減損しているということでしょうか。私は、消費者には見えないもう一つの資産があると思います。それは、百貨店がその歴史のなかで築いてきた日本全国の生産者、世界の国々の生産者との膨大なネットワークです。

私は、このネットワークの価値を磨き、消費者の希望をかなえる、悩みを解決する、消費者のライフ・パートナーになることが百貨店の再生の活路になるのではないか、そんなことを考えています。第Ⅲ部第3章で述べたユーザー起点の話に戻すと、百貨店のユーザーの大半は行きずりの客、一見の客のレベルにあるように感じます。顧客（リピーター）というレベルには到達していないと思います。

では百貨店には顧客はいないのでしょうか。私はそうは思いません。これまでの百貨店ではメインストリームでなかった法人営業や外商と言われる部隊には、顧客が存在すると思うのです。外商の人に相談すれば私の希望、悩みはすべて解決されるという状態になれば、私は最高段階の招かれざる客になると思います。

ロンドンのハロッズの外商は飛行機を売る、という冗談のような話を聞いたことがあります。しかし、中東の王様を顧客にするハロッズであれば、本当の話かもしれません。

『日本経済新聞』（2022年8月30日付朝刊）に三越伊勢丹の外商部門強化に関する記事が載っていました。すごい外商パーソン、つまり日本の富裕層に世界の商品を売り込む、世界の富裕層に日本の商品を売り込む、年収は1億円を超える外商パーソンを育てるという意気込みで取り組んでいただきたいと思います。

百貨店のメインストリームは美しい店舗であり、そこに並ぶ魅力ある商品でした。そこに百貨店の社員の方々の存在を感じることはありません。法人営業と外商を店舗から独立したキャリアにするのでなく、相互に交流し、社員の全員が顧客に向き合うことを常態にする、そこに百貨店が復活する活路がある。そのように思います。

コンシューマーファイナンス業界の成長モデルを実現するオリエントコーポレーション

オリエントコーポレーションは、信販業界の名門です。2022年3月期の業績は売上高2298億円、営業利益289億円という健全な業績を上げています。時価総額は2114億円となっています。

私は、オリエントコーポレーションにはコンシューマーファイナンス業界の新しい事業モデルを開発してほしいと願っています。それは未開の荒野があるからです。銀行は富裕層を対象にするプライベートバンキングまでは関わりますが、全国の大衆を対象にする事業には積極的に関わることができません。以前は都市銀行と呼ばれたメガバンクは、地方を十分にカバーすることができません。一方、地方銀行や信用金庫はある特定の狭い範囲にしか関わることができず、規模は小さくサービス能力は限定的です。

オリエントコーポレーションは広島で誕生した会社です。事業の内容は、自動車ローン、商品割賦販売、クレジットカード、信用保証が中心です。最終のユーザーは個々の消費者ですが、流通業者や小売業者がパートナーになります。北海道から沖縄、九州まで全国をカバーし、中小企業者とのネットワークが蓄積されています。筆頭株主はみずほ銀行（48・6％）、第2位の株主は伊藤忠商事（16・5％）で、彼らのネットワークも大きな力です。

私は、オリエントコーポレーションは、大和ハウスや野村総合研究所のようなユーザー起点の経営を徹底的に追求し、ネットワーク力を駆使したコミュニティモデルを開発することで成長できると直感します。そして、オリエントコーポレーションの事業はロングテール（日本語では長い尻尾）で、多様なニーズを持つ小さな顧客が大量につながる事業です。

以前は、効率と生産性が上がらない、大規模な会社が生まれにくい事業でした。しかし、それを解決するのがテクノロジーです。GAFAもBATHも、このロングテール事業をテクノロジーの力で創造したのです。これがDXです。

そのように考えると、少数の大規模法人、富裕層を相手にするメガバンクや顧客の数が少ない地方銀行、つまりロングテールが存在しない金融機関にとってはデジタル化やデジタライゼーションは意義のあることであっても、DXの意義は小さいと思います。

ロングテールのうまい訳はないのですが、ある方が「ピチピチ・ぱらぱら（たくさんの小魚が元気に跳ねる様子）」と言っていました。私はこの言葉がいいと思います。鰹や鮪のような一本釣りでなく、鯵や鰯のような小魚を大量に誘う網（ネットワーク）のイメージが浮かびます。

オリエントコーポレーションの会社案内には、「先進テックカンパニー」になるというビジョンが語られています。私はその可能性を持つ金融機関は少ないと思います。メガバンクは一本釣り、地方銀行は地域特化ですのでロングテール（ピチピチ・ぱらぱら）を支援することはできません。

オリエントコーポレーションには、シンガポールのＤＢＳ（以前は日本興業銀行や日本開発銀行に相当する産業金融を供給する金融機関で、現在は世界屈指のデジタル銀行）になってほしいと思います。

第一線のマネジャーのパワーの解放に挑む大日本印刷

大日本印刷（ＤＮＰ）は１８７６年、今から約１５０年前に創業された会社です。凸版印刷と並んで印刷業界の二強と言われ、世界に例のない総合印刷事業を開拓してきました。

ＤＮＰの本社は、東京の中心、市谷加賀町の緑に囲まれた静かな場所にあります。東京に本社があるほとんどの大企業は丸の内、大手町、内幸町、虎ノ門、八重洲にオフィスがあり、皆、立派な高層ビルに入居していますが、どのビルも同じような仕様で、実際に行ってみるとまごつくことが多いです。ＤＮＰは恵まれた場所にあると感じます。

本社ビルの一階フロアの入り口にパネルがあり、「社内異業種交流会」という言葉が書かれています。社外異業種交流会はいくつかの企業が取り組むことですが、社内異業種交流会というのは初めて目にした言葉です。なぜこのような交流会があるのか。それは、ＤＮＰの事業があまりに多様で社員でも他の部署の事業は知らないことが数多くあるからだそうです。

多様性は多くの日本企業が取り組んでいるテーマです。性別や年齢を超えて多様な人材を登用する活動が進んでいます。多様性はイノベーションの源泉と言われますが、重要なのは外形的な違いの多様化でなく、知識や経験、思考や行動様式の多様化です。

その意味でDNPは、多様な経験、思考や行動様式を持つ社員が存在することで、イノベーションを生み出す組織の必要条件を満たしていると思います。生命は整然と植林された場所でなく雑木林で発展します。その最たるものが、生物多様性の宝庫である南米のアマゾン川流域です。

事業の内容は非常に多様化していて、祖業の出版印刷から包装材やデジタルマーケティング販促、メタバース、電子部材まで幅広く手掛けています。印刷技術を幹に技術を応用できる範囲に枝を広げてきたと言えます。その意味では、ソニーやオリックス、リクルートのように一気に転地するという多角化ではなく、米国のジョンソン&ジョンソン、3M、エマソン・エレクトリックの形に似るものです。

2022年3月期のDNPの業績は、売上高1兆3441億円、営業利益667億円、時価総額は9428億円です。売上高営業利益率は約5%で日本の大企業の平均的な水準です。しかし、過去20年間、他の多くの日本企業と同様に業績は伸び悩んできたと言えます。『Wedge』(2022年6月号)に北島義斉社長のインタビュー記事が載っています。北島社長はDNPの未来に向けて次のように語っています。

「印刷の技術を基にして事業拡大をしてきたので、全くの『飛び地』のことをやっている感覚はない。ただし、現在重視しているのは、従来のように顧客のニーズを待つだけでなく、何が求められるのか自ら探し出していく、問題設定、課題解決型の取り組みだ。今までは顧客からのオーダーをもとに製品を開発して提供すれば採用して頂ける時代だったが、どういうものが欲しいのか、顧客自身も分からないという時代になりつつある。もっと言えば生活者に向き合って、世の中に求められているものはどのようなものなのか、われわれ自身で探し、提供するものを作っていくということが大事になる」

DNPには、多様性というイノベーションを生み出す必要条件が備わっています。では、十分条件は何か。それは多様性を結びつけ、機会を見つけ、組織の縦横斜めに働きかけ、機会を実現する課長級の社員が持つパワーを解き放つことにあるのではないでしょうか。

ＤＮＰはそのことに気づき、大胆な人事制度とプログラムの改革を行い、社長も改革の成功に強くコミットしています。特に第一線のマネジャー層のパワーの解放に尽力されているようです。

SDGsの世界に一歩、踏み出すソニー

ソニーは第Ⅱ部で紹介した新しい事業の創造を通じて「失われた30年」を克服した企業です。現在の業績は好調です。しかし、ソニーが今の業績に安住している気配はありません。

ソニーはホンダとソニー・ホンダモビリティを創設し、自動車事業への参入を表明しました。自動運転技術や社内でのエンターテインメントを搭載した高付加価値の電気自動車を開発し、２０２５年には受注を開始する予定ということです。海外では台湾の鴻海精密工業やアリババに続き、アップルの参入も噂されています。日本企業ではソニーが勇気ある決断をしたということです。

ソニーはこれまでも音楽事業や金融事業などまったく関係のない分野に一気に飛び地し、事業を創造してきました。そのとき、常にアライアンスを組みます。音楽事業は米国のＣＢＳ、金融事業はプルデンシャル生命と合弁会社をつくります。ソニーはアライアンスをうまく使う組織ケイパビリティを持っているように思います。ホンダとのアライアンスの成功に期待がふくらみます。

次の10年間はどのような時代になるのでしょうか。私は20世紀型の経営、株主至上主義が急速に力を失い、地球と人類が株主になる時代が到来しつつあると考えています。すなわち、地球と人類の未来に貢献する企業だけが存在を許される時代になるということです。

ソニーのパーパスは「クリエイティビティとテクノロジーの力で、世界を感動で満たす。」と定義されています。しかし、平和な時代は終わり、次の10年は人類の生存をかけて地球環境を維持・向上する闘いの時代です。ソニーは地球という最終のステークホルダーを感動させる挑戦を始めるのだと思います。

このように考えると、ホンダとのアライアンスによるモビリティーカンパニーへの挑戦は深い意味を持っているように感じます。盛田昭夫氏は「ソニーはエレクトロニクスメーカーではなく文化を創造する会社だ」と述べていました。出井伸之氏はDigital Dream Kidsというスローガンでインターネット時代の幕開けを予告し、社員を鼓舞しました。ソニーは盛田氏、出井氏の期待を実現しました。

新たなメッセージを発信してはいませんが、今、ソニーはSDGsの世界に一歩、踏み出すことになります。全世界の企業がSDGsへの取り組みを進めています。そのなかでも自動車産業は、サプライチェーンの広がり、社会インフラとのつながり、地球環境への影響を考えると、SDGsの本流にある産業であると言えます。ソニーは、人類の生存をかけて地球環境の向上に挑む最終戦争のど真ん中で活躍できる機会を得たと言えます。ソニーの社員にとってワクワクするような機会ではないでしょうか。

時流に先んじるトヨタ自動車

本章の最後にトヨタ自動車を取り上げます。既に述べたようにトヨタ自動車は、世界の時価総額ランキング100社に入っている唯一の日本企業です（39位）。

トヨタ自動車は、第Ⅱ部で述べた成長10の法則のすべてをほぼ満たしている会社です。

トヨタ自動車には有名な豊田綱領があります。ジョンソン&ジョンソンの「我が信条」、ネスレの「アンリ・ネスレの思い」、ソニーの「設立趣意書」に相当するものです。豊田佐吉翁の遺志を体し、１９３５年に豊田利三郎氏が中心になってまとめたものです。その内容は次のとおりです。

一、上下一致、至誠業務に服し、産業報国の実を挙ぐべし
二、研究と創造に心を致し、**常に時流に先んずべし**
三、華美を戒め、質実剛健たるべし
四、温情友愛の精神を発揮し、家庭的美風を作興すべし
五、神仏を尊崇し、報恩感謝の生活を為すべし

「時流に先んずべし」は、トヨタ自動車の神髄だと思います。第Ⅱ部第1章で紹介したようにトヨタ自動車は日本で最初にグローバル企業運営に取り組み、成功した会社です。50年間も粘り強い開発を続け、ハイブリッド車を市場に投入した最初の会社でもあります。

トヨタ自動車は今も時流に先んじる経営をしています。その象徴がWoven Planetの設立です。Wovenは織物という意味で、豊田佐吉が夜も眠らず、機織りする母親を楽にしたいという思いでつくったトヨタの祖業である自動織機に由来する社名です。しかし、事業の内容は、自動運転技術の開発、脱炭素の社会・環境システムの開発です。

社名はハイカラでなくバンカラです。しかし、中身はＧＡＦＡやＢＡＴＨと変わりません。社長はトヨタのＣＤＯ（Chief Digital Officer）を兼ねるジェームス・カフナー氏（元グーグル）です。彼の傘下には欧米ハイテク企業の経験者が名を連ね、東京の室町にある本社には36の国籍の社員が働いています。カフナー氏のメンターは、シリコンバレーでＡＩ研究の大家として有名なギル・プラット氏（トヨタのChief Scientist and Executive Fellow for Research）です。Woven Planetでは、武田薬品と同様に完全無国籍経営が進んでいます。

トヨタ自動車では、法則3で触れた現場のフラット化（誤ったフラット化）でなく経営層のフラット化（正しいフラット化）が進んでいます。CEOの豊田社長の下に3人の副社長（人事、財務、技術担当）が置かれ、あとは6人の執行役員がいるだけです。経営企画担当の役員はいません。従業員35万人の会社として本当に小さくフラットな経営チームです。

トヨタ自動車は選択と集中を行いません。多くの自動車メーカーは選択と集中を進めています。GMはEVに集中し、世界のGMでなく米国のGMになる道を選びました。フォードは高級車に集中し、GMと同様に米国に回帰する道を選びました。ドイツのベンツとBMWは高級車に集中します。全方位に展開する会社はフォルクスワーゲンだけです。豊田社長はすべての領域で最高の会社になることを目指すと宣言しています。その背景には、2年ほど前に策定されたトヨタのミッションがあります。

わたしたちは、幸せを量産する。

・だから、ひとの幸せについて深く考える。
・だから、より良いものをより安くつくる。
・だから、1秒1円にこだわる。
・だから、くふうと努力を惜しまない。
・だから、常識と過去にとらわれない。
・だから、この仕事は限りなくひろがっていく。

豊田社長は、トヨタのミッションに託された思い、社員への期待をトップメッセージとして発信しています。手書きの署名が入った個人としての思いを語る内容です。

私たちの使命は、世界中の人達が幸せになるモノやサービスを提供すること、「幸せを量産すること」だと思っております。

そのために必要なことは、世界中で自分以外の誰かの幸せを願い、行動することができるトヨタパーソン、「YOU」の視点をもった人財を育てるということです。

これは、「誰ひとり取り残さない」という姿勢で国際社会が目指しているSDGsに本気で取り組むことでもあると考えています。

トヨタ自動車は株主至上主義とは一線を画しています。構造改革やリストラに背を向けすべての社員が参加し、伊那食品の年輪経営を参考に年輪を刻むように静かに成長する会社を目指しているかに見えます。それは、本書で何度か触れた欧州のネスレや米国ジョンソン＆ジョンソンなどの長寿企業にも似る経営です。

今、世界のプロ投資家からの脚光を集める会社はテスラです。２０２１年12月期の売上高は５３８億ドル、営業利益は65億ドルで規模はトヨタの20％程度ですが、時価総額は８２２０億ドルとトヨタの３倍の水準にあります。しかし、テスラの成功が世界の人々の幸せにどのように結びつくのかは不明です。テスラはイーロン・マスクという起業家の自己実現のために存在している会社に見えます。一方トヨタは、世界中の人々の幸せのために存在する会社になろうとしています。

２０２２年11月15日に世界の人口は80億人に到達していると推定されています。大切なのはその内訳です。中国人が約14億人、インド人が約14億人、その他の国々を含めアジア人が約47億人で全体の約60％を占めます。次いでアフリカの国々が約14億人です。ラテンアメリカの国々が約６・６億人です。これらを合計して約70億人になります。今日、世界のビジネスを支配する米国は３・８億人、英国、ドイツ、フランス、イタリアを加えて約２億人、日本は１・３億人で、これらの国の合計が約７億人です。Ｇ７の国々は、世界人口の1割に満たない存在なのです。

とすれば世界中の人々を幸せにするというトヨタ自動車は、いわゆるG7の経済圏の外側にある巨大な経済圏に関わっていくことを宣言したようなものです。日本のトヨタ、欧米を中心とするグローバル経営の時代の覇者になったトヨタが次のステージで目指す姿は、本当に前人未踏の頂だと思います。その実現に向けて世界のコミュニティをつくっていくという気が遠くなる挑戦を始めた世界的に見ても唯一無二の会社になろうとするトヨタ自動車の成功を、心から願っています。

インタビューノート

本書の作成にあたり数多くの経営者、人事責任者からアドバイスをいただきました。なかでも貴重な時間を割き、インタビューをさせていただいた方々のお話をインタビューノートとして掲載しました。これだけでも一冊の本を書くことができる内容ですが、いただいたお話の一部だけを切り取り、紹介する失礼をお許しください。本書の作成はそれぞれの企業の公開情報、有価証券報告書や中期経営計画、関係者が出版した様々な書籍、新聞や経済雑誌に掲載された記事を重要な情報源にしています。しかし、その当事者である方々から直接うかがう話には熱量があり、インパクトがあるものです。読者にも示唆を与え、教訓になるものだと思います。

- テルモ　佐藤慎次郎社長
- みずほ証券　浜本吉郎社長
- パナソニックHD　本間哲朗副社長
- オリエントコーポレーション　飯盛徹夫社長
- 中外製薬　奥田修社長
- りそなホールディングス　東和浩前会長
- 伊藤忠商事　小林文彦副社長
- Vici Partners　ランス・スチュアート シニアアドバイザー
- トヨタ自動車　東崇徳総務・人事本部長
- 富士通　平松浩樹CHRO
- 大日本印刷　佐々木新志労務部長

テルモ株式会社
代表取締役社長

佐藤慎次郎

テルモは過去20年間、英国、米国を中心に海外M&Aを行い、グローバル企業へ発展します。多くの日本企業はM&Aの活用に苦しみ大きな実績を上げることができないばかりか、M&Aが経営の足を引っ張るケースも多発しています。テルモはなぜM&Aを活かし、企業のグローバル化のエンジンにすることができたのか、話をうかがいました。

（2022年7月15日）

教訓

【グローバルカンパニーに成長】

テルモは2021年100周年を迎えた。北里柴三郎先生を含む医師ら医療関係者が創業した伝統ある会社だ。体温計や病院で使う単回使用の注射器から出発した会社だ。カテーテルなどの心臓血管治療の分野でイノベーションを起こしてきた。当初は国内中心であったが、今は海外での売り上げが70%を超えるグローバルな会社になった。テルモのグローバル化にM&Aは大きな貢献をしてきた。

【育てるM&A】

M&Aには二つの種類がある。一つは知的資産、ブランド、生産や販売チャネルなど企業の機能を買い、自社が持つ製品や技術、ノウハウとのシナジーを実現しようという試みである。もう一つは、シナジー効果だけでなく、買収した企業のポテンシャルを見出し、課題を発掘し、成長を支援するM&Aである。この後者のアプローチは、気をつけないと日本の本社による過度の介入、マイクロマネジメントを招くリスクがある。Post Merger Integration は非常に難しいテーマであるが、テルモはしっかり取り組んできた。テルモは粘り強く挑戦してきた。買収した会社の歴史、経営者と社員の思い、考えや組織の文化を尊重し、責任と一定の権限を与える。しかし、決して放任はしない。日本の本社の考え方を一方的に押しつけるのでなく、相互に学び合うことが重要である。買収したときは小さかった会社が大きく成長し、テルモのグローバルビジネスを支えている。

【アソシエイトが共有する理念、価値観、バリュー】

Post Merger Integration で重要なことは、人の感情への心配りである。テルモは働く人を従業員とは呼ばない。すべてのメンバーをアソシエイト（企業に主体的に参加し、貢献する人）と呼ぶ。2007年に企業の価値観や倫理観を66カ条にまとめた「テルモの心」という冊子を、さらに2019年には新たな企業理念体系を策定して全社員の心への浸透に努力している。もちろん、日本だけでなく、グローバルに同時展開している。「医療を通じて社会に貢献する」という企業理念を土台に、世界中のアソシエイトをつなぐ共通の価値観として2018年に定義されたコア・バリューズは「Respect（尊重）――他者の尊重」「Integrity（誠実）――企業理念を胸に」「Care（ケア）――患者さんへの想い」「Quality（品質）――優れた仕事へのこだわり」「Creativity（創造力）――イノベーションの追求」の5つの柱で構成され、社員が日々、実践できる具体的な行動指針に反映している。そして全世界で研修を実施し、2万8000人を超えるアソシエイトが理解、納得し、行動を継続するための支援を行っている。

【実品質】

テルモの製品は医療機器のなかでも人の命の根幹に関わる疾病を解決するものが多いため、究極の品質が求められる。米国や欧州でもたくさんの品質検査基準が監督機関から課されている。この基準を形式的に満たすことは当然で必要条件である。しかし、それで満足してはいけない。テルモはさらに高みを目指す。医療機器の性能やコスト、使いやすさだけでなく、治療を受ける患者の負担にも思いを深め、課題を見つけ出し、解決するというサイクルを社員が自主的に考え、実践することが本当に大切である。こうした心構えを世界中のアソシエイトが共有し、愚直に取り組んでいる。「Quality（品質）――優れた仕事へのこだわり」を日々のオペレーションのなかで実践することが重要である。

【問題の発見、問題の解決】

私たちは患者や医療従事者の悩み、苦しみ、新しい問題を解決するための製品、サービスを提供している。気をつけないと目的と手段を混同し、製品とオペレーション中心の考え方になってしまう。製品でなく、常にソリューションを提供するということを意識し、付加価値の創造に邁進する。テルモは多様な製品を開発している。患者と医療従事者に必要なものはすべて提供する。そしてすべての製品で、付加価値を生むための改善、改良を続けることを大切にしている。そうした努力を継続するなかでM&Aで得た新しい視点、技術、ノウハウを結合したこれまでになかったソリューションのイノベーションが生まれると信じてきた。テルモは世界160カ国以上で製品を提供している。その意味では世界中のアソシエイトがこの信念を共有することが必須だ。テルモの企業理念、共通の価値観、コアバリューズの深い共有はますます重要になってくる。

【俊敏性を高める】

テルモは東京証券取引所に上場する大規模な会社ではあるが、いわゆる大企業ではない。できる限りスリムでスピーディな企業運営を心掛け、過剰なヒエラルキーを排除し、組織の縦横斜めの情報交換、協力の体制を重視している。経営者はクリティカルな情報を集め、判断し、決定する責任を持つが、現場からのフィードバックを大切にしている。計画することは大切だが、それを固定化し、一方的に指示するのでなく、柔軟に運用することを心掛けている。世界の変化は速く、テルモは俊敏に行動し、変化を先取りしていく。

【社長自身が研修に参加】

企業理念や価値観がお題目になっては意味がない。社長自身もアソシエイトと会話する機会を大切にし、研修などにも講師として参加し、社員と自由に意見交換することを実践している。アソシエイトとの交流は、社長にとって重要な活動である。

【骨太のテーマ】

テルモの100年の歴史を振り返ると、経営者が業績をしっかりと上げることに加え、未来に向けての骨太のテーマを直感し、そのテーマを深く掘り下げ、さらなる成長機会を探索してきたことを感じている。テルモの企業理念につながることだが、医療を通じて社会に貢献するという精神が大前提だ。骨太のテーマが社会にインパクトを与え、企業を成長させる。

【実行】

ただし、夢を語るだけでは力は生まれない。「実行」することが重要で、実行力を充実させることは、経営者の重要な責任である。そのためには、テーマを戦略と具体的な行動に落とし込まなければならない。個々の社員の力量や仕事をする環境、良い企業文化を養うことも重要だ。企業文化はすぐに劣化するので日々の注意が必要だ。足元の業績とイノベーション、長期の成長を両立させることは容易ではないが、それが経営者の責任であると考えている。

感想

佐藤社長からうかがった「実品質」という言葉に奥深いものを感じました。個々の社員が究極の良い仕事の仕方を磨き、ばらばらに仕事をするのでなく協力する、患者、医療従事者に最高の品質を届ける。その思いが世界中のアソシエイトに完全に浸透していけば次の10年、テルモはさらに成長を続ける、そんな確信を得ました。骨太のテーマは実行されなければ価値を生み出しません。最高の品質の製品に結実したとき、果実につながることを認識した次第です。テルモという会社は、表面的に見ればM&Aを効果的に駆使し、カテーテル事業に重点投資をし、その成功で戦略論の大家であるマイケル・ポーター氏の「ポーター賞」を受賞するなど戦略的アプローチを活用してきたように見えます。テルモの戦略的アプローチは大きな成果を上げています。しかし、その成功の根底にあるのは、アソシエイトという言葉で表現される社員への想い、社員の成長を通じて会社が成長するという信念であると思います。M&Aが成果につながらない多くの日本企業に欠けている社員の尊重、このことを私たちは学ぶべきだと思います。

みずほ証券株式会社
取締役社長

浜本吉郎

みずほ証券は2000年のみずほフィナンシャルグループ誕生時に興銀証券、富士証券、第一勧業証券が対等合併して設立された。その後も3つの対等合併を繰り返し、商品と事業の基盤を拡大し、様々な難題を克服し、現在はグローバルな総合証券会社として野村證券を追走する位置にいます。過去、20年間でこれだけ成長した日本の証券会社はなく、その理由をうかがいました。

（2022年9月8日）

教訓

【成長の実現】

みずほ証券の歴史は古い。みずほ銀行の前身である富士銀行、第一勧業銀行、日本興業銀行には証券部門や証券子会社があり、約100年の歴史がある。みずほ証券はこうした多数の証券会社の集合体と言える。ただし、重要なのは規模の拡大ではなく、質の成長である。みずほ証券になって約20年が経つ。この20年間、様々な難関に直面し、逆風に立ち向かってきた。そして、今、世界をリードする総合証券会社の一つとして次の10年間、さらなる飛躍を期待している。

【大義を貫く】

みずほ証券の成長の原動力になったのはパッションと自信だ。2000年、みずほホールディングス（現みずほフィナンシャルグループ）が誕生した。日本の金融界の大きな変革を実現する先進的な決断であったと思う。統合時のリーダー、社員は大きな未来を信じていた。世界一の経済と世界一の日本企業を支援する、豊かな日本の家計を実現する、地球と世界の持続的成長へ貢献するという大志を抱いていた。みずほ証券はグループの一翼を担う証券会社として生まれた。世界にはコマーシャルバンクからインベストメントバンクとアセットマネジメントへの時代の潮流が生まれていた。当時のリーダーはこのことをはっきりと理解していたので、みずほ証券を世界で活躍し、日本をリードする総合証券会社にするという野心的なビジョンを描くことができた。その実現の可能性を心から信じていたと思う。1989年には、みずほの源流になった三行は時価総額のトップ5に入っていたので、それを復活させるという自信を持っていたと思う。発足時は債券の発行と流通を中心とするホールセール証券であったが、株式業務の重要性、リテール業務の重要性を意識し、そのケイパビリティを開発するための人材力、組織力の開発に強い意志をもって取り組んだ。

【坂の上の雲を追う】

トップリーダーだけでなく、ベンチャースピリットを持つ若手の社員が結集した。何でもやる、挑戦する、坂の上の雲を見る、という風土をつくっていった。安定的なキャリアではなく、自分のキャリアは自分でコントロールするという気概を持った数多くの若手社員がみずほ証券でのキャリアを自主的に選択した。仕事をする高揚感、ワクワク感があった。今で言うジョブ型雇用であるが、リスクをとっても自己責任でキャリア開発に挑戦する社員が多く存在していた。

【世界標準の経営】

目標は世界基準で考える。社員の処遇も人事インフラも組織文化も脱日本基準を当然にする。平凡な目標でなく、高い目標に挑戦する。答えは世界の現場にある、を信条としてきた。日本で生まれた企業は日本の顧客のための日本人による日本流の仕事を世界に広げるというアプローチをとるのが普通であるが、みずほ証券は世界で活躍できるためにどのような経営をしたらよいかをはじめから考えていた。そしてそのような経営の形を、ゼロからオーガニックにつくってきた。

【梁山泊】

梁山泊とは中国山東省にある、『水滸伝』で豪傑や野心家が集まる舞台になった場所である。みずほ証券が発足したときの雰囲気は梁山泊であった。反骨の精神を持つ才能が集まり、自由闊達、オープンにものを言い、行動することができる。経営者と第一線の現場の社員が侃々諤々、議論する風土をみずほ証券はつくってきた。

【多様性】

日本の証券会社、欧米の投資銀行、様々なソースから多様なプロ人材を大胆に採用し、活用してきた。採用するだけでなく、外部人材の経営陣への抜擢を当然のようにやってきた。株式事業やリテール事業は、外部から参加した人材の貢献が大きい。多くの日本企業に先駆けて女性社員の活躍推進にも早くから取り組んできた。こうした取り組みには経営者が強いリーダーシップを発揮し、掛け声だけでなく、具体的なプログラムを実施してきたことが大きい。

【外国人経営者への責任委譲】

海外では多様なキャリアを持つリーダーのインクルージョンを当然のこととして行ってきた。責任と権限の委譲を注意深く行ってきた。これが、みずほ証券が海外で急成長している理由だ。海外で事業を買収する場合にも、そこで活躍してきたメンバーを徹底的に活かすことが重要である。証券業はグローバルビジネスだ。世界の様々な国、地域、国籍の社員の多様な個性、アイデア、そして成長への意欲を刺激し、活かすことが重要で、自分自身もそのことを心掛けてきた。

【リーンな組織運営】

証券業は変化のなかで生き、変化から機会を捉え、価値を生み出す仕事である。常に市場に対峙している。市場は生き物である。変化への俊敏な対応、行動は絶対的な要件である。スリムな組織でスピーディに判断し、行動することが重要だ。私自身も第一線で活躍するプロフェッショナルと日々、自由にコミュニケートし、即断即決の行動、随時の軌道修正を行うマネジメントを強く意識している。

【対等合併の価値】

3回の対等合併を経験し、その都度、脱皮を繰り返し、非連続な成長を実現することができた。社員は対等の立場で教え、教えられる関係で、自分と違う経験をもつ人々との切磋琢磨がインスピレーションを生んできた。その頃を振り返ると、大きな高揚感を持って仕事をしていた記憶がある。一緒に議論を戦わせた上司や同僚も同じように考えていると思う。一方が他方を強く支配する吸収合併では、創造的なシナジーは生まれない。対等合併の運営は容易ではなく、対立や葛藤もあるが、革新的なアイデアを生み出す力がある。

感想

みずほ証券はなぜ成長したのか。浜本社長が言われた「梁山泊」にその答えを見つけました。梁山泊というと中国4大奇書と言われる『水滸伝』を思い出します。豪傑たちが集い、変革を巻き起こす熱血ストーリーです。みずほ証券は「個」を活かす経営という21世紀の成功企業の法則に自然に従った会社だと思います。もちろんこの20年間、様々な苦難に遭遇し、葛藤されてきましたが、良い地下水脈が成長を支えたのだと感じました。近年、話題になるジョブ型雇用、女性活躍推進において日本企業のフロントランナーであることも認識しました。

パナソニックHD株式会社
代表取締役副社長
中国・北東アジア総代表

本間哲朗

パナソニックはトヨタ自動車、ソニー、日立製作所とともに日本を代表する偉大な会社であり、世界中の人々の日々の暮らしに必要な家電製品をつくる会社です。次の10年に向けパナソニックが世界の人々になくてはならない会社であり続けるための活路はどこにあるのか。中国・北東アジア総代表としてリーダーシップを発揮される本間氏のご意見をうかがいました。（2022年10月18日）

教訓

【成長エンジンになる】

パナソニックは日本経済の失われた30年に歩調を合わせてしまった。会社全体として厳しい構造改革を続けてきたが、成長力を復活させることはできなかった。経営者も社員も懸命に戦ってきたが、成長という目的は未達である。3年前に中国に赴任し、心に期した目標は、中国のGDPの成長を上回る成長を実現することであった。パナソニックは中国で様々な事業を運営し、70を超える拠点で5万人以上の社員が活動している。この巨大な組織を成長軌道に乗せることは容易ではないが、中国での成長がパナソニック全体の成長を牽引する大きなエンジンの一つになることを目指した。そして実績は上がり、今、この目標の実現に手ごたえを感じている。

【マーケット・インのアプローチ】

以前のパナソニックは、様々な事業が独立に運営され、事業戦略や計画の策定、推進は事業ごとに日本にある本社が強い権限を持って行っていた。その結果、自然にプロダクト・アウト型のビジネス運営になっていた。これでは、中国に本社を持つ中国企業や中国に権限を委譲する外資企業に勝つことはできない。市場の深い理解にもとづく判断、意思決定や行動のスピードで競争企業に後れをとってしまう。この問題を解決するため、パナソニックの家電・住設・空調事業は中国にあたかも一つのカンパニーのように運営する自治権を与える決断をした。

【時流を捉え、先進する①】

パナソニックはもともと先進性を持って事業を展開した会社である。有名な水道哲学（日本中の人に良質で安価な生活用品を提供する）や第一線に責任と権限を委譲する事業部制がその代表例だ。ただ、過去の成功を継続するだけでは価値を生まない。時流を捉え、先進的なソリューションを開発することがパナソニックのＤＮＡだ。中国におけるその一つの取り組みが健康都市開発だ。住宅、建材、生活家電、健康機器など、パナソニックが持つ技術や製品を結合し、中国の人々、特に急速に増大する高齢者に健康と快適な暮らしを提供する一大プロジェクトを始めている。

【時流を捉え、先進する②】

中国ではＤＸが当たり前のように進んでいる。従来、メーカーはつくるだけで、販売や物流は流通業者に依存していた。しかし、インターネットと関連する技術は、メーカーが消費者と直接にコミュニケートし、商品を紹介し、販売する事業モデルを可能にしている。パナソニックはこの時流を捉え、様々な試行錯誤を始めた結果、勇気づけられる成果が生まれている。ＩＴにおける中国の力は強大だ。国民皆スマホであり、それを支えるセキュリティ技術の進歩は早い。デジタル、ビッグデータ、ＡＩは中国の国策だ。日米欧をつなぐ強力なサプライチェーンが発展している。それと若者を尊ぶ風土があり、経営陣が若い。パナソニックはこの力を活用する。米中の対立、摩擦が高まっているが、状況を傍観するのでなく、リスクを把握し、マネージするためにも中国に深く関わり、中国を理解することが重要だ。

【社会に貢献する】

パナソニックは中国で最初に井戸を掘った会社として中国の人々に知られている。鄧小平氏が改革開放政策を始めたとき、頼りにしたのはパナソニックだった。創業者は中国に最初の拠点をつくり中国の経済の発展に貢献した。中国においてパナソニックのブランドの知名度は非常に高い。日本企業ではナンバーワンと言える。中国で最初に井戸を掘る決断は狭いビジネスの視点ではできない。この社会に貢献するというマインドセットを大切に守り、挑戦を続けていきたい。

【主役は中国人社員】

中国における以前のパナソニックは、日本人中心の経営であった。管理職に占める中国人の比率は低く、中国人が主体性を発揮する機会は限られていた。この運営の形を、一気に根本的に変えた。管理職に占める中国人の割合は急速に高まり、今は中国人が主役になっている。日本からの出向者は支援者、良い意味での脇役に徹している。本社とのコミュニケーション、本社のリソースの活用の面で日本人が活躍している。脇役の役割は重要だ。脇役が良くなければ主役は光らない。

【中国人社員から刺激を受ける】

完璧な人はいない。皆、強みと課題を持っている。中国人の強みはリスクをとっての挑戦心、主体性の発揮、判断と行動のスピード、ビジネスのマネジメントやＫＰＩの上手な活用などで日本人が学べることがたくさんある。こうした彼らの強みを日本に輸入すべく中国人と日本人の交流の機会をつくっている。中国人社員にも日本に蓄積された日本人の良さを学んでほしい。品質や安全へのこだわり、そのための仕事の仕方を学ぶことは、中国での成功のためにも必要だ。

【起業家精神の支援】

パナソニックは中国で新しい取り組みを始めているが、参加する社員のオーナーシップが大切だ。そのための創意工夫を始めている。参加する社員が投資をし、リスクを共有し成功にコミットし、達成のあかつきにはより高い報酬を得ることができるような報酬プログラムも始めている。報酬で起業家精神を生み出すことはできないが、起業家精神のある人材を勇気づけることは大切だ。

【中国人経営者の育成】

パナソニックのリーダーとして活躍するポテンシャルを持つ人材は本社経営陣にも積極的に紹介し、彼らの成長を支援している。人材の発掘は重要な仕事であり、総代表である自分も現場に足を運び、対話し、彼らの仕事ぶりを観察している。物をつくる前に人をつくる、というパナソニック創業者の言葉を肝に銘じ、取り組んでいる。

感想

本間氏へのインタビューには、中国におけるCHROである西孝之氏にも参加していただいた。次の10年間、すべての企業が自分の利益だけでなく、地球、人類、社会に貢献することが当然の時代に入っていきます。中国における健康都市の開発は、先進的な取り組みです。パナソニックの成長は中国が牽引する、そんな希望を持ちました。また、お二人が大変な重荷を背負いながらもお仕事を楽しんでいるような様子を拝見し、「仕事を楽しむ人には誰もかなわない」という紀元前500年頃の孔子の有名な言葉を思い起こしました。

オリエントコーポレーション
代表取締役社長

飯盛徹夫

今、洪水のようにあふれる言葉はDXです。デジタル技術を使って革命を起こす可能性のある企業はあるのか、探索しました。私は、オリエントコーポレーションに注目します。オリコのブランドで有名なコンシューマーファイナンスカンパニーです。信販業界の名門と言われる企業ですが、次の10年を見据え、先進テックカンパニーへの進化を目標に掲げ、挑戦を始めています。その思いをうかがいました。

（２０２２年８月25日）

教訓

【見えない危機】

オリエントコーポレーションは１９５４年に広島で創業され、70年を超える歴史を持つ。もちろん、すべての企業と同様に、オリコにも苦難の時代があった。しかし、オリコの先輩たちはそれを乗り越え、会社を継続させてきた。今日では祖業の割賦販売に加え、クレジットカード事業、決裁・保障、銀行保証事業の分野で経験を蓄積し、健全な業績を上げている。オートローンではナンバーワンの実績がある。ガバナンスやリスク管理の体制も確立している。真面目で勤勉な社員が全国で活躍している。このような現状を見れば、明日会社がなくなる、などということは誰も想像できないと思う。しかし、２０３０年のオリコはどうだろうか。２０３０年の時点でオリコが存在感のある会社、繁栄する会社になっているだろうか。危機という言葉はチャンスと言い換えることができる。私は良い意味での危機感を感じている。

【先進テックカンパニーになる】

オリコは先進テックカンパニーになる条件を満たしている。長い歴史を通じて築いてきた全国の中小事業者と生活者との「関係」がある。彼らはユーザーでありパートナーだ。一部の大企業、一部の地域、一部の富裕層との関係でなく、広く、多様で数多くの関係がある。この大量の「個」にオリコの社員は対応してきたのだが、これからはテクノロジーという強力な援軍が到着したと言える。テクノロジーの力はマスへの広い対応力だ。この力を活用する会社にオリコはなることができる。それを追求すれば、オリコは先進テックカンパニーになっていると思う。それが2030年のオリコの姿だ。

【ミッションに目覚める】

歴史と伝統のある会社には既存の商品がありサービスがある。それを支えるオペレーションがある。気をつけないと商品、サービス中心の考え方、行動になってしまう。毎日のルーティンの活動があり、それをやることで一日が終わってしまう。これはどの企業でも起こってしまうことだが、それを放置すると成長はない。解決策はミッションだと思う。すべての社員が仕事をする目的、誰のためにどんな問題を解決し、どんな貢献をするのか、を考えることが企業の生命線だと思う。ミッションを持てば、改善の意識が高まる。改善の意識が高まれば、そこからイノベーションが生まれる。

【社員との対話に努力する】

オリコでは4000人の社員が働いている。私はできる限りの時間を使い、対話をしている。先進テックカンパニーは人間が機械を最大限に使う会社であり、その逆ではない。すべての社員には膨大なエネルギーが潜在している。そのパワーを最大限に解き放つことと、社員の知恵、経験を徹底的に活かすことが、企業の繁栄の王道だと思う。社員が成長すれば企業は成長する。社員が成長しなければ企業は成長しない。オリコは人材の育成という企業の基本に戻り、人材への投資をしていきたい。

【好奇心を持って外と関わる】

オリコは大企業だ。社員は日々の仕事に一生懸命に取り組んでいる。このことに感謝したい。しかし、オリコの前に広がるチャンスを活かすためには、自分自身を含む経営陣、幹部、すべての社員が好奇心を燃やすことが大切だ。好奇心は人間が成長する本能だが、成長し、成熟すると忘れてしまうものである。前にも述べたように、オリコには膨大な人間関係がある。関係を深め、彼らの思い、悩みを徹底的に知る努力をしよう。そして彼らの問題を解決するために何ができるかを考えよう。解決する手段がオリコになければ、それができるパートナーを探そう。わからないことがあれば、もう一度、勉強しよう。オリコはそのような社員を真剣に支援する会社になる。

【一歩、先に行く】

オリコには「夢を叶える」というスローガンがある。お客様、パートナーに寄り添い彼らの夢の実現を支援するということだ。これからも続けていく。しかし、これからは一歩、踏み出す必要がある。顧客やパートナーが表現できないニーズ、潜在する問題やチャンスを積極的に探し、彼らに語りかけていく能動的な姿勢と行動が必要だ。次の10年、日本にとっては難しい時代だ。課題が山積している。だからこそ、オリコの社員には、大きなテーマを見つけ、社会に貢献するというワクワクする機会が広がっていくと思う。

【グループの力を使う】

オリコにはみずほ銀行と伊藤忠という強力なサポーターが存在する。オリコが唯一無二のコンシューマーファイナンスカンパニーになるために彼らの力を学び、活かすことが重要だ。外と交わるというのはグループと交わるという意味も含めて考えていく。これからはコミュニティをつくることが重要になる。大きな課題、テーマは一つの会社だけで解決することはできないからだ。オリコがコミュニティの結節点になることを期待している。

【世界で活躍する】

オリコの事業は日本だけでなく、世界に開かれていく。タイ、フィリピン、インドネシアには既に進出し、事業を展開している。成長を続けるアジアにオリコが蓄積した経験、技量やノウハウを提供し、同時にアジアで先行するDXの先進事例を日本に導入する。そして日本とアジアの社会に貢献し、なくてはならない会社になる。そのような希望を社員と共有し、実現したいと考えている。

感想

社員の力を信じ、社員のパワーにオリエントコーポレーションの未来を託す、人材の育成に徹底的に取り組む、というパッションに感銘を受けました。全国で生活する日本の大衆、成長するアジアの大衆のニーズを先取りし、解決する、そのために先進テックカンパニーになる、という順番の大切さを学びました。デジタル人材の獲得、デジタル教育の推進という、手段であるべきことが目的になっている風潮に違和感を持つ筆者としては、「社員のミッション」から始めるという飯盛社長の行動に強く共感した次第です。

中外製薬株式会社
代表取締役社長
奥田修

中外製薬は21世紀に大きく飛躍した会社です。日本のバイオ医薬品のトップメーカーであり、社員のエンゲージメントが非常に高い会社として有名です。100年に近い歴史を持つ伝統企業がなぜ脱皮を繰り返し、若い企業のように成長を続けているのかについて話をうかがいました。
（2022年11月14日）

教訓

【連綿と続く理念】

中外製薬は、関東大震災に遭遇した上野十蔵が、深刻な医薬品不足を解決しようと、1925年に創業した会社である。「世の中の役に立つ薬をつくる」という創業者の理念は、当社の存在意義（Mission）「革新的な医薬品とサービスの提供を通じて新しい価値を創造し、世界の医療と人々の健康に貢献します」にも連綿と受け継がれている。世の中には、いまだ有効な治療法のない疾患が数多くあり、治療を待ち望む患者さんは世界にたくさん存在している。こうしたアンメットメディカルニーズに挑戦し続けることこそ、中外製薬グループの使命であり、価値創造の姿である。価値創造の軸足は、革新的な医薬品を生み出し、それを患者さんに届けること。そこに持続的な社会の発展と当社の成長機会がある。常に「患者さん」を中心に考え、イノベーションを追求してきたことが当社の成長・繁栄を支えてきたものであり、今後も変わらないものである。

【変革に挑戦する遺伝子】

中外製薬の歴史を振り返ると、常に変革への挑戦を続けてきた会社だと言える。最初は「グロンサン」などの大衆薬の分野で会社の基盤をつくってきた。しかし、1960年代に入ると医療用医薬品中心の経営に大きく舵を切る。そして1980年代にはバイオ医薬品の分野に焦点を当て、革新的な技術開発に挑んでいく。あえて既存の分野から未知の分野に転身するのは容易ではないが、これが中外製薬の遺伝子だと思う。患者にとって満たされないニーズがあるのであれば、果敢に跳躍する。この原動力は社員の力だ。経営者がこれをやれ、あれをやれと命令するのではなく、熱量のある社員がやりたいと思い、手を挙げ、会社は社員の活動をサポートし、勇気づける。トップダウンでなくボトムアップの文化をこれからも後押ししていく必要があると思う。

【ロシュとの戦略的アライアンス】

2000年代には、世界的な製薬企業であるロシュとの戦略的アライアンスを開始。このアライアンスはスキーム自体が非常に秀逸である。中外製薬は自主独立経営を維持し、ロシュ製品を国内で独占的に開発・販売することで安定的な収益を確保でき創薬への集中投資が可能になる。さらに自社創製品をロシュに導出することで、グローバル市場に展開することが可能となり、成長を牽引できる。ロシュにとっても革新的な中外品をグローバル市場で販売することができ、WIN-WINの関係である。

アライアンスを成功させる鍵は、パートナー同士の信頼である。信頼は人間関係から始まる。ロシュグループと中外製薬の間で社員の交流を活発に行っており、これまでに200名を超える社員がロシュグループに派遣されている。私自身もロシュのアイルランドで社長を務めるというアサイメントを経験した。ロシュの社員も中外製薬に派遣されている。こうした交流は相互の信頼関係を確立するために極めて重要であるとともに、相互の学びとマインドの変容につながる。ロシュという巨大なグローバル企業の企業運営のプロセスや仕組みは、大規模な会社に成長した中外製薬にとっても学ぶべきことが多い。

【イノベーションを続ける】

中外製薬はロシュとのアライアンスを基盤に日本における地位を格段に高めると同時に、イノベーションを通じて世界に革新的な医薬品を提供している。イノベーションにはすべての社員の貢献が必要である。研究、開発だけでなく、生産や営業、コーポレートスタッフも全員が日々、新たな革新への取り組みを続けることが大切。私を含む経営陣は社員とのダイアログを大切にし、各事業所や支店に積極的に出向き、社員と直接交流・対話する時間を大切にしている。社員の思い、願い、アイデア、不安や課題を聞くことが重要だ。経営陣にとっても貴重なヒントやアイデアが得られる。

【多様性を磨く】

次の10年、技術の加速的な進歩、社会と地球環境の大きな変化が予想される。そのなかで中外製薬は医薬品にこだわり、連続的なイノベーションを創出していく。そのための課題は何か。成功体験に縛られることなく、柔軟かつ機動的に環境変化に対応し、進化し続けることだ。そのために重要なのは多様性だと思う。人種や性別、年齢などの外形ではなく、経験や知識、考え方や価値観においてダイバーシティ&インクルージョンを推進していく必要がある。そのためには外にも目を向け、多様性を尊重するもとになるネットワークを開発することが重要である。これからのヘルスケア業界は、デジタルな技術が事業推進のあり方に大きな影響を与える時代で、医療の分野は質的にも量的にもデータの宝庫だ。よってイノベーションの実現には、デジタル人材を含む高度な専門人材や異能人材の活躍が必要不可欠になってくる。当社の取り組みに魅力を感じ、他の業界からも中外製薬の一員になってくれていることに非常に心強く思っている。

感想

成功した組織は放っておけば、その体験に満足し現状を維持するという易きに流れます。中外製薬は自然に自己変革する組織です。第Ⅰ部第1章で述べたラーニング・オーガニゼーションの特徴を持つ数少ない会社だと思います。ピーター・センゲ氏が今、このテーマで本を書いたとしたら中外製薬を事例として取り上げたと思います。中外製薬の業績は絶好調です。2022年12月期の売上高は1兆2300億円、営業利益5100億円、営業利益率41・4％という医薬品業界のなかでもダントツの成績です。これだけ高い水準の成果をあげてしまうとそれを維持するだけでも大変な挑戦になります。しかし、海外に目を向ければさらに高い頂が存在します。バイオ医薬品のトップメーカーであるアムジェンです。1986年に設立された若い会社ですが、中外製薬と同様にUnmet Medical Needs の克服という志で生まれた会社です。2022年12月期の売上高は約260億ドル、営業利益は約76億ドルを見込み、36年間で中外製薬の3倍の規模のバイオ医薬品のグローバルメーカーに成長しています。その意味では中外製薬にはまだ充分な伸びしろがあると言えます。そのために何が必要か。それは中外製薬のこれまでの歴史を築いてきた社員の良い意味でのハングリー精神、健全な危機意識を絶やさず、維持していくことだと思います。

東和浩

株式会社りそなホールディングス
前取締役会長

りそなグループの過去20年間は本当に「失われなかった20年」であると思います。1990年代の資産不況による負の遺産を乗り越え、日本随一のリテールバンクの地位を確立されました。何が奇跡のような復活を可能にしたのか、話をうかがいました。

（2022年11月15日）

教訓

【危機感がバネになった】

りそなグループの過去20年は苦闘の歴史だったと思う。2003年には2兆円（総額3兆円）もの公的資金が投入され、金融機関としての再生に取り組んできた。幸いに2015年までに全額を返済することができ、健全な体制に戻った。ありがたく思うのは、この期間、りそなの資産の質と規模が格段に成長したことだ。その背景には、顧客基盤がしっかりと拡大したことがある。なぜ、りそなは復活することができたのか。それは危機感をバネにすることができたからだと思う。2004年頃、IBMの再生をリードされたルイス・ガースナー氏が来日したとき、当時の会長であった細谷英二と一緒に面談の機会を得た。ガースナー氏も危機感を再生のバネにすることの意義を語っていた。危機感は経営者だけにあっていても力にならない。全組織が共有することが重要だ。危機感を共有するとは、全社員が積極的に変革を起こしていく状態をつくることに他ならない。「銀行の常識は世間の非常識」という言葉を掲げ、社員一人ひとりが自分事として問題を見つけ、解決策を考えることを重視した。徹底的に顧客の立場になって発想する。支店運営の変革は世間でも評判になったが、これらの改革は、社員が密かに温めていたアイデアや提案を経営が取り上げ実行したものだ。経営が考え社員に実行させるというトップダウンでなく、ボトムアップのアプローチだ。現場には、多くの問題意識やアイデアが詰まっている。経営の役割は、それらを浮かび上がらせ取り上げて背中を押すことだ。りそなは海外事業の縮小など構造改革を行ってきたが、基本は顧客起点、現場起点の改革であったことを強調したい。

【レイヤーの壁を除く】

そのために重要なことは、組織のレイヤーの壁を取り除くことだ。経営の考えをヒエラルキーを形づくる各レイヤーを通じて順番に伝えようとすると、正確な意図は現場に届かない。また現場の問題意識、アイデアや構想を、レイヤーを通じて吸い上げようとすると、細やかな顧客志向が削ぎ落とされてしまう。そうならないように経営者は、現場とコミュニケーションを続けなければならない。経営者としてコミュニケーションの相手は、社員、顧客、そしてパートナーや株主・投資家と多彩だ。自分は経営者としての時間の70%をコミュニケーションに使ってきたと思う。経営者としての判断、意思決定は重要だが、それに長い時間をかける必要はない。現場とのコミュニケーションを深めていれば改革のストーリーは自然に浮かんでくるものだというのが私の実感だ。

経営者が個室に閉じこもっていてはダメだと思う。例えば、大昔は役員専用の食堂などレイヤーごとの食堂があったものだが、私はこれは問題だと思っていた。今では全員が同じ社員食堂で社員と席をともにし、コミュニケーションを取ることができる。また私はコールセンターに行って社員と話をすることを、楽しみにしていた。コールセンターは顧客が最初にコンタクトしてくる窓口だ。顧客の不満、苦情そして喜びなど重要な情報が集まってくる。経営のヒントを得られる宝庫と言っても良い。りそなでは、私だけでなくすべての経営陣がそのようなスタンスで仕事をしている。

【りそなの企業文化】

りそなの文化の特徴は何か。私は社員が「違い」を意識していることだと思う。他社のやり方を見て横並びで考え、行動するのでなく、顧客と社会を見てベストのことを考える。その結果として、りそなならではの「違い」

が生まれる。計画づくりに時間をかけるのでなく、素早く実行するというのも、りそなの特徴だと思う。スピードも「違い」につながるものだ。社員には「とにかく早くやろう」と言ってきた。いわゆる多様性への取り組み、女性活躍への取り組みの歴史もりそなの「違い」の一つだ。会社が再生し成長するためには、地位や役割、立場に関係なく、りそなで働くすべての社員に活躍してもらう必要があった。その結果、顧客志向という一致した目標に向けて多様なアプローチを行うことのできる特異な会社になったのだと思う。

【独善の罠にはまらない】

りそなの次の10年の発展を阻むものは何か。それは「独善性」だと思う。成功体験を積むと身内の論理で考え、自分たちは正しいと思いがちだ。そうならないためにいま一度、顧客起点、現場起点で考える。広く外を見る、そしていつも危機感を持ち続けることを意識する。そうすれば企業は、虫が脱皮するように自分を変え、成長できるのだと思う。社員には、りそなの挑戦の歴史を風化させないように研修も含め様々な場でそのときの経験を伝承する努力を続けている。厳しい時代を知らない社員も増えており、このことは大切だと考えている。私は「仏師」の言葉が気に入っている。彼らは「仏をつくっているのでなく、木のなかに眠る仏の心を掘り出していくのだ」と言う。自分も、社員のなかに眠る一人ひとりの個性を引き出していくことが経営者の役割だと考えている。

感想

「危機感をバネに」という言葉に感銘を受けました。危機感は経営者だけが持っていても始まらない。本当にそのとおりだと思います。強い使命感を持ち、私生活を犠牲にして会社の再建に取り組んだ多くの経営者が共通して嘆くのは、社員に自分の思いが伝わらない、ということでした。東様はその難題にぶつかり、乗り越えたのだと思います。現場とのコミュニケーションに時間の7割を使う、自分の役割は仏師の役割というメッセージも、教訓になりました。

企業には順風の時代、逆風の時代があります。今のりそな銀行は順風の時代にあるように思います。順風の時代に社員が危機感を持ち続けるために企業は何をしたらよいか、インタビューの後、私の頭に残った問いでした。危機の英語はCrisisです。その語源は勇気を持って試みるということです。社員が勇気を持って試みる、そのためには社員は問題意識を持たなければならない。社員が問題意識を持つには何が必要か。そんなことを考えていました。いくつかのアイデアはありますが、まだ、決定的な答えは見つかっていません。ニトリの似鳥社長は店舗を訪問するとき、店長に問題はないか、と尋ね「問題はありません」「順調です」という返答を拒否すると言われていました。トヨタ自動車の現地・現物は問題を発見することと同義語でした。社員同士の会話のなかにいつも問題の発見を意識する習慣をつくり続けること、それが一つの答えかもしれない、そう思います。

伊藤忠商事株式会社
代表取締役副社長
執行役員CAO

小林文彦

今、人的資本経営という言葉が流行し、多くの企業が統合報告書の作成に汲々としています。そうしたなかで流行を追うのでなく、「人」の大切さに真心を込めて取り組んできた会社が伊藤忠商事だと思います。過去20年、この問題に真面目に本気で挑戦してきた会社の代表格である伊藤忠の話をうかがいました。

（2022年11月28日）

教訓

【人事を経営の根幹に据える】

伊藤忠は1999年に人事制度の大きな改革を行い、社員が「働きやすい」会社の実現に向けて努力してきた。しかし、振り返ると制度の導入という面にとどまり、人事の取り組みの意図が社員の心に深く浸透するという状態ではなかった。権利だけを主張する社員も増え、制度が形骸化する懸念を感じた。2000年代以降、多くの日本企業は米国流の経営、戦略経営や構造改革、人事における成果主義などを信奉し、幾多にもわたる人事管理手法を導入してきた。伊藤忠は単純にはこの流行に乗らなかった。「べた」に徹し、か・け・ふ（稼ぐ、削る、防ぐ）を追求した。様々な人々の生活の現場に身を置き、彼らの努力に感謝し、伊藤忠は何をしたらいいのかを素直に考え、愚直に実行してきた。それは伊藤忠の原点、近江商人の仕事の仕方に思いをはせ、誰かの役にたつという精神を大切にすることでもあったと思う。2010年にいま一度、新たな改革を始めた。改革の基本を「厳しくとも働きがいのある会社」に改め、伊藤忠の神髄である現場の社員力を持続させる、今の言葉で言えばサステインするということであった。伊藤忠の社員数は他の大手総合商社と比較すると70％程度で、少数精鋭を貫いてきた。また伊藤忠は、社会の人々の生活に関わる分野で事業を広げてきた会社である。この二つの環境の下で競争力を得るためには、無駄な仕事や時間をなくし、価値ある仕事に社員のエネルギーと時間を集中させ、労働生産性の向上をはかることが必要であった。大切にしてきたのは次の5つの基本原則である。①社員一人ひとりがより力を発揮、②厳しいが温かい、③成果にこだわり適正に配分する、④労働生産性の向上を定量目標とする、⑤「三方よし」の理念に沿ったものとする。

【フレックスタイム制の廃止】

フレックスタイム制は表面的に見れば社員の働き方の自由度を高めるというもので否定するものではない。しかし、伊藤忠はこれを廃止した。契機は東日本大震災だった。被災地の人々、被災地に出向き苦闘する多くの人々がいるのに伊藤忠の社員は普段どおりフレックスな出勤を継続している。社員は鈍感になっていないか、社会に関わるという精神が失われているのではないか、という当時の社長の危機感が理由であった。もちろん短兵急な変更はできない。組合ともていねいに対話を行い、慎重にことを進めた。

【朝型勤務の支援】

人間の生産性が高く発揮されるのは、疲労が蓄積された夜でなく朝である。その日に訪問するお客様に何を言うか、どんな提案をするか、すっきりした頭で考えればよいアイデアも生れ、お客様の役に立つと考えた。夜の残業を止め、必要であれば朝に残業するという制度を導入した。早朝の勤務に対して時間外の手当を支払う。魅力的な朝食のメニューを開発し、社員が朝型の勤務を楽しめる環境を整えた。この結果、従来の夜の残業を大幅に減らすことに貢献した。日本企業として初めての取り組みであったと思う。伊藤忠は労働生産性を上げるために、掛け声だけでなく、斬新なアイデアを創意工夫して形にしてきた。

【健康経営に本気で取り組む】

伊藤忠は社員の健康維持がすべてのステークホルダーに益するという伊藤忠健康憲章を採択し、あらゆる施策を考え、導入してきた。がんを未然に防ぎ、がんになっても仕事と治療の両立を可能にする制度と仕組みを導入してきた。社員の日々の健康管理を支えると同時に万が一、健康を害し、働けなくなってもその本人と家族の生活を徹底的に支える活動を進めてきた。国立がん研究センターとも包括的に協力し、がんとの闘いで共同戦線を結び、様々な取り組みを進めている。この取り組みは、女性の活躍推進にも重要だ。男性と比べて女性は30～50代の就労期間に罹患する割合が高く、より手厚い支援が必要になるからだ。制度導入の契機やそのプロセスは、できる限り社員にイントラ等を通じて開示するだけでなく、トップ自らの発信を通じ、会社の本気度が伝わるようにしている。

【社会に貢献する】

これらの取り組みは社会的にも話題になり、政府や行政の関係者からも賛同の声を戴いた。また、多くの企業が伊藤忠の取り組みに関心を持ち、激励や質問が数多く寄せられた。見学したいという要望も含めて伊藤忠はそのすべてに対応してきた。伊藤忠だけが良くなればということでなく日本社会を良くしたいという思いがある。健康経営も頭で考えるものでなく、心で思うことが大切だと思う。伊藤忠では経営者も社員もそのように考え、行動していると思う。このことは、「三方よし」、自分の会社と顧客だけでなく社会に貢献する理念に合致することだ。

【現場を守る】

伊藤忠は日常の社会生活の現場と深く関わる会社である。人々の生活を支えるスーパーやコンビニ、そのベースになる物流の現場で何が起きているか、敏感に察知し、俊敏に行動することが大切である。すべての社員が現場起点、生活者起点で価値を創造し、社会に貢献することを大切にしている。これがマーケット・インの視点である。一人ひとりの社員がなすべきことは、無限に広がっていく。

【改善を継続する】

伊藤忠は社員のエンゲージメントや働く環境の充実に関心を持つだけでなく、他の企業との比較を含め、状況を可視化する努力を続けている。社員のエンゲージメント調査を定期的に実施し、それを開示し実質的なKPIと指標を注視している。日本企業としては高い水準にあるようだが、慢心せずに改善、改良をしていきたい。会社が外からどう見えるかも重要な視点だ。マスコミ各社が調査する、学生から見た企業の評判も上々であるが、こうしたことが企業の繁栄を持続させる基盤になると考えている。

感想

本書で紹介した井戸を掘る話を思い起こしました。働きがいのある会社、働きやすい会社というテーマは、どの会社も取り組んでいます。しかし、制度を表面的に取り上げるのでなく、井戸を深く掘り続け綺麗な地下水脈に届くまで愚直に努力を続ける会社は少ないです。伊藤忠の取り組み、世間の話題になる施策は、奇をてらうものではまったくなく、頭で考えるのでなく、心で考えた結果生まれた作品である、そんな強い印象を受けた次第です。コロナ禍の現場で働く伊藤忠グループ会社の方々への応援メッセージ・ビデオを見ました。彼らの奮闘の様子を紹介するのですが、印象的なのはすべての場面の紹介が「ありがとう！」という言葉で終わっていて、心にしみるものでした。伊藤忠にはそのような心、感性をもつ社員がいるのだ、と感銘をうけました。単に、頑張れ、頑張ろう、などというありきたりの表現ではないのです。こうした方々にはワクチンの職域接種が日本最速のスピードで行われたのですが、エッセンシャルワーカーの方々のなかには優先接種に漏れてしまう職業の人がいました。伊藤忠の社員はそれを見つけ、独自に職域接種の対象とし、行政に対応を促したのです。

伊藤忠は米国流の経営スタイルに乗らなかった、という話をうかがいました。この経営スタイルは本書で述べてきたように20世紀末に終焉したもので、１９９０年代の米国企業の低迷の原因になったものでした。伊藤忠はそのことを見抜いた数少ない日本企業であったと思います。

日本には創業者の素晴らしい志、思いで始まった伝統企業が少なくありません。しかし、その多くの企業で創業の魂は額縁に囲まれたお題目になり、言葉だけが空しく踊っています。伊藤忠はそうならなかった会社です。だから、流行に乗るのでなく、正しい道を歩むことができたのだと思います。本書の法則10で述べた「ハイカラでなく愚直」を体現する会社であり、人間が持つ無限の可能性を心から信じている会社だと思いました。

ランス・スチュアート

Vici Partners
シニアアドバイザー

本書で明らかにした「成長10の法則」は日本企業だけに当てはまるものか。世界に汎用性があるのか。米国で企業再生のプロフェショナルとして活動するVici Partners（マッキンゼーでパートナーを経験したメンバーが共同で創設した会社）のシニアアドバイザーであるランス・スチュアート氏に話をうかがいました。（2022年11月3日）

教訓

【利益の成長を止めた企業の共通の特徴】

米国でも衰退し、成長を止め、利益を創出できなくなった企業は数多く存在する。これらの企業には共通の特徴がある。①議論を避けリスクを恐れ現状維持で満足する、②社員は自分の仕事の殻に閉じこもりそれを壊すことを拒む、③必要な情報が不十分で経営者は意思決定ができない、④第一線のマネジャーに問題を分析し真因を明らかにするスキルや課題と対策を経営に説明するコミュニケーションのスキルが備わっていない、の4つである。我々はこうした会社の再生を支援するプロフェッショナルであるが、次のような法則を重視している。

【人を責めない。問題を責める】

会社が大きな問題に直面したとき、多くの企業は問題を引き起こした責任者をあぶり出し責任を追及する。人を責める文化があれば、人は問題を隠し、問題に触れようとしなくなる。そうではなく、問題を見つけることを称賛し、人ではなく問題を追及する。社員や顧客が持つ不平、不満の背景にある問題を探す。真の問題が定義されなければ、解決策は生まれない。

【Quick Winで弾みをつける】

小さな改善へのアイデアを馬鹿にしない。最初からホームランを狙うのでなくヒットを積み重ねていく。どんなに小さなアイデアでも、実行し問題を解決すればそれは社員の自信になり、それが積み重なれば大きな成果になる。長い停滞を経験した企業では社員が成功体験を経験する機会がなくなり、成功体験がなければ人は希望を持てない。希望がなければ人はすぐに諦める。小さな体験でもそれが成功体験であれば、改革に挑むパワーになる。

【第一線の社員が改革の中心になる】

第一線のマネジャーが鍵を握る。彼らは会社の問題を知り、解決の知恵とアイデアを持っている。顧客の悩みや課題、競争企業の動きを認識している。彼らに潜在する知恵とパワーを解放する。彼らが実行への責任を自覚し、指示されるのでなく、主体的に責任を持って取り組むことが、改革の成功への王道である。我々はトップダウンでなく、ミドルボトムアップのアプローチと呼んでいる。そのためには、経営と第一線とのコミュニケーションを阻む階層の壁を除く必要がある。

【No PowerPoint】

美しい、カラフルなプレゼンテーション資料をつくるために使う時間は無駄である。本質を極めるファクトと分析、自分の言葉で語れるストーリーが力になる。パワーポイントに頼らず説明することで、人の思考は研ぎすまされる。パワーポイント資料の厚みと会社の業績は反比例するというのが、我々の経験だ。

【まずはやってみる】

100％の完璧を目指し、計画づくりに時間を使うのでなく、まずやってみる。実行し結果を見て軌道修正をする、というスタイルを組織の文化にすることが重要だ。80：20のルールがある。80％程度の成果を目指すのであれば、20％の労力でできる。100％の完成を目指せば、5倍の労力が必要になる。まずは100点でなく80点で良しとする。100点を目標にすると、膨大な時間とエネルギーが求められる。もちろん、日本企業が究極の品質、100％の製造品質を追求していることは理解し、私も賛同する。しかし、会社の仕事には100％の品質を必要としないことがたくさんある。メリハリをつけて欲しいというのが私のメッセージだ。


【経営者は社員と直接にコミュニケートする】

第一線の社員が見つけたアイデアや提案は、ヒエラルキーを通じて経営者に上げるのでなく経営者に直接に提案し、経営者はその場で決断し、その社員に実行の権限を与える。我々はそのためのプロセスとプロセスを支える進捗管理のためのソフトウエアや様々なツールキットを持ち、それらを企業に移植する。


【人材を見出す】

第一線のマネジャーが重要だと述べた。意欲を持ち知恵と経験を持つ社員は、必ず存在する。経営者は、そうした人材を見つけ出し大きな役割と責任を与える。彼らのパワーを最大限に発揮させ、ガイドし、エンパワーすること、それが経営者の重要な役割だ。企業再生のプロジェクトでは、そのような人材をメンバーとして登用することが成功の条件となる。


【成果は持続する】

我々の経験では、これまで紹介した法則を使えば企業の利益率は7％ポイント上昇する。1000億円の事業であれば、利益が70億円増える。トップダウンによる改革は一次的な成果は出るが、成果は継続しない。ミドルボトムアップのアプローチの成果は継続する。なぜならば、このプロセスを通じて社員の力量が高まるからだ。社員の成長が、企業の成長につながるのだ。

感想

企業の成長の法則は古今東西、変わらない。このことをランス・スチュアート氏のメッセージから受け取りました。特に、本書の第Ⅱ部第1章で述べた「個を活かす経営」、第2章で述べた「戦略よりも実行」という法則の意義を強く感じ、確認した次第です。ランス・スチュアート氏の話でもう一つ印象に残ることがあります。それは「Quick Win で弾みをつける」というメッセージです。日本の企業人もこの言葉を聞いた人は少なくないと思いますが、米国の企業人は成功体験の重要性を強く信じているようです。有名な心理学の実験で「溺れるラット」という話があります。ラットとは実験に使われる小型のネズミです。ラットを水の入ったバケツに落とすとほとんどのラットは数分で諦め、溺れ、息絶えてしまう。しかし、一度、飛び出すことに成功した体験をもつラットをもう一度バケツに落とすと、成功体験が希望を与え、数分でなく24時間も諦めず、生きる努力を続けるという話です。どんなに小さくても成功体験を積ませることの重要性を、彼は語っていました。

ランス・スチュアート氏は、米国にある日本企業で成長を停止した会社の再生に取り組むいくつかのプロジェクトを経験しています。興味のある方は彼に直接コンタクトしてください。まずは海外で成長力を復活する成功体験を積むというアプローチもあると思います。メールアドレスは lstuart@vicipartners.com です。

トヨタ自動車株式会社
総務・人事本部本部長

東崇徳

30年前、三河のトヨタと言われた会社が成長を続け、売上高31兆円、従業員数37万人のグローバルカンパニーになりました。豊田自動織機、デンソー、アイシンなど多数の関係会社を加えるとトヨタグループのインパクトは日本のGDPの10%に相当すると言っても過言ではないと思います。このマンモス企業は、以前、ルイス・ガースナーが再生したIBMを評して使った「巨象も踊る」という言葉を想起させるほど躍動しているように思います。トヨタは自動化でなくニンベンがつく自働化という言葉を使ったほど人を大切にする会社です。トヨタの発展を支えた人事面の取り組みを知るべく話をうかがいました。

（2022年11月21日）

教訓

【一気呵成のグローバル化】

1990年代のトヨタ自動車は、日本市場での販売と輸出を中心に発展したドメスティックな会社であったと思う。それが2000年代に入ると一気にグローバル化に舵を切り、毎年、数十万台規模の新しい会社をつくるように怒涛の進撃を始めた。生産拠点を地球規模で拡大し、社員からしても目が回るようなスピードであったと思う。トヨタウェイをつくり全世界の社員がトヨタ流の働き方ができるように努力を継続した。2000年代の10年間、トヨタは拡大を続け3兆円も視野に入る営業利益を上げるまでになった。

【赤字企業に転落】

順風満帆の2000年代は突然、終わりを迎えた。リーマンショックによる景気の劇的な悪化、北米でのプリウスの品質問題、東日本大震災、タイの大洪水はトヨタにも大打撃を与え、約5000億円の営業赤字を出すまでに至った。トヨタには二つの選択肢があった。一つは、一発逆転のホームランを狙うような取り組みだ。選択と集中、構造改革、リストラというアプローチだ。もう一つは、創業の原点に立ち戻るということだ。トヨタは後者を選んだ。「いいクルマをつくろう」「町一番のお店になろう」という素朴な言葉を社員と共有した。トヨタらしさを取り戻そうということだ。ビジョンや戦略でなく、素朴な社員の日々の活動に思いを寄せたのだ。そのうえでトヨタは大企業病にかかっていないか、真摯に反省した。そして豊田章男が社長になった2009年から抜本的な改革を始めた。改革には4つの柱がある。

・役員人事制度の変革
・社員人事制度の変革
・トヨタらしさを取り戻す闘い
・タイムリーな業務執行

【役員人事制度の変革】

改革は経営層から始めた。現役がやりやすい体制にするため、顧問・相談役制度を廃止した。2009年には67名いた顧問・相談役は、2020年にはゼロになった。地位や役職でなく、役割を果たすことを徹底した。役員の数は2009年には79名であったが、2022年には16名（含む社外取3名）になっている。2019年には重層的な役位もなくし、専務、常務という役職は廃止し、部長、次長職までを包含する2300人の幹部職に統合した。そして役位でなく、「役割と責任」をベースにする処遇体制に切り替えた。従来の本部長、地域のCEOも幹部職の一員である。そのうえで経営層のダイバーシティを進めた。グループ会社からの登用、外国人・女性の登用を進めた。技能系のたたき上げの人材を積極的に経営のなかにも配置した。従来は開発、生産、販売、管理といった機能軸を中心にしていたが、CxO制度を導入した。機能でなく、経営の目線で広い視野で考え、行動することが目的だ。

【社員人事制度の変革】

経営層の変革に続き社員層を対象にした変革を進めた。「全員活躍」「頑張れば報われる」「お天道様が見ている」という言葉を共有している。採用の多様化に努力している。学歴無用を進めた。優秀な学校を卒業したかではなく、トヨタで何をやりたいのか、その思い、パッションを持つ人材を採用した。人事評価や、特にマネジメントポストへの配置には業務の成績だけでなく、「人間力」を重要な要素として定めた。上司の覚えでなく周りからの信頼が大切。敗者復活、頑張れば報われる、を重視している。また、社員の視野を広げる必要を痛感し、社外への出向も促進している。

【トヨタらしさを取り戻す闘い】

大規模な会社になり、「トヨタらしさ」が失われている危機感を持っている。それを取り戻すのは闘いだと考えている。

・事務系7つのムダをなくす：会議のムダ、根回しのムダ、資料のムダ、調整のムダ、上司のプライドのムダ、マンネリのムダ、「ごっこ」のムダの7つだ。「ごっこ」のムダとは、決まったやり方での形ばかりの会議、議論をするだけで決めない会議のようなものを意味する
・社員手帳の発行：トヨタの強みの源泉になる考え方を改めて整理
・トヨタフィロソフィーの策定：モビリティカンパニーに向けて歩んでいく道標として作成
・事務系TPS自主研活動：トヨタ生産方式の神髄を広く深く全社員で共有
・創業年と同じ年に発足した運動部を大事にしている

【タイムリーな業務執行】

激しい変化の時代をトヨタが生き抜くため、業務の執行、リスクへの対応をタイムリーに行い、様々な初動対応をスピーディに進める形を目指し、日々、改善を続けている。社長、番頭、副社長によるトップのミーティングを毎週実施し、問題意識、課題の共有を行っている。社長、地域CEO、CxOが参加する地域CEOミーティングも毎週、実施している。あらかじめテーマを決め、準備するのでなく、挙手制で相談する場だ。リスクの予兆、判断に迷うことを共有し議論する。目的は適切な初動対応だ。この場で全員が共有する。できる限りのことを行っている。チームコミュニケーションを加速するためのSlackの活用、自社メディアであるトヨタイムズを活用した情報発信、など中と外のコミュニケーションに努力している。

感想

「ハイカラでなく愚直」。本書で述べた成長10の法則の最後の法則です。この法則はトヨタ自動車にぴったりと当てはまる。それが際立った印象です。しかし、愚直に行う活動は細部へのこだわりにあふれています。神は細部に宿る、ということをトヨタ自動車はしっかりと認識していると思います。そして当たり前のことですが、改革は上から行う、ということの意義を改めて認識しました。最後に「選択と集中」「構造改革とリストラ」を行わなかったトヨタ自動車が立派な業績を上げ、プロ投資家の評価も受け、日本企業としてジョンソン&ジョンソン、P&G、ネスレなどの世界の超一流企業と比較して遜色のない時価総額になっていることも改めて述べたいと思います。

富士通株式会社
Executive Vice President
CHRO

平松浩樹

富士通は日本企業として特別な存在です。普通の企業はまず日本での基盤を開発し、そのうえで海外に視野を広げていきます。しかし、富士通は最初から世界一、あるいは世界初を目指すのです。GAFAMと言われる米国西海岸の企業と同じスタイルです。誰もが知るIBMへの挑戦や世界一のスーパーコンピュータへの取り組みだけでなく、数多くの世界一、世界初への挑戦をしてきた会社です。失われた30年の間に大型のプロジェクトを仕掛け、果敢に取り組む日本企業は随分減ってしまいましたが、富士通は残された希望の星のように感じます。次の10年の富士通の発展は、日本のエレクトロニクス産業の浮沈を分ける分水嶺だと思います。富士通は今、未来に向けて人事システムの抜本的改革を進めています。

（２０２２年11月29日）

教訓

【富士通の挑戦】

富士通の２０２１年度の業績は売上高３兆５８６８億円で、そのうちテクノロジーソリューション事業が85％と大きな割合を占めている。単体の人員は３万４４３０人で約半分はＳＥ職だ。２０００年代の20年間を振り返ると、エレクトロニクス業界の日本の多くの大規模な会社と同様、厳しい時代を過ごしてきた。しかし、今、富士通は新しい挑戦を始めている。テクノロジーの力で夢を形にする、人を幸せにし、社会を豊かにするという富士通のＤＮＡを活かし、社会の課題を解決し、人々が信頼し合える社会の創造に貢献しようという思いで全社員が一丸になって活動している。

【日本社会のDXを推進する】

DXという言葉が流行しているが、富士通は本気である。自らをDXカンパニーに変革し、日本のビジネス社会のDXを先導する会社になろうとしている。技術や製品、サービスを売る会社でなく、ソリューション、すなわち企業や社会の課題を解決する会社として圧倒的な存在になろうとしている。そのために、まず自分自身を変える活動を始めている。フジトラという社内DX推進プロジェクトで各部門に配置されているDXオフィサーがリーダーになっている。そして社内で閉じるのでなく、社内外に活動を発信し、意見を聞き、フィードバックを取り込みながら、改善、改良を続けている。富士通は1990年代にはソリューションカンパニーへの転換を標榜してきたが、次の10年間、大きな飛躍を実現しようと考えている。ソリューションは、すべての社員が生み出す付加価値の総合だ。そのためには人材基盤の抜本的な強化が必要で、2019年から人事システムの根本的な改革を始めた。そのビジョンは、ジョブ型人材マネジメントへのフルモデルチェンジを通じて次の三つを実現することだ。

・すべての社員が魅力を感じる仕事に挑戦している
・多様・多彩な人材がグローバルに協働している
・すべての社員が学び、成長し続けている

【ジョブ型社員の開発】

日本企業は高度成長期以降、会社が社員の運命共同体となり、適材適所というように人から始める人事システムを確立してきた。富士通は適所適材に大きく舵を切った。会社のビジョン、戦略を遂行するために必要な仕事を定め、その仕事に最適な人材を配置するという考え方への転換だ。この転換は従来の人事運営のパラダイムシフトであり、容易なことではないが、1年でやり遂げるという不退転の覚悟で挑戦を始めた。掛け声だけでは何も始まらない。まずは人事インフラの整備から始めた。職能でなく職責の大きさを定め、どんな専門知識、スキルを使ってどんな問題を解決し、顧客や社会にどのような貢献をするのかを明確にする。そして、その職責を果たすためにどんな力量と経験が必要なのかを定義する。社員は仕事をする責任と権限が与えられると同時に、自らの意志と責任で自分の能力とキャリアを開発しなければならない。そのような社員を富士通では、自律した社員と呼んでいる。

【ジョブ型社員の支援】

報酬制度と育成制度の改革を進めた。報酬については、仕事の職責の大きさにもとづく基本給と仕事の成果に応じて支給する短期のインセンティブと長期のインセンティブを拡充し、挑戦する社員に報いる政策を進めた。育成については、社員の自律を前提に多様なコンテンツを社員自身のタイミングで学べるOn Demandの学習機会の提供を進めた。特に重視してきたのは、次の三つのテーマだ。

・技術・製品起点でなくユーザー起点で顧客価値を開発するデザイン思考
・顧客価値創造のために組織を横断し、顧客とコミュニケーションを深め、迅速に成果を生み出すアジャイルなアプローチ
・そしてすべての仕事をするうえで自分の殻に閉じこもるのでなく目的から考えるパーパス思考

さらに社員が良い仕事をするための力量をどれだけ持っているのか、内省する機会を提供するアセスメントプログラムを体系的に導入した。そのプログラムを活かすための社内コーチング体制の整備を進めた。

【人材マネジメントのラインへの権限委譲】

日本企業では一般的に人材マネジメントは人事部が主導して行ってきた。採用、配置、評価、処遇、昇進・昇格において人事部が大きな役割を果たしてきた。しかし、ジョブ型のシステムは「人」ではなく「ポジション」から始まるので、事業ラインが人事マネジメントを行い、異動や配置も個々の社員が主導権を持つ形になる。社内

市場原理をベースにする公募制が基本になり、富士通はそのような改革を行った。

【伝統的目標管理からの脱却】

会社の目標をヒエラルキーの階層を通じて上から下におろしていく目標管理は混沌とし、変化の激しい時代にはなじまない。個々の社員が問題意識を持ち、機会と課題を見つけ、その解決のためにバックキャストで目標を設定し、挑戦するというより自律性のある評価制度に変更した。

【開放系の人事運営の展開】

富士通のジョブ型システムは、社内の人材だけを視野に入れての閉鎖系の仕組みではない。社内、社外の壁を除き、富士通のビジョンと戦略を実現するために存在する仕事に魅力を感じ、自己実現を果たしたい社内外の人材が自由自在に応募し、活躍する状態をつくることを意図している。

【ジョブ型の経営執行体制の確立】

多くの日本企業では、経営層は役位による処遇が一般的である。富士通は経営層においてもジョブ型の考え方を導入した。専務・常務などの役位を廃止し、欧米の企業で一般的なＣｘＯ体制に移行した。ＣｘＯは経営全体の視点で考え、行動する経営チームの一員である。従来の開発、製造、営業、管理というような機能のまとめ役ではなく、会社を横断する機会や課題、リスクを見極め必要な施策をスピーディに進めることがＣｘＯの職責であると定義した。

【グローバル人事運営の進化】

富士通は全世界で事業を展開し、様々な国籍の社員が活躍する多国籍の人材集団である。この多様な人材集団を活かすためには、世界標準の人事システムが必要になる。これまでは富士通の日本人社員には日本固有の制度が適用されてきたが、今回、ジョブ型人事システムを日本に導入することで壁のない世界標準の仕組みに移行することができた。

感想

富士通における人事システムの改革は、極めて包括的なものです。会社のビジョンと戦略、変革のニーズに即応したものであり、人材マネジメントの採用、育成、配置、評価、報酬の全要素に目配りしたものです。部分的、断片的、表面的ではない、高いレベルの挑戦であると思います。富士通の社員が取り組む仕事は極めて難度の高い仕事だと思います。刻々と進歩するテクノロジーへのキャッチアップに加え、大規模なソリューションを提供するための巨大なプロジェクトの運営、どれをとっても気が遠くなる仕事です。儲けるのであれば、もっと単純でやさしい仕事はたくさんあります。しかし、あえて難問に挑戦する、そのような気概を持つ富士通の社員に敬意を表します。日本企業が世界の企業に比べて大きく遅れている本当のＤＸの実現にリーダーシップを発揮していただきたいと思います。富士通は、そのために日本社会が必要としている会社だと思います。

佐々木新志

大日本印刷株式会社
人事本部　労務部部長

大日本印刷（ＤＮＰ）は、総合商社と同様に世界に例のない「総合」という言葉がつく業界を開発してきた会社である。創業は１８７６年で１５０年に近い歴史を持つ。印刷技術を基盤に多様な技術を枝分かれさせ、事業を多角化してきた。その原動力は、社員の創造性と事業開発への意欲である。次の10年に向けて大日本印刷が人材基盤経営をどのように進化させ、発展させようとしているのかをうかがいました。

（２０２２年10月13日）

教訓

【極めて多様で多岐にわたる事業】

ＤＮＰは、古くから総合印刷業を打ち出し、印刷技術を基盤として多方面に事業を展開してきた。祖業は出版物の印刷である。技術を応用し事業開発に邁進してきた。モノづくりでは食品、日用品や医薬品の包装材、住宅やオフィス、商業施設のような生活空間の内外装材、自動車や携帯端末に使用するリチウムイオン電池のパウチ、スマートフォンから大型機器に至る様々なディスプレー用部材、半導体用フォトマスク、医療・ヘルスケアに関連する製品を展開している。一方、印刷の主に前工程の情報技術を応用したサービスとして様々なソリューションを提案してきた。企業のマーケティング活動の支援、ＩＴを活用した業務プロセスの開発と受託（ＢＰＯ）、情報セキュリティを支援するサービスなどの事業を行っている。技術基盤と顧客基盤を第一線の社員が徹底的に深耕し、新しい製品、サービス、ソリューションを提供し続けることがＤＮＰのＤＮＡだ。

【日本経済のゼロ成長を反映した過去30年】

ＤＮＰの過去20年間を振り返ると、印刷業界のリーディングカンパニーとしての地位を保ってきたが、会社全体としては日本経済全体の低迷のなかで業績を大きく伸ばすことはできなかった。ＤＮＰはテレビや携帯電話、家電業界や百貨店業界のような巨大な赤字や事業の消滅、大規模な構造改革までは経験していない。しかし、ダイナミックな成長力には陰りが見られ、安定した成熟企業になっているというのが現状だと思う。

【次の10年への人的基盤の開発】

ＤＮＰの課題は、（人と社会をつなぎ）新しい価値の創造を通じた成長力である。基本的に二つのアプローチがある。一つは、いわゆる選択と集中である。成長領域における主力事業に集中的に投資すると同時に、既存事業の革新も進める。もう一つは、人材基盤経営の深耕である。今、ＤＮＰは次の10年に向けての新たな人材基盤を開発すべく人事制度、システム、プログラムの根本的な改革に取り組んでいる。次の三つの柱を打ち立てた。①オールＤＮＰの総合力の発揮のための社会変化を先取りする雇用の形態、処遇、働き方の改革、②社員の成長と企業の成長の連動を実現するキャリア開発の諸施策の展開、③ニューノーマル時代の人材マネジメントの仕組みの開発と導入である。２０１９年からの３年間で骨組みの抜本的な改革を実行してきた。

【制度を支える価値観の共有】

こうした制度の改革は重要な出発点だが、制度が生きた形で運用されるための魂が重要である。人的資本に関するポリシーが共有されなければならない。①ダイバーシティ＆インクルージョン、②人材の育成、③健康（社員の幸せ）、④人権の尊重などに関するビジョンを発信し、経営者の強いコミットメントで全社に展開している。

【社員の成長が企業の成長】

人事制度改革の本質的な目的は、社員のさらなる成長にある。顧客を訪問し、今、存在する目に見える顧客ニーズに応えるという段階を超え、顧客の気づかない問題や課題を発掘し、解決策を構想するというアプローチが重要になる。顧客の顧客、エンドユーザーや生活者と交流し、社会に求められるものを想像する直感力が大切になる。メタバース、ＭａａＳ、ＳＤＧｓ、地域創生、巨大なテーマが目白押しだ。問題の解決には自社だけでなく様々なパートナーとの協力が必要で、コミュニティを開発する力量が求められる。視野は日本だけでなく、世界に広げる必要がある。国ごとに考えるのでなく、地球規模で考える必要がある。ＤＮＰの社員には、自分の担当や守備範囲を超え、組織を動員し、新事業を創造するという気風がある。この力をさらに活かすためのイマジネーションと社内外に向けてのリーダーシップ、大勢の人々やパートナーと共創するコミュニケーションの力量を強化していきたい。

【新しい時代のマネジメント力の開発】

社員の意識、モチベーション、働き方は急速に変化していく。部下を使うのでなく、部下を活かすマネジメントの力が重要になっている。自分の経験、過去のやり方をベースに部下に指示し、指導する、あるいは自らプレイヤーとして先陣を切るということではなく、部下が自発的に高い基準の達成を目指し、チームとして結束する風土を開発する力量の大切さを自覚し、自己研鑽するプロセスを徹底的に支援していく。

【正しいジョブ型の浸透】

今、日本ではジョブ型雇用という言葉が流行しているが、ＤＮＰとしては、自社の事業や人材にとって最適な形を追求し、短兵急で表面的な対応は避けたいと考えている。知識、技術を使って問題を発見し、解決し、貢献するというキャリア自律が大切であることを、社員が認識し、理解し、納得することが重要だ。それぞれが求められる役割や職務を実行するためには、多様なメンバーとの協力が必要である。社員がサイロに入って孤立するのでなく、チームとして活動することの重要性を理解し、実践することをサポートしていきたい。

【良い組織風土の維持・強化】

DNPは社会に貢献するイノベーションを通じて成長する。そのためには、会社のDNA、良き地下水脈を守り、今の時代に適合させていく。すべての社員が好奇心を持ち、社会と交流し、想像力を発揮する。自由闊達に考え、行動する組織風土、挑戦者に優しい組織風土がなければ、どんなビジョンや戦略も絵に描いた餅になる。このことを肝に銘じて地道な努力を続けていきたい。

感想

「イノベーションを通じて成長する」は、すべての日本企業に共通するテーマです。そのためにトップダウンで戦略を策定し、経営者が個人の腕力で組織を牽引するというアプローチがあります。しかし、DNPのアプローチは、第一線の社員の持つパワーを信じ、そのパワーを最大限に発揮するというもので、時間はかかるが、王道を進んでいるように感じます。急がば回れ、という教訓を意識されていると思います。DNPの取り組みを知り、その思いを強く感じた次第です。

おわりに

終章では私の勝手な思いと期待を述べました。これからの10年間が希望に満ちた歳月になることを信じ、筆をおきたいと思います。分量の多い本になってしまいました。参考になれば幸いです。

本書を書くにあたり、多くの企業の経営者、人事責任者の皆様から様々なご意見、批判、アドバイスをいただきました。なかでも貴重な時間を割き、協力いただいた方々に心からお礼を申し上げます。テルモの佐藤慎次郎社長、中外製薬の奥田修社長、りそな銀行の東和浩前会長、オリエントコーポレーションの飯盛徹夫社長、宇田真也常務、みずほ証券の浜本吉郎社長、パナソニックHDの本間哲朗副社長、パナソニック ノースアメリカのメーガン・リー社長、日産自動車の遠藤淳一専務、野村マネジメントスクールの森沢徹ディレクター、アーサー・D・リトル・ジャパンの原田裕介代表、シンバイオ製薬の吉田文紀社長、ノバルティス ファーマ前会長の鳥居正男氏、早稲田大学ビジネススクールの池上重輔教授に感謝申し上げます。

ソニーグループの安部和志専務CHRO、ソニー株式会社の黒木貴志人事総務副部門長、トヨタ自動車の東崇徳総務・人事本部長、テルモの西川恭CHRO、中外製薬の矢野嘉行上席執行役員、西川幸一元執行役員、みずほフィナンシャルグループの上ノ山信宏CHRO、西澤順一元副社長、みずほ証券の浅井覚常務、ナガセの有安隆氏、りそな銀行の新屋和代前常務、神崎亨氏、旭化成の橋爪宗一郎前CHRO、パナソニックHDの三島茂樹CHRO、盛山光グローバル人事部長、パナソニックの西隆之中国・北東アジア社CHR

O、塔之岡康雄くらしアプライアンス社CHRO、富士通の平松浩樹CHRO、ロート製薬の髙倉千春CHRO、花王の松井明雄前CHRO、横河電機の松井幹雄人財総務本部長、オリックス生命保険の石田雅彦執行役員、メルカリの木下達夫CHRO、積水ハウスの藤間美樹執行役員人材開発部長、DNPの佐々木新志労務部部長、LegalForceの田中宏和執行役員人事・総務担当、アダストリアの田中良興氏、バイエル薬品の寺山絵梨子氏、ドリームインスティテュートの上野和夫社長、本郷靖子氏に感謝します。

ハーバード・ビジネススクールの竹内弘高教授、people firstの八木洋介代表取締役には、本書を構想するうえで貴重なメッセージをいただきました。ありがとうございます。

私が参加するコーン・フェリーの同僚からは心温まる多くの支援をいただきました。滝波純一、五十嵐正樹、柴田彰、酒井博史、岡田靖代、岡部雅仁、増田智史、松田清史、秋草美奈子、川島由妃、吉本智康、柏倉大泰、鈴木康司、Patrick O'mera、Sophie Fleming、Ariya Furkfon、Siva Vale、コーン・フェリー・インスティテュート社長であるJean-Marc Laouchez、菅原一雄、橋本俊之、平川勝子、鈴木貴叔、小椋淳子、松村蓉子の各氏に感謝します。以前、同僚であった高野研一氏、山口周氏からは重要なインサイトをいただきました。

また、ウォートンスクールのExecutive Education Boardのメンバーからは大変な刺激を受けました。米国、欧州、アジアの伝統大企業、シリコンバレーや中国のハイテク企業の現役CEOやCHRO、ファンドの経営者が多く、「お前の考えは10年遅れている」といつも笑われ、悔しい思いをしています。Jagmohan Singh Raju氏をはじめ、多くの教授陣からも叱咤激励されています。

マッキンゼー時代の同僚、ランス・スチュアート氏からは多大な支援を得ています。彼は企業再生のコンサルタントで、第一線のマネジャーの知恵とパワーが再生の鍵であると主張する本書執筆の協力者です。米国のハイテク業界の動向に精通し、多彩な人脈を持っている彼は、私にとっては知恵袋です。日経ＢＰの堀口祐介氏には『社員力革命』『エグゼクティブの悪いくせ』『事業を創る人事』に続き、４冊目の出版の機会をいただきました。様々なアドバイスをいただき、たくさんのインスピレーションを得ることができました。

最後に堀口氏から本書の参考文献は何か、との問いをいただきました。本書を書き終え、思い返すと影響を受けた本が４冊あります。

一つ目は、*In Search of Excellence*（邦訳『エクセレントカンパニー』英治出版）です。この本は米国が低迷を続けた１９８０年代、マッキンゼーが元気な米国優良企業の特徴を調査し、その結果をまとめたものです。この本は７Ｓ（組織を構成する7つの要素）というフレームワークを提唱し、その視点で繁栄する企業の８つの法則を明らかにしたものです。

私が今回の執筆を思い立った動機は「失われた30年」を経験しなかった元気な日本企業はないのか、という疑問でした。そのとき、『エクセレント・カンパニー』を意識したわけではありませんでしたが、潜在的な意識があったのかもしれません。『エクセレント・カンパニー』のもとになる調査はマッキンゼーが総力を挙げて実施したものでしたが、本書『日本の大企業 成長10の法則』の調査は私が一人で行ったものですので、至らぬところはご容赦ください。

二つ目は、エドワーズ・デミング博士の *Out of the Crisis*（邦訳『危機からの脱出（Ⅰ・Ⅱ）』日経ＢＰ）です。本書で紹介しましたが、読み返してみると今日、話題となっているパーパス経営や心理的安全性の大切さを語っています。その内容を70年も前に日本企業に伝えていた事実に驚愕しました。本当に大切なことは歴史を超えて不変なのだということに気づかされました。

三つ目は、ビジネス書ではありませんが、吉川英治氏の『宮本武蔵』の最後の文章の「波騒は世の常である。波にまかせて泳ぎ上手に、雑魚は歌い、雑魚は踊る。けれど、誰が知ろう、百尺下の水の心を。水の深さを」が私の頭から離れません。

DX、ESG、SDGs、パーパス経営、ジョブ型人事、心理的安全性、OKRなど、様々な言葉が躍っています。しかし、少し冷静に考えればこれらは昔からあったものです。本書でも述べましたが、OKRは約80年前にHPが発明した自主的目標管理そのものです。

DXの本質は、新しい技術を使ってビジネスに革命を起こすというものです。技術の主役は蒸気機関、電気モーター、石油発掘・精製、電子計算機、半導体、インターネットという順番で約250年にわたって変わってきましたが、ビジネスに革命を起こすということは今も昔も変わらない普遍的なものです。

DXで重要なのはDでなくXです。革命を起こせる社員力、組織力をつくることが本質です。しかし、デジタル知識の教育、リスキリングという表面ばかりに目が行きがちです。

GEのジャック・ウェルチ氏は退任2年前の1999年、インターネットの影響を予見します。GEは幹部社員にプログラミングの教育をするなどの取り組みを始めました。しかし、GEがDXに成功したとは言えません。革命家がいなかったからです。革命の志があれば、真剣に勉強します。その志がなければリスキリングは役に立たないと思います。

私は雑魚のなかの一匹ですが、自分を戒める意味で吉川氏の文章を読み返し、表層でなく、少しでも深層を考えるように努力しています。

最後に挙げたいのは、レイチェル・カーソンが60年前に書いた『沈黙の春』(新潮社)です。SDGsを最初に意識し、世の中に警鐘を鳴らした本です。第Ⅲ部第4章で述べましたが、次の10年にむけて企業の最重要なステークホルダーは地球であるということを認識させる本です。まえがきに書かれた文章を引用します。

「たくさんの人々のおかげをどれほどこうむったかを記して、このまえがきを終わりたい。……（中略）……この世界を毒でよごすことに先頭をきって反対した人たちなのだ。人間だけの世界ではない。動物も植物も一緒に住んでいるのだ。その声は大きくなくても、戦いはいたるところで行われ、やがていつかは勝利がかれらの上にかがやくだろう。そして、私たち人間が、この地上の世界とまた和解するとき、狂気から目覚めた健全な精神が光り出すであろう」

彼女は科学者であり、書かれた本はサイエンスの知見にあふれるものですが、文章は詩人のように美しいものです。彼女の遺言が今、大きな力を得てビジネス界に大きな影響を与えつつある、そのように感じます。

綱島　邦夫

２０２２年12月

［著者略歴］

綱島邦夫（つなしま・くにお）

コーン・フェリー・ジャパン　シニアクライアントパートナー／経営力研究所コンサルタント／ペンシルベニア大学ウォートンスクール Executive Education Board　理事
慶應義塾大学経済学部、ウォートンスクール（MBA）卒業。野村證券で営業と企画の業務に従事した後、マッキンゼー・アンド・カンパニーNY事務所に入社。ラッセル・レイノルズ・アソシエイツ、CSC（Computer Sciences Corporation）インデクスの日本支社長を務める。アーサー・D・リトル、ヘイグループに顧問として参画。現在は「失われた30年」に終止符を打ち、日本の伝統的大企業のイノベーションと成長力の復活を目的に第一線の中核管理職に潜在するパワーを解放するための人材、経営プロセス、組織文化の開発に取り組んでいる。また、ウォートンスクールが米国以外の国で初めて導入する女性経営リーダー育成プログラム　Wharton Women's Executive Leadership Program for Japanese Global Corporationのアドバイザーを務める。
『成功の復讐』（日経BP）、『社員力革命』『エグゼクティブの悪いくせ』『事業を創る人事』（いずれも日本経済新聞出版）、『役員になる課長の仕事力』『強靭な組織を創る経営』『ジョブ型と課長の仕事』（いずれも日本能率協会マネジメントセンター）、『取締役革命』（共著、ダイヤモンド社）、『マッキンゼー成熟期の成長戦略』『マッキンゼー変革期の体質転換戦略』（共著、いずれもプレジデント社）など著書多数。

日本の大企業 成長10の法則

2023年1月18日　1版1刷

著　者　綱島 邦夫

発行者　國 分 正 哉

発　行　株式会社日経BP
日本経済新聞出版
発　売　株式会社日経BPマーケティング
〒105-8308　東京都港区虎ノ門4-3-12

印刷・製本　シナノ印刷　DTP　CAPS
ISBN978-4-296-11633-1　Printed in Japan